Caspar Heinrich Burkard

Über die Pflichten der Geistlichen und Seelsorger

in Beziehung auf die zeitliche Wohlfahrt ihrer Untergebenen

Caspar Heinrich Burkard

Über die Pflichten der Geistlichen und Seelsorger
in Beziehung auf die zeitliche Wohlfahrt ihrer Untergebenen

ISBN/EAN: 9783743622630

Hergestellt in Europa, USA, Kanada, Australien, Japan

Cover: Foto ©ninafisch / pixelio.de

Weitere Bücher finden Sie auf **www.hansebooks.com**

Ueber die

Pflichten

der

Geistlichen und Seelsorger

in Beziehung auf die

Zeitliche Wohlfahrt

ihrer Untergebenen überhaupt

und

der Armen insbesondere;

Vier Abhandlungen

über die

von

Seiner Hochfürstlichen Gnaden

im Jahre 1788

an die würzburgische Landgeistlichkeit gestellten

Preisfragen.

Auf Befehl Seiner Hochfürstlichen Gnaden heraus gegeben.

Würzburg,
im Verlage der Riennerschen Buchhandlung.
1790.

Vorbericht.

Dem Publicum wird es bekannt seyn, daß unser gnädigster Fürst = Bischof unter einem Decrete vom 5ten October 1787 an Ihre würzburgische Landgeistlichkeit nachstehende zusammen hangende Fragen gestellet hat.

Läßt sich wohl die Besorgung des Seelenheils von der Sorge für das zeitliche Wohl der Menschen ganz trennen; oder befördert nicht vielmehr wechselweise Eines das Andere?

Sind also die Pflichten der Geistlichen, der Seelsorger besonders, nur auf die Verrichtung des äußerlichen Gottesdienstes, und nur auf die Besorgung des Seelenheils ihrer Untergebenen für die Ewigkeit eingeschränket; oder sind sie auch auf die Beherzigung und Beförderung des zeitlichen Wohls einzelner Menschen und des ganzen gemeinen Wesens ausgedehnt?

Welcher von beyden Ständen, der weltliche oder der geistliche hat in gewissem Gesichtspuncte mehr Pflicht auf sich, und mehrere Mittel in Händen, auch das zeitliche Wohl einzelner Menschen zu befördern, wodurch in der Folge der Staat im Ganzen mehr blühend gemacht wird?

Worauf gründet sich diese vorzügliche Pflicht, und worin bestehen diese Mittel?

Wie weit erstrecken sich diese Pflichten: welches sind die Grenzen derselben? — Mit was für einem Geiste — mit welcher Reinigkeit der Absichten — und unter welcher Vorsicht muß der Geistliche und Seelsorger in der Anwendung auch der best gewählten Mittel zu Werke gehen, um allen Vorwurf ungebührlicher Einmischung in weltliche Händel und Familien = Geschäfte, oder gar gerechte Klagen der Hintansetzung oder Vereitlung landesherrlicher Gebothe und Verbothe, und der Collision-Erregung mit der weltlichen Obrigkeit zu vermeiden?

Ist nicht die Pflege der Armen, und die Verhüthung der Armuth ein solcher Zweig des zeitlichen Wohls, für welches zu sorgen die Seelsorger eine besondere Pflicht haben, und worauf gründet sich diese besondere Pflicht?

Welches sind überhaupt in Ansehung der Armen die echten Grundsätze und Pflichten christlicher Liebe, welche auch ohne alle vorgängige Polizey=Anstalt von einem jeglichen Christen befolgt — und von einem jeglichen Seelsorger der Pfarrgemeinde eingeprägt werden müssen?

Wenn in einem Staate besondere Polizey=Anstalten zur Besorgung der Armen getroffen worden sind: durch welche Mittel und Wege kann der Seelsorger seinerseits zu dem guten Fortgange dieses wichtigen und gemeinnützigen Geschäftes am besten mitwirken?

Welches sind die leichtesten und zweckmäßigsten Mittel, wodurch der die Armenanstalten befördernde Seelsorger zugleich auch die Moralität der Armen befördern und erzielen kann?

Welches sind die angemessensten und gedeihlichsten Wege, wodurch der Seelsorger die meisten oder wenigstens die besten Mitglieder seiner Pfarrgemeinde zur thätigen Theilnahme an den Armenanstalten — und dazu vermögen kann, daß sie mit vereinten Kräften zum Wohl des Staats und der Kirche die Anzahl und die Bedürfnisse der Armen vermindern, und derselben Industrie und Moralität befördern helfen?

Welches sind, im Ganzen genommen, die bewährtesten und erbaulichsten Merkmahle und Beweise, daß der Seelsorger von seinen Amtspflichten gegen seine armen Pfarrgenossen wohl überzeugt und durchdrungen sey?

Die

Für die zweckmäßigste Beantwortung dieser Fragen bestimmte unser gnädigster Fürst-Bischof den Preis von 30, und für die nächstbeste den Preis von 20 Ducaten. Die besonderen Bedingnisse waren aber folgende: 1) concurrirten nur Seelsorger und Geistliche auf dem Lande, jedoch in der ganzen Diöcese; sie mochten nun Säcular — oder Regular-Geistliche, Pfarrer oder Capelläne, Cooperatoren oder Frühmesser seyn. — 2) Mußte die Abhandlung in einem guten reinen teutschen Style abgefaßt seyn, so, daß sie gedruckt werden könnte. — 3) Mußte sie vor dem ersten Julius 1788. in das hochfürstl. Cabinett eingeschickt werden. — 4) Die Schrift wurde ohne Namensunterschrift — bloß mit einem Denkspruche bezeichnet, der auch außen auf einem versiegelten Zettel, worin des Verfassers Name aufgezeichnet war, gesetzt wurde. — 5) Durfte die Schrift im Drucke höchstens nicht über ein Alphabet ausmachen.

Die Absicht Seiner Hochfürstlichen Gnaden war, auf diese Art die Seelsorger auf dem Lande zum Besten ihrer Untergebenen mehr in Thätigkeit zu setzen; dieser Thätigkeit die zweckmäßige Richtung zu geben; besonders das so wichtige Höchstdenselben so nahe am Herzen liegende Geschäft der Armenversorgung durch übereinstimmendes Mitwirken der geistlichen so wohl als weltlichen Vorgesetzten zu befördern; überhaupt aber auch die fähigsten und würdigsten Ihrer Landgeistlichen kennen zu lernen, um sie belohnen zu können.

Da aber schön handeln noch besser ist, als schön schreiben: da die Theorie und das Wissen des Edlen und Guten, ohne darnach, so weit es Beruf und Gelegenheit gestatten, zu handeln, mehr schändlich als lobens- und belohnenswürdig ist; so sahen zwar Seine Hochfürstliche Gnaden zur Ehre der sich auszeichnenden Talente, und des daraus sich ergebenden Nutzens halber, bey Zuerkennung des Preises bloß auf den Gehalt der Abhandlung: außer dem aber, und in Rücksicht anderer Belohnung gedenken Höchstdieselben nach den bey einzelnen Fällen sich ergebenden Umständen, und daher nach Thunlichkeit, nur jene unter den Concurrenten in dem Stande ihres seelsorglichen Berufes zu fördern, wo Herz und Kopf, Theorie und Praxis überein stimmen. Da aber das Talent, schön zu schreiben, nicht jedermann verliehen ist; so werden Sie gleiche Beförderung auch denjenigen Seelsorgern auf dem Lande angedeihen lassen, welche die besten Beweise einer ausgezeichneten — für das geistliche und zeitliche Wohl ihrer Untergebenen, für das Beste der Kirche so wohl als des Staates, besonders zur Steuer der Armuth, besorgten und thätigen christlichen Liebe werden gegeben haben.

* * *

Hier sind sechs und vierzig Antworten von Einheimischen, und eine von einem Auswärtigen eingelaufen. Zur Beurtheilung derselben wurde sofort eine besondere Censur-Commission niedergesetzet, welche folgende vier als die besten erkannt hat, nämlich die mit dem Motto: Providemus bona non solum coram Deo, sed etiam coram hominibus. 2. Cor. VIII, 21. — Die mit den Worten Leibnitzens: Pars vitæ, quoties perditur hora, perit. — Die mit der Stelle 2. Cor IX, 6. ὁ σπείρων φειδομένως, φειδομένως καὶ θερίσει, καὶ ὁ σπείρων ἐπ᾽ εὐλογίαις, ἐπ᾽ εὐλογίαις καὶ θερίσει. — Und die mit dem Spruche Sirachs

Sirachs XVIII, 13. Qui misericordiam habet, docet & erudit quasi pastor gregem suum, bezeichnet ist.

Diesem zu Folge wurde der erste Preis der ersten, der zweyte der zweyten zuerkannt.

Das erste Accessit erhielt die dritte, und das zweyte die vierte.

Seine Hochfürstliche Gnaden haben dieses Urtheil bestätiget, und hierauf die Eröffnung der Inschriften in Gegenwart zweyer von den Commissions-Mitgliedern vorgenommen, und man fand

unter der ersten

Martin Klett, damahliger Capellan in Bretzingen, jetzt katholischer Seelsorger in Anspach,

unter der zweyten

Caspar Heinrich Burkard, Pfarrer zu Ebersbach:

unter der dritten

Johann Baptist Deppisch, Pfarrer zu Altenbanz:

und unter der vierten

Johann Adam Huberth, damahliger katholischer Seelsorger in Anspach, jetzt Pfarrer zu Kissingen.

Der 18te März des verflossenen Jahres 1789, als der eilfte Erwählungstag unsers gnädigsten Fürsten, war der feyerliche Tag, der dieses Urtheil bekannt machte.

Seine Hochfürstliche Gnaden ließen hierbey nicht unbemerkt, daß Ihnen das ganze Geschäft vieles Vergnügen gemacht habe, indem Sie aus der ziemlichen Anzahl von Schriften so wohl den anhaltenden Fleiß und Wetteifer Ihrer Landgeistlichen, als auch aus derer fast durchgängigen Güte die aufgeklärte Denkart und eble Bemühung derselben für gemeinnützige Anstalten bemerket haben.

Rühmlich sind noch unter allen genannt worden: vorerst und mit einem entschiedenen Vorzuge diejenige, die zur Aufschrift hat:

Continuo perficitur mundus.

Und dann noch folgende, der Zeit ihrer Einsendung nach.

Diligamus non verbo & lingua, sed opere & veritate, 1. Jo. III, 18 — *item* Amicitia vera non in gestu & ostentatione consistit, sed in veritate & fide. AUREL. CASSIODOR. de Amic.

Ibant, qua poterant, 2. Macc. XV, 39.

Non tam quantum, nec a quo, aut quoties: quam quid, quamque id vere atque opportune dicatur, refert.

Mandatum est unicuique de proximo suo.

De collectis, quæ fiunt in Sanctos, sicut ordinavi Ecclesiis Galatiæ, ita & vos facite, 1. Cor. XVI, 1. — *item* Si quis non vult operari, non manducet. 2. Thess. III, 10.

Miraris, cum tu argento post omnia ponas,
Si nemo præstet, quem non merearis amorem. HORAT. Satyr.

Commodum & felicitas populi prima omnium legum. CICERO.

Magna igitur provisione opus est, ut Ecclesiæ facultates nec redundent, neque rursus desint; sed quæ Ecclesiæ erogantur, continuo indigentibus sunt dispertienda. CHRYS. L. III. de Sacerdotio.

Ein weiser Mann lehret sein Volk, und die Früchte seiner Weisheit sind beständig. Sirach. XXXVII, 26.

Magnum Pauperies opprobrium jubet,
Quidlibet & facere, & pati, virtutisque
Viam deserit arduae. HORAT. L. III. Ode 24.

Hæc

Haec meditare, in his esto: ut profectus tuus manifestus fit omnibus, 1. Tim. IV, 15.

Aus besonderem Wohlgefallen an oben genannter auswärtigen Schrift haben sich Seine Hochfürstliche Gnaden bewogen gefunden, den Verfasser derselben namentlich bekannt machen zu lassen: es ist dieser der Pfarrer zu Liptingen, Johann Benedict Sohm, in der kaiserl. königl. vorderösterreichischen Landgrafschaft Nellenburg. Dieselbe konnte zwar als auswärtig nicht mit in den Concurs aufgenommen werden: indeß gebührte ihr dennoch das Zeugniß, daß sie im Ganzen genommen recht gut ausgefallen sey, und wäre eine Vergleichung anzustellen: so würde sie unter den letzt genannten besseren Antworten einen vorzüglichen Rang einnehmen. Der Verfasser hat sich durch eine so reine und thätige Theilnehmung an unsern vaterländischen Angelegenheiten um den Beyfall unsers gnädigsten Fürsten, und um den Dank unserer Mitbürger ganz besonders verdient gemacht, und seine Schrift erschien im vorigen Jahre zu Kempten auf 4 1/2 Bogen im Drucke.

Schließlich erklärten noch Seine Hochfürstliche Gnaden, daß Sie in so kurzer Zeit, bey einem so reichhaltigen Stoffe, und bey einem Gegenstande, der nicht so leicht zu erschöpfen und zu berichtigen ist, eben nicht alle höchstmögliche Vollkommenheit in Lösung der Preisfragen erwartet haben; und versehen sich daher noch ferner zu dem gemeinnützigen Eifer Ihrer gesammten Landgeistlichkeit, dieselbe werde sich das wichtige Geschäft der Armenversorgung zum Gegenstande ihres unabläſſigen

lässigen Nachdenkens und Bestrebens seyn lassen, und demnach fortfahren, Ihnen allen Beystand und Trost in Ihrem schweren bischöflichen Amte zu verschaffen, sich selbst aber ihres menschenfreundlichen Berufes immer würdiger zu bezeigen.

Ueber die

Pflichten

der

Geistlichen und Seelsorger

in Beziehung auf die

Zeitliche Wohlfahrt

ihrer Untergebenen überhaupt

und

der Armen insbesondere;

Eine Abhandlung
von
Martin Klett,
gewesener Capellan in Bretzingen, jetzt katholischer Seelsorger in Arthach,

welcher

den ersten Preis
für die Beantwortung
der
von Seiner Hochfürstlichen Gnaden
im Jahre 1788
an die würzburgische Landgeistlichkeit gestellten
Fragen erhalten hat.

Auf Befehl Seiner Hochfürstlichen Gnaden heraus gegeben.

Providemus bona non solum coram Deo, sed etiam coram hominibus. 2. ad Cor. VIII. 21.

Würzburg, im Verlage der Riennerschen Buchhandlung.
1790.

Sic pastores erga interiora studia subditorum suorum ferveant, quatenus in eis exterioris quoque vitæ providentiam non relinquant.

Greg. M. reg. past. P. II. cap. 7.

Vorrede.

Diese Schrift gilt nur für einen Versuch, die aufgestellten Preisfragen zu lösen. Die Kürze der vorgesetzten Zeit, die Reichhaltigkeit des Stoffes, und die fast immer unterbrechenden Berufsgeschäfte mögen mich entschuldigen, daß ich nichts Besseres über diesen wichtigen Gegenstand sage.

In dieser Abhandlung bediente ich mich einer fast populären Sprache, weil sie an Volkslehrer gerichtet ist, und großen Theils populäre Vorträge derselben an ihr Volk enthält. Allein dessen ungeachtet könnte die Schreibart mehr Genauigkeit und Rundung haben.

Daß freylich die Abhandlung ihrem Gegenstande nach in zwey Theile zerfällt, — wovon der eine in den ersten fünf Beantwortungen das zeitliche Wohl der Pfarr-Untergebenen über-

haupt

haupt, der andere aber bis zum Ende jenes der Armen insbesondere bezielet, — dieß kann allerdings in dem Gange einer Sprache keine Ungleichheit verursachen. Allein auch die Art selbst, den Gegenstand abzuhandeln, theilet sich bis an die zweyte Beantwortung des zweyten Theiles in die theoretische, und von dort in die praktische.

Ohne Zweifel ist die Sprache der Theorie und der Praxis nicht einerley. Fließen also beyde aus Einer Feder, und zwar in eben dieselbe Schrift zusammen; so muß nothwendig entweder eine doppeltartige Sprache entstehen, oder es muß im Zusammenflusse die eine der andern etwas von ihrer Vollkommenheit aufopfern. Ich wollte mir lieber das Letztere wählen, um in dem Tone der Abhandlung mir selbst, so viel möglich, gleich zu bleiben.

Uebrigens nöthigten mich auch die Berufsgeschäfte, die den Seelsorger alle Tage, und oft

oft mehrere Tage nach einander unterbrechen, mir in meiner Arbeit gar zu ungleichzeitige Ruhepuncte zu setzen. Bey meinen Amtsgeschäften, die mich oft mitten aus meinem Ideenkreise unvermuthet abriefen, und eine Versammlung der ganzen Seele erforderten, gingen mir manches Mahl auf längere Zeit nicht nur die best gefaßten Begriffe, sondern auch Ordnung und Gleichheit ihrer Darstellung verloren.

Die Schrift sieht, besonders in dem zweyten Theile, ziemlich schulmäßig aus. Allein eben wegen der häufigen Zerstreuungen, wovon ich erst geredet habe, suchte ich mich vorräthig durch systematische Abtheilungen des Werkes in einen sichern Besitz meiner Grundideen zu setzen, wodurch ich nur so viel gewinnen wollte, daß wenigstens die Reihe meiner Hauptideen sich durch Dazwischentretung von Berufsgeschäften nicht trennete, und ich nach langen Unterbrechungen mich bald wiederum in meiner Abhandlung zu finden wüßte. Deßwegen hatte ich sie Anfangs

in

in so viele Capitel, als ich Fragen zu beantworten hatte, und jedes Capitel wieder in verschiedene Paragraphen eingetheilet. Wirklich entsprach dieses Verfahren dem inneren Stoffe der Abhandlung, indem alle aufgegebene Fragen leicht ein zusammen hangendes Ganze bilden. Ich ließ aber diese Eintheilung bey der neuen Abschrift weg, weil ich fürchtete, meiner Abhandlung das gar zu schulgerechte Ansehen eines theologischen Tractates zu geben, und weil ich fühlte, daß bey manchen Abschnitten, besonders in den ersteren Beantwortungen, meine Materie nicht so ausführlich abgehandelt war, als ich es hätte thun können, wenn ich nicht für die Behandlung des praktischen Theils der Fragen zu viel Raum zu verlieren besorgt hätte.

Möchte ich doch Etwas durch meine geringe Arbeit zur Beförderung der hohen Absichten meines gnädigsten Landesherrn beytragen!

Kurze Uebersicht des Inhalts der ganzen Abhandlung.

Erster Theil
oder

Beantwortung der fünf ersteren Fragen über die Pflichten der Geistlichen und Seelsorger in Beziehung auf die zeitliche Wohlfahrt ihrer Untergebenen überhaupt. S. 1 — 98.

I. **Die Besorgung des Seelenheils läßt sich von der Sorge für das zeitliche Wohl der Menschen nicht ganz trennen, sondern es befördert vielmehr wechselweise Eines das Andere.** S 3 — 16.

§. 1. Der zeitliche und leibliche Miß- oder Wohlstand der Menschen hat großen Einfluß auf die Seelsorge, indem er sie entweder hindert oder befördert. S. 4 — 6.

§ 2. Wenn der Seelsorger seine Pflicht in ihrem ganzen Umfange erfüllen will, so muß er zum Theile selbst manche aus politischen Umständen, aus zeitlichen und leiblichen Angelegenheiten entstehende Hindernisse wegraümen, und S. 6 — 9.

§. 3. nach dem Beyspiele seines göttlichen Lehrers Jesu Christi sich der Vortheile, welche er durch thätige Theilnehmung an dem zeitlichen und leiblichen Wohl der Menschen gewinnet, als der sichersten Hülfsmittel zur Erlangung seines geistlichen Zweckes bedienen. S.9 — 13.

§. 4. Wegen der engen Verbindung des Geistlichen mit dem Leiblichen überhaupt läßt sich die Besorgung des Seelenheils nicht ganz von der Sorge für das zeitliche Wohl der Menschen trennen. S. 13 — 16.

II.

II. **Die Pflichten der Geistlichen, der Seelsorger besonders, sind nicht nur auf die Verrichtung des äußerlichen Gottesdienstes, und nicht nur auf die Besorgung des Seelenheils ihrer Untergebenen für die Ewigkeit eingeschränket, sondern sie erstrecken sich auch auf die Beherzigung und Beförderung des zeitlichen Wohls einzelner Menschen und des ganzen gemeinen Wesens.** S. 17—33.

§. 1. Der Einfluß des zeitlichen Wohls auf das geistliche Amt machet die Beförderung des ersteren dem letzteren zur Pflicht. S 17—20.

§. 2. Zu dieser Pflicht verbindet den Geistlichen seine Person ohne Rücksicht auf seinen Stand, weil er Mensch - Bürger - und Christ ist. S. 21.—24.

§. 3. Zu dieser Pflicht verbindet den Geistlichen ferner sein Stand und Amt ohne Rücksicht auf seine Person. S 24—26.

§. 4. Zur Unterstützung meiner Behauptung einige Betrachtungen über die Oekonomie Gottes und seiner Kirche in verschiedenen Perioden. S. 26—33.

III. **Welcher von beyden Ständen, der weltliche oder der geistliche, hat in gewissem Gesichtspuncte mehr Pflicht auf sich, und mehrere Mittel in Händen, auch das zeitliche Wohl einzelner Menschen zu befördern, wodurch in der Folge der Staat im Ganzen mehr blühend gemacht wird?** S. 34—49.

§. 1 Der weltliche Stand findet in dem Geiste des Volkes viele Hindernisse, seine Mittel zum zeitlichen Wohl der Unterthanen wirksam zu machen, und — hier ist der Gesichtspunct, unter welchem der geistliche Stand mehr Pflicht, als der weltliche hat, durch Bildung des Volksgeistes zur zeitlichen Wohlfahrt mitzuwirken. S. 35—38.

§. 2.

§. 2. Diese Hindernisse von Seiten des gemeinen Volkes sind Vorurtheil des Verstandes und Eigensinn des Herzens. S. 38—41.

§. 3. Es muß also einen besondern Stand in der Welt geben, dessen Amtspflicht es ist, die Gebrechen des Volkes zu heilen: — und dieß ist der geistliche Stand. S 41—44.

§. 4. Der geistliche Stand hat die Pflicht, auch die meisten und besten Mittel, dem Volke die Vorurtheile und den Widerstrebungsgeist zu benehmen, und er kann und muß also mehr, als der weltliche, zum zeitlichen Wohl mitwirken. S. 45.—49.

IV. Worauf gründet sich aber diese vorzügliche Pflicht, und worin bestehen diese Mittel? S. 50—77.

§. 1. Die vorzügliche Pflicht des geistlichen Standes — unter dem besondern Gesichtspuncte der Volksaufklärung betrachtet — für das zeitliche Wohl der Menschen zu sorgen, gründet sich a) auf seinen Beruf. S. 50—55.

§. 2. b) auf seine vorzügliche Fähigkeit, den Geist des Volkes auszubilden. S. 55—58.

§. 3. Der Geistliche hat auch mehrere Mittel hierzu. Die vorzüglichsten werden angegeben. S. 58—77.

V. Wie weit erstrecken sich diese Pflichten? welches sind die Grenzen derselben? Mit was für einem Geiste, mit welcher Reinigkeit der Absichten, und unter welcher Vorsicht muß der Geistliche und Seelsorger in der Anwendung auch der best gewählten Mittel zu Werke gehen, um allen Vorwurf ungebührlicher Einmischung in Welthändel und Familien=Geschäfte, oder gar gerechte Klagen über Hintansetzung oder Vereitelung landesherrlicher Gebothe und Verbothe, und über Colli-

sion-Erregung mit der weltlichen Obrigkeit zu vermeiden? S. 78—98.

§ 1 Die Pflichten des geistlichen Standes, für das zeitliche Wohl der Menschen zu sorgen, haben ihre Grenzen
in dem Endzwecke seines Amtes, in dessen Behufsmitteln, und in der Art seiner Amtsführung. S. 79—84.

§. 2 Diese Pflichten müssen überhaupt mit einem Geiste
der Religion, insbesondere aber mit dem Geiste der
Liebe ausgeübet werden. S. 84—89.

§. 3 Sie müssen mit reinen von Ehr- und Habsucht geläuterten Absichten erfüllet werden. S. 89—91.

§ 4 Es werden die verschiedenen Arten erkläret, diese
Pflichten mit Vorsicht zu üben gegen den Vorwurf ungebührlicher Einmischung in Welthändel und Familien-
Geschäfte, gegen Klagen über Hintansetzung landesherrlicher Gebothe, und über Collision-Erregung mit der
weltlichen Obrigkeit. S. 91—98.

Zweyter Theil

oder

Beantwortung der sechs übrigen Fragen über die
Pflichten der Geistlichen und Seelsorger in besonderer Beziehung auf die Pflege der Armen und die
Verhüthung der Armuth unter ihren Untergebenen. S. 101 bis zu Ende.

I. Ist nicht die Pflege der Armen und die
Verhüthung der Armuth ein solcher
Zweig des zeitlichen Wohls, für welchen zu
sorgen die Seelsorger eine besondere
Pflicht haben? — und worauf gründet
sich diese besondere Pflicht? S. 103—132.

§ 1. Die Verpflegung der Armen ist ein beträchtlicher
Zweig der Beförderung des zeitlichen Wohls so wohl in
Ansehung der Armen selbst, als auch in Ansehung ihres
politischen und moralischen Einflusses auf den Staat.
S. 104—107.

§. 2.

§. 2. Jeder Staatsbürger ist also verpflichtet, an dem Geschäfte der Armenverforgung Theil zu nehmen, besonders aber die Verarmung einzelner Bürger und Familien zu verhüthen. Beydes ist in dem göttlichen Gesetzbuche gegründet. S. 107—111.

§. 3. Der Seelforger aber hat diese Pflicht nicht nur mit jedem Staatsbürger gemein, sondern dieselbe verbindet besonders und vorzüglich seinen Stand, weil er in aller Rücksicht mehrere und bessere Mittel zu ihrer Ausübung in Händen hat — Fernere Beweise aus dem allgemeinen Menschensinne, 2c. 2c. S. 112—120.

§. 4. Diese besondere und vorzügliche Pflicht gründet sich in dem Innersten des Seelforgeramtes) weil dasselbe ohne die Verpflegung der Armen weder an der schlimmen noch an der guten Classe der Armen, ja nicht einmahl an den bemittelten Pfarrgenoffen kann erfüllet werden; und 2) weil im Gegentheile durch die Verpflegung der Armen der Zweck des Hirtenamtes an den Armen und Reichen zugleich sehr nahe erzielet wird. Endlich 3) weil dieses jederzeit, auch nach der Theilung der geistlichen Güter, die wahrhafte Gesinnung der Kirche und ihrer Hirten gewesen ist. S. 120—132.

II. **Welches sind überhaupt in Ansehung der Armen die echten Grundsätze und Pflichten der christlichen Liebe, welche, auch ohne alle vorgängige Polizey-Anstalt, von einem jeglichen Christen befolgt, — und von einem jeglichen Seelforger der Pfarrgemeinde eingepräget werden müssen?** S. 133—191.

§. 1. Ein Seelforger muß auch ohne vorgängige Armen-Polizey der Pfarrgemeinde die echten Grundsätze der christlichen Armenliebe einprägen. S. 134—137.

§. 2. Der erste Grundsatz ist das göttliche Geboth des Almosens, welches sich 1) in Ansehung Gottes = auf seine göttliche Oberherrschaft, und b) vorsichtige Regierung, 2) in Ansehung der Armen aber a) auf das ursprüngliche Menschenrecht der Armen und b) auf das im alten und neuen

neuen Bunde erklärte Naturgeſetz der Nächſtenlie
gründet.   S. 137—14

§ 3. Der zweyte Grundſatz iſt die Quantität des Almo
ens, welche in dem Maße des Ueberfluſſes beſteh
Gründe dieſer Beſtimmung.   S. 144—14

§ 4. Dritter Grundſatz: Hebung der nichtigen Ei
wendungen und Ausflüchte gegen das Almoſe
geben.   S. 148—15

§. 5 Vierter Grundſatz: die Ordnung des Almoſens, g
mäß welcher man die Ortsarmen den fremden, die wür
igeren den minder würdigen vorziehen, die unwürdig
ganz abweiſen, jedoch bey allen Gattungen von Arm
eine Rückſicht auf das Uebergewicht ihrer Noth mach
muß.   S. 154—16

§. 6. Fünfter Grundſatz: die Materie und Qualität d
Almoſens, a) von materiellen Gattungen des Almoſen
als Geld, Brod, Kleidung, ꝛc. ꝛc. b) von anderen vo
trefflichen nicht materiellen Gattungen, als Vermind
ung der gegenwärtigen und Verhüthung der künftig
Armuth, und durch die geiſtliche Sitten= und Seelenv
beſſerung der Armen.   S. 163—18

§. 7. Sechster Grundſatz: die Zeit des Almoſens, welc
täglich der heutige Tag, nicht aber der Sterbe= od
Leichetag iſt.   S. 180—18

§. 8. Die geiſtlichen Eigenſchaften des Almoſengebers ſi
ſtäts zwiſchen dem Vortrage der übrigen Grundſätze n
einzuſchalten.   S. 183—18

§. 9 Der ſiebente Grundſatz enthält die übernatürlich
Beweggründe zum Almoſen eben, weil es a) eine Aeh
lichkeit mit der Barmherzigkeit des himmliſchen Vater
b) eine Wohlthat gegen Jeſum Chriſtum, c) ein Dar
und Zinsopfer für die göttliche Erbarmniß: endlich w
es d) das Maß unſerer glückſeligen oder e) im Unterle
ungsfalle unſerer unglückſeligen Ewigkeit iſt. S. 185—19

III. **Durch welche Mittel und Wege kan
der Seelſorger, wenn in einem Staa
beſondere Polizey=Anſtalten zur Beſor**
ung

ung der Armen getroffen worden sind, seinerseits zu dem guten Fortgange dieses
wichtigen und gemeinnützigen Geschäftes am
besten mitwirken?   S. 192—245.

§. 1 Vorläufige Mittel des Seelsorgers für die Armen-
Polizey überhaupt.   S. 195—197.

§. 2. Entwurf der würzburger Land-Armen-Polizey.
a) Allgemeine und vorläufige Benehmung des Seelsorgers mit den dazu aufgestellten Commissions-Gliedern in
der Gemeinde: b) fernere Behandlung derselben in der
Folge.   S. 197—207.

§. 3 Der Seelsorger muß mit den Commissions-Gliedern
die dreyfache Grundlage der Armen-Polizey bearbeiten, und zwar a) die Seelenbeschreibungs-Ta-
belle: b) praktische Vortheile aus dem Gebrauche dieser
Tabelle.   S. 208—213.

§. 4. Bearbeitung der zweyten Grundlage, d. i. der Conscriptions-Tabelle, a) bey Verfertigung der Armen-
Conscription, b) bey Regulirung des Almosens, c) durch
Erklärung des praktischen Gebrauches der Conscriptions-Tabelle an die Districts-Deputirten, d) durch
des Seelsorgers eigene praktische Benutzung dieser Tabelle.   S. 213—232.

§. 5. Dritte Grundlage, die Verpflegungsmittel betreffend, wie sie von dem Seelsorger zu bearbeiten sey,
a) bey Anschaffung dieser Mittel, b) bey Anwendung
derselben für die Armen.   S. 232—245.

IV. **Welches sind die leichtesten und zweckmäßigsten Mittel, wodurch der die Armenanstalten befördernde Seelsorger zugleich auch
die Moralität der Armen befördern und
erzielen kann?**   S. 246—273.

§. 1. Die Moralität der Armen ist der nothwendigste
Zweig einer Armen-Polizey, den aber doch ein Seelsorger zum Vortheile seiner eigenen Seelsorge befördern
kann.   S. 248—250.

§. 2.

§. 2. Das erste Beförderungsmittel für die Moralität der Armen ist ein besonderer Unterricht derselben, welcher sich besonders über sieben Hauptpuncte erstrecket. S. 250 — 260.

§. 3 Das zweyte Mittel ist, wenn der Seelsorger mit den Districts = Deputirten eine besondere Aufsicht über die Moralität der Armen und eine Art von Sittengericht anstellet. Praktische Anwendung dieses Mittels a) bey den ersten Vergehungen eines Armen, und b) in der Folge bey seiner Verharrung in der Sittenlosigkeit. S. 261 — 267.

§. 4. Das dritte Beförderungsmittel bestehet in der moralischen Bildung der armen Jugend in und nach den Schuljahren. S. 267 — 273.

V. Welches sind die angemessensten und gedeihlichsten Wege, wodurch der Seelsorger die meisten, oder wenigstens die besten Mitglieder seiner Pfarrgemeinde zur thätigen Theilnahme an den Armenanstalten — und dazu vermögen kann, daß sie mit vereinten Kräften zum Wohle des Staates und der Kirche die Anzahl und Bedürfnisse der Armen vermindern, und derselben Industrie und Moralität befördern helfen kann? S. 274 — 324.

§ 1. Das erste Mittel, das Volk zur Theilnehmung an den Armenanstalten zu vermögen, ist eine Erklärung ihrer guten Absichten und Vortheile. S 276 — 287.

§. 2. Dem Volke muß die Art der Mitwirkung, und jede Gelegenheit dazu gezeiget werden. S. 287 — 297.

§. 3 Der Seelsorger muß sich bey dem Volke gewisse besondere Gelegenheiten zu Nutzen machen Wie dieß im Beichtstuhle, bey außerordentlichen Zufällen, und bey Vermächtnissen geschehen könne. S. 297 — 301.

§ 4. Das vierte Mittel ist des Seelsorgers eigenes Beyspiel. S. 302 — 306.

§. 5.

§ 5. Der Seelsorger gewinne das Vertrauen des Volkes für die Verwaltung und die Verwalter des Institutes a) durch Verhinderung übler Nachreden und des daraus entstehenden Mißtrauens gegen das Institut, b) durch Veranstaltung einer Publicität der Armenpflege, c) durch andere Vorträge zur Gewinnung des öffentlichen Vertrauens für das Institut überhaupt, und d) besonders für das Personale der Armen Commission, e) durch Aufhebung gewisser dem Volke mißfälliger Beförderungsmittel. S. 307—315.

§. 6. Anweisung der Armen zur öffentlichen Dankbarkeit. S. 315—320.

§. 7. Der Seelsorger predige jährlich von der christlichen Armenpflege. S. 320—324.

VI. **Welches sind im Ganzen genommen die bewährtesten und erbaulichsten Merkmahle und Beweise, daß der Seelsorger von seinen Amtspflichten gegen seine armen Pfarrgenossen wohl überzeugt und durchdrungen sey?** S. 325 bis zu Ende.

§. 1. Aus dem übeln Zustande des Armenwesens läßt sich nicht sogleich ein sicherer Schluß auf die Nachlässigkeit des Seelsorgers machen; aber es gibt doch gewisse Merkmahle, woran man erkennen kann, ob und in wie weit er dießfalls seine Pflichten erfülle. S. 326—328.

§ 2. Welches die Merkmahle in oder außer dem Falle einer Armen-Polizey seyen a) an der Person des Seelsorgers, b) an den Armen des Ortes, und c) an der Pfarrgemeinde. S. 328—333.

§ 3. Welches die Merkmahle in dem besonderen Falle einer Armen-Polizey seyen a) an den Commissions-Gliedern, b) an verschiedenen Puncten der Armen-Polizey, c) an der thätigen Mitwirkung der Pfarrgemeinde, d) an dem unter der Armen-Polizey sich befindenden Armenstande, e) am meisten aber an dem Fortgange und Wachsthume des Armen-Institutes. S. 333 bis zu Ende.

… Erster Theil
oder
Beantwortung der
fünf ersteren Fragen
über die Pflichten
der
Geistlichen und Seelsorger
in Beziehung
auf die
zeitliche Wohlfahrt
ihrer Untergebenen überhaupt.

Erste Frage.

Läßt sich wohl die Besorgung des Seelenheils von der Sorge für das zeitliche Wohl der Menschen ganz trennen, — oder befördert nicht vielmehr wechselweise Eines das Andere?

Ich werde hier zeigen, daß (§. I.) der zeitliche und leibliche Miß- oder Wohlstand der Menschen großen Einfluß auf die Seelsorge habe, indem er sie entweder hindert oder befördert; daß (§. II.) der Seelsorger, wenn er seine Pflicht in ihrem ganzen Umfange erfüllen will, zum Theile selbst manche aus politischen Umständen, aus zeitlichen und leiblichen Angelegenheiten entstehende Hindernisse wegräumen, und (§ III.) nach dem Beyspiele seines göttlichen Lehrers Jesu Christi sich der Vortheile, welche er durch thätige Theilnehmung an dem zeitlichen und leiblichen Wohl der Menschen gewinnet, als der sichersten Hülfsmittel zur Erlangung seines geistlichen Zweckes bedienen müsse. Endlich (§. IV.) wird man durch genaue Betrachtung der engen Verbindung des Geistlichen mit dem Leiblichen überhaupt schon innigst von der Wahrheit überzeuget,

daß sich die Besorgung des Seelenheils von der Sorge für das zeitliche Wohl der Menschen nicht ganz trennen lasse; sondern daß vielmehr Eines das Andere wechselweise befördere.

§. I.

Der zeitliche und leibliche Miß- oder Wohlstand der Menschen hat großen Einfluß auf die Seelsorge, indem er sie entweder hindert oder befördert: und in dieser Rücksicht wird die Besorgung des zeitlichen Wohls der Menschen Pflicht für den Seelsorger.

Vorurtheil ist es, wenn man die Seelsorge für ein Amt ansiehet, dessen Gebieth sich nicht in die Grenzen des politischen Zustandes der Menschen und ihrer irdischen Glückseligkeit erstrecke. Die Seelsorge ist zwar in Rücksicht auf ihren Zweck, nämlich die Wohlfahrt und das ewige Heil der Seelen, ein eigenes für sich bestehendes Geschäft, das eigentlich mit den übrigen Arten menschlicher Geschäfte nichts Gemeinschaftliches hat: allein die Mittel zur Erreichung dieses Zweckes sind so verschieden und mannigfaltig, daß die Seelsorge oft in die Grenzen zeitlicher und gleichsam außer ihrem Bezirke liegender Verhältnisse eingreifen, und aus denselben zweckdienliche Mittel hernehmen muß. Denn von den verschiedenen Mitteln, die zu Einem Zwecke führen, bezielen einige den Zweck unmittelbar und allernächst, andere aber wirken dahin nur von fern und mittelbar. Will man nun sagen, die Seelsorge werde durch geistliche Mittel bezielet; so sind dieses die allernächsten Mittel, welche immer noch von entfernteren unterstützet werden müssen. Gibt es denn nicht Hindernisse, welche nicht nur die Wirksamkeit, sondern auch die erste Anwendung der geistlichen Mittel hemmen? Und gibt es im Gegentheile nicht Hülfsquellen von solchen Umständen, durch deren vortheilhafte Benutzung der Seelsorger seinen geistlichen Mitteln gute Aufnahme und alles Gedeihen verschaffen kann? Und dennoch haben dergleichen Hülfsquellen so wohl, als jene Hindernisse der Wirksamkeit

geist-

geistlicher Mittel oft ihren Grund — außer dem Bezirke der geistlichen Seelsorge — in dem zeitlichen und leiblichen Wohl oder Uebel der Menschen. Die Pfarrgenossen, welche auf allen Seiten mit körperlichen Bedürfnissen zu ringen haben, sind besonders wegen öfterer Abwesenheit für die Lehren des Seelsorgers entweder gar nicht oder nur halb empfänglich: oder wurzelt auch der ausgestreute Same in ihrem Herzen, so ist er doch von keiner Dauer, und bringet die erzielten Früchte nicht hervor. Hier also lieget zur apostolischen Arbeit ein Feld, das urbar zu machen ist. Der Seelsorger hat die Pflicht, nach Kräften seine Hand mit anzulegen, und das Hinderniß zu heben. Er kann es, wenn er nur öfters einen sorgenden Vaterblick auf das zeitliche Wohl seiner anvertrauten Herde werfen will!

Dieser Betrachtung zu Folge weiß ich nicht, wie die Sorge für das zeitliche Wohl von der Besorgung des Seelenheils könnte getrennet werden. Die Seelsorge ist vielmehr — in so weit ihre **Wirkungen von den Umständen des zeitlichen Wohls oder Uebels der Menschen gehindert oder befördert werden** — so genau mit der Sorge für die zeitliche Wohlfahrt der Pfarrkinder verwebet, daß sie unmöglich ihren Zweck vollkommen erreichen, und also nicht wahre und vollkommene Seelsorge seyn kann, ohne zugleich an dem zeitlichen Wohl oder Uebel der Pfarrgenossen einen großen Antheil zu nehmen.

Man könnte zwar einwenden: ein anderes Amt habe für das Wohl des Geistes, ein anderes für die leibliche Wohlfahrt zu sorgen. Ganz recht! denn wir sehen mit Augen, daß beydes die zwey Angeln sind, worin die moralische Welt sich trägt. Allein ich sage nicht,

nicht, die Seelsorge habe das zweyfache Amt, nebst dem Seelenheile auch den zeitlichen Wohlstand der Untergebenen zu besorgen; sondern dieselbe müsse sich auf die zeitlichen und leiblichen Angelegenheiten der Menschen nur in so weit erstrecken, als diese den zweckmäßigen Wirkungen der Seelsorge nachtheilig oder vortheilhaft sind. Deßwegen bleibt doch die Sorge für den zeitlichen und leiblichen Wohlstand der Bürger immer die Hauptpflicht des bürgerlichen Beamten, oder der weltlichen Regierung, und das Hauptgeschäft des Staates. Und hat nicht auch dieser Staat seinen Wechsel herüber in die geistlichen Grenzen? Und aus welchem andern Grunde, als weil er zu seinem zeitlichen Zwecke der geistlichen Mittel der Religion nicht entbehren kann? Denn wo ist auch unter den Götzendienern je ein Staat ohne Priesterthum gewesen? — So unzertrennbar also die Verwaltung der zeitlichen Glückseligkeit von der Religion ist, eben so wenig läßt sich auch die Seelsorge von der Sorge für das zeitliche Wohl gänzlich absondern.

§. II.

Um seine Pflicht in ihrem ganzen Umfange zu erfüllen, muß der Seelsorger selbst manche aus politischen Umständen oder aus zeitlichen und leiblichen Angelegenheiten entstehende Hindernisse wegräumen.

Betrachte man zuerst die verschiedenen Hindernisse, welche aus zeitlichen und leiblichen Angelegenheiten entspringen, und dem Seelenheile der Pfarrkinder so gerade im Wege stehen, daß die Wirksamkeit der Seelsorge gehemmet wird, wenn sie nicht selbst zur Wegräumung jener Hindernisse mitarbeitet. Wenn die Kinder zum Theile den täglichen Schulunterricht verabsäumen; wenn die Jugend nicht in den sonntägigen sgen Christenlehren erscheint, die Erwachsenen aber den Predigten und dem übrigen Pfarr-Gottesdienste ausweichen: sind es nicht größten Theils irdische und zeitliche Angelegenheiten, welche von ihnen als Hindernisse angegeben werden? Nothbringende Arbeit, Armuth, und oft gar Mangel an ehrbarer Kleidung, verwirrte und übel verwaltete Haushaltung, — alles trägt hier das Seinige bey. Will da ein Seelsorger eine gründliche dauerhafte Besserung vornehmen; so bestehet sie nicht bloß in dem, was der weltliche Amtszwang erwirket, sondern daß auch Er mitwirke, und die Hindernisse als die Haupturfachen zu heben helfe. Es ist eine leichte Sache, den Kranken mit den verordneten Heilsmitteln zu versehen; leicht, ihm Trost und Muth einzusprechen. Allein ist er deßwegen zum Sterben bereit? Er würde es wohl seyn, wären nur gewisse irdische und zeitliche Angelegenheiten gehoben. Und vielleicht wäre das geschehen, hätte sich der Seelsorger (wiewohl er dergleichen Geschäfte nicht ohne gewisse Schranken übernehmen soll) nur mit Rath und Anschlägen darum angenommen. Welche geistliche Mittel werden vermögend seyn, ein uneiniges Ehepaar zu versöhnen, wenn die in zeitlichen Angelegenheiten liegende Quelle der Uneinigkeit nicht verstopfet wird? ... wenn der Mann nicht aufhöret, ein Spieler oder Schwelger zu seyn?... wenn das Weib nicht anfängt, ihren Aufwand in Kleidern, ihre Untreue und häusliche Fahrläßigkeit zu ändern, oder ihr längst versprochenes Heyrathsgut herbey zu schaffen? — — Soll endlich die Seelsorge eine Sittenrichterinn der Pfarrgemeinde seyn, welche die Tugend in Aufnahme zu bringen, und allem Unfuge zu steuern suchet; — soll sie dem Bedrängten Trostgründe, dem Betrogenen Rathschläge, dem Unwissenden Unterricht, dem Armen Hülfe, dem Wankenden Unterstützung verschaffen: — wird sie denn dieß

ein

em Amte nur von weitem Genüge leisten, und wird sie endlich mit wahrhaft gedeihlichen Folgen niederreißen, aufbauen, pflanzen, ausjäten können, ohne durch einen Verhack von unzähligen Hindernissen zeitlicher und weltlicher Angelegenheiten durchzubrechen? Nein! des Seelsorgers Worte werden heilig, seine Werke werden gut, aber beydes wird ohne Frucht, oder die Frucht ohne Dauer seyn.

Ich sage noch mehr: wenn sich die Seelsorge um den leiblichen Wohlstand der Untergebenen gar nicht kümmert, so wird sie manchen ein trockenes und lästiges, anderen auch ein gehässiges Amt scheinen. Der gemeine Mann sieht, daß ihm von Seite des Geistlichen immer nur Pflichten vorgeschrieben, und Ermahnungen gegeben werden, und daß die heilsamen Worte stäts nur bloße trockene Worte sind. Da aber der zeitliche Glücksstand des Geistlichen oft besser ist, oder dem gemeinen Manne doch besser scheinet, als der seinige; so sieht er alles, was ihm von daher zugemuthet wird, für eine Last an, die der Geistliche selbst nicht trage, mithin Andern gut aufzubürden habe Es fällt ihm ein, was unser Heiland den Pharisäern vorgeworfen hatte, daß sie zwar **Andern große Bürden aufladen, aber dieselben mit keinem Finger berühren.** *) Muß nun der Untergebene dazu noch sehen, daß dieser Geistliche bey dem alten nach seinem zeitlichen Glücks- oder Unglücksstande gar nicht frage, und ihm weder zu rathen, noch zu helfen trachte; so kann unmöglich etwas Gedeihliches erfolgen. **Mit Recht, schreibt ein erfahrner Seelenhirt, entzieht die Herde dem Unterrichte ihren Geist, wenn der Hirt die Sorge des auswärtigen Beystandes ve. nachläßiger.** **) In diesem Falle ist es wenig gesagt,

*) Matth. XXIII 4.
**) Gregor. Paso: Reg. II Th. 7 Kap.

gesagt, daß die Seelsorge ihren Zweck nicht erreiche; sondern es wird dabey mehr verloren, als gewonnen. Der Pfarrgenoß wird sich bald wegen seiner vielfältigen Hindernisse für berechtiget halten, von der Lehre des Geistlichen sich als entschuldiget auszunehmen, da dieser weder selbst etwas von Last wisse, noch die Bürde eines Andern empfinde: — oder der Glücksstand des Seelsorgers und dessen ganz gleichgültiges Betragen gegen ihn wird denselben gar auf den Gedanken bringen, daß nicht alles so wahr seyn möge, was ihm der Geistliche vorschreibt, und womit er ihn zu trösten, zu bitten, zu ermahnen pflegt. Die geistlichen Arbeiten des Priesters gründen sich ohnehin meistens nur auf abgezogene Begriffe, auf Sachen des inneren Menschen, die von den Sinnen entfernt, und über die Ideen des gemeinen Haufens erhaben sind. Suchet er nicht ein mehr fühlbares Verhältniß zwischen sich und seinem Pfarrvolke durch thätige Mitwirkung zur Beförderung des zeitlichen Wohls seiner Untergebenen zu stiften, wer wird hernach den gleichwohl sehr geistlichen Mann und dessen Bemühungen für das Seelenheil lieb gewinnen? Achtung wird er sich höchstens in dem Verstande der Gemeinde erwerben können, aber die Liebe der Herzen wird fern von ihm und seinem Amte seyn. Es ist zu befürchten, daß dieser Seelsorger endlich gar dem leidenden Theile seiner Gemeinde eine widerwärtige Person, daß seine Reden ein überlästiger Wortkram, und sein Amt ein verhaßtes Amt werden.

§. III.

Durch Theilnehmung an dem zeitlichen und leiblichen Wohl der Menschen gewinnet der Seelsorger Vortheile, deren er sich, nach dem Beyspiele seines göttlichen Lehrers Jesu Christi, als der sichersten Hülfsmittel zur Erlangung seines geistlichen Zweckes bedienen muß.

Die mannigfaltigen Hindernisse also, welche aus dem zeitlichen und leiblichen Wohl oder Übel für das geistliche Seelenheil als den Zweck der Seelsorge entstehen, geben schon einen hinlänglichen Beweis, daß der Seelsorger keinesweges der Sorge für die leibliche und zeitliche Wohlfahrt seiner Untergebenen überhoben seyn könne. Aber diese Wahrheit, glaube ich, wird noch weit anschaulicher und überzeugender, wenn man die Vortheile betrachtet, welche derselbe durch thätige Theilnehmung am zeitlichen und leiblichen Wohlstande seiner Untergebenen gewinnet; Vortheile, deren er sich als der sichersten Hülfsmittel bedienen kann und muß, um mit großen und leichten Schritten zu seinem Zwecke zu gelangen. Fürwahr! durch nichts kann sich der Seelsorger sein Amt so sehr erleichtern, als durch thätige Theilnehmung an der leiblichen Wohlfahrt der ihm anvertrauten Seelen. Er ist alsdann bey jeder geistlichen Arbeit gleichsam schon voraus des guten Erfolges versichert. Die Ursache liegt am Tage. Denn wenn die Untergebenen einen Mitarbeiter ihres zeitlichen Wohls an ihrem Seelsorger haben; so werden sie seiner geistlichen Führung viel williger folgen, und leichter folgen können.

Wer weiß nicht, mit welcher Gewalt das äußerliche Anlockende den Menschen an sich ziehe? Ein Geschenk, Ein bloßes Versprechen kann hundert geneigte Herzen machen. Wie leicht ist es also dem Seelsorger, die Seelen der Menschen zu gewinnen, wenn er ihnen zum leiblichen Wohlergehen die Hand biethen mag! Nur an diesem pflegen seine Leute zu merken, daß er sie liebe: nicht so sehr an den geistlichen Wohlthaten, weil sie dieselben nicht nach ihrem Werthe beurtheilen. Da nun ihr Verstand ohnehin eine große Hochachtung gegen ihren Seelenhirten hat;
so

so wird die Zuneigung ihres Herzens um so größer
gegen ihn werden, je mehr es sie freuet und tröstet,
daß die erhabene Person ihres Priesters ihren leiblich-
en Nahrungsstand seiner Sorge würdig achtet. Auf
solche Weise sind die Seelen schon zu den geistlichen
Eindrücken ihres Hirten vorbereitet: — sie sind schon
voraus überzeuget, derjenige, welcher sogar die Beförderung ihres leiblichen Glückes sich angelegen seyn
lasse, werde gewiß auch mit allen seinen Amtsverrichtungen nichts anderes, als ihr geistliches Heil suchen.
Sie glauben aufrichtig seinen Reden, und schwören
auf die Wahrheit seiner Lehren: — sie trauen seiner
Einsicht; und was sie ihm nicht aus Ueberzeugung oder
Zutrauen nachthun, das geschieht von ihnen aus Zuneigung und Liebe. Alle diese Vortheile hat dem Priester seine Mitwirkung zum zeitlichen Wohlstande seiner
Untergebenen zuwege gebracht. Man brauchet sich
nicht einen so glücklichen Seelsorger nur zu idealisiren:
es hat deren, Dank der Vorsehung! schon manche gegeben. Man erinnere sich nur an einen solchen, der
seine armen Pfarrkinder mit eigenem und fremdem
Almosen versorget; der den Mittelmäßigen zuweilen
mit gewissen Bedürfnissen auf eine Zeit uneigennützig
unterstützet; der hie und da kleine Geschenke ausgetheilet, und allen zu ihm kommenden die häusliche
Ehre und Freundschaft erwiesen; der den Einen durch
seine Vermittelung aus Noth und Gefahr gerettet, den
Andern von Feindschaft und Verfolgung befreyet;
Diesem zu einem hinlänglichen Broderwerbe verholfen,
und Jenem mit guten Anschlägen das Hauswesen verbessert hat! Man erinnere sich, sage ich, eines solchen Seelsorgers, und sehe, ob er nicht auch in seinem Hauptamte,
der Besorgung des Seelenheils, sich vor allen seines
Gleichen ausgezeichnet, und die beßten Früchte in der
Geistesausbildung der Seinigen geerntet habe! Wie
weit

weit würden es erst jene Hirten mit dem Heile der Seelen bringen, welche nicht allein in besondern Fällen einzelne Wohlthaten des Leibes auf gewisse Personen verwendeten, sondern welche sich aus der gemeinen und besondern, öffentlichen und häuslichen Wohlfahrt ihrer Pfarrkinder ein gewöhnliches mit ihrer Seelsorge verflochtenes Nebengeschäft machten!

Fürwahr! diese würden vor Andern die vollkommensten Nachfolger ihres Oberhirten Jesu Christi seyn. Denn dieser, wie die Apostelgeschichte redet, *wandelte im Lande umher mit Wohlthun und Heilung aller Unterdrückten.* *) Jeder Tag seines öffentlichen Lebens, jeder Schritt war mit Wohlthaten, und zwar alle Mahl zuerst mit leiblichen Wohlthaten bezeichnet. Es ist aber der Sohn Gottes gewiß nicht gekommen, die leibliche Glückseligkeit der Menschen zunächst, sondern nur das Heil ihrer Seelen herzustellen. Allein er hatte stäts die zeitlichen Gutthaten voran gesendet, um durch diese, wie durch Vorbothen, der Aufnahme seiner geistlichen Mittel in den Herzen der Menschen Eingang zu verschaffen. Dadurch zog er ganze Schaaren des Volkes an sich, die öfters, wie bey der Brodvermehrung, **) sich auf mehrere Tausende beliefen. Sein hoher Zweck war immer nur einzig der geistliche: die Vorbereitungsmittel dazu waren seine Wunderzeichen: Durch diese öffnete er sich jederzeit einen zweyfachen Eingang in die Seelen: er überzeugte durch sie erstlich ihren Verstand von seiner Macht und Weisheit, der sie mit Zuversicht glauben und trauen dürften: und da die Wunder immer zugleich Wohlthaten waren, so gewann er auch ihren Willen, daß sie ihm aus einem süßen, ihnen selbst unmerklichen

Antriebe,

---
*) Apost. Gesch. X. 38.
**) Joh. VI. 10.

Antriebe, mit Luſt zuhörten, glaubten, und folgten. Es hat demnach der Heiland der Menſchen ſelbſt ſeine Sorge für das Seelenheil der Menſchen auf gewiſſe Art von der Beſorgung ihrer leiblichen Wohlfahrt abhängig gemacht. Nun frage Einer, warum der göttliche Oberhirt dieſen Weg eingeſchlagen habe? Ich werde ihm antworten: dieſer allerhöchſte Kenner des menſchlichen Herzens, deſſen Schöpfer er ſelbſt war, hatte kein beſſeres Mittel gewußt, ſo lange er den natürlichen Gang nehmen wollte: und da er durch tauſend andere Mittel die Seelen gewinnen konnte, aber doch insgemein dieſes leibliche zum Anfangsmittel gewählet hatte; ſo läßt ſich mit Grund ſagen, daß er allen, die ihm in ſeinem geiſtlichen Amte nachfolgen würden, ein Beyſpiel geben wollte, wie ſie mit der Seelſorge die Beſorgung des zeitlichen Wohls verbinden, und die letztere gewiſſer Maßen der erſteren zum Grunde legen ſollten.

§. IV.

Wegen der engen Verbindung des Geiſtlichen mit dem Leiblichen überhaupt läßt ſich die Beſorgung des Seelenheils nicht ganz von der Sorge für das zeitliche Wohl der Menſchen trennen.

Aus dieſem allen läßt ſich zwar leicht abnehmen, daß die Sorge für das zeitliche Wohl der Menſchen nicht nur ein wichtiger Theil, ſondern auch ein ſtarkes Beförderungsmittel der Seelſorge ſey. Allein von der letzteren Wahrheit erlanget man eine noch innigere Ueberzeugung, ſo bald man in einem angeſtellten Vergleiche zwiſchen dem Geiſtlichen und Leiblichen die wechſelſeitige Verbindung des Einen mit dem Andern wahrnimmt. Das Bild davon trägt jeder Menſch an ſich ſelbſt, da er aus zwey Haupttheilen, dem Leibe und

und der Seele, bestehet. Und in so weit, als einer von beyden Theilen den andern befördert, ist jeder Mensch eine lebendige Schilderung, ja das Urbild jenes großen Zusammenhanges in den Gemeinden, und überhaupt in der ganzen Welt, vermöge dessen das geistliche dem leiblichen, und das leibliche dem geistlichen Besten zur Beförderung dienet. Gewiß ist es, daß, so verschieden auch die Beförderungsmittel von beyden sind, dennoch ihr äußerster Endzweck, bey welchem sie zusammen treffen müssen, nur einer und derselbe ist, nämlich die höchste Glückseligkeit des Menschen. In diesem Ziele kommen beyde zusammen, und machen nur Ein Ganzes in der Welt aus, gleichwie Leib und Seele nur Einen Menschen machen. Die göttliche Weisheit hat deßwegen von Anbeginn das leibliche und geistliche Beste so mit einander verflochten, daß, so wie eines ohne das andere mangelhaft ist, also ein jedes durch das andere vollkommen wird. Die Furcht Gottes, spricht der h. Geist, gibt Gesundheit, Leben und Segen; *) und ein gutes Gewissen ist wie ein Oel, welches auch in den Körper ein Gedeihen, welches Saft in die Gebeine, und Mark in die Knochen ergießt. Der Schöpfer hat nämlich die Religion mit der Natur so genau verknüpfet, daß nicht nur das Laster die Zerrüttung des Leibes mit sich führet, sondern daß auch die Tugend auf den leiblichen Zustand sogar ihren natürlichen Segen verbreitet. Mag gleichwohl in einzelnen Fällen das Gegentheil erscheinen, so ist doch im Ganzen genommen alle Mahl jener auch im Reiche der Natur der Glücklichste, der in der Religion der Treueste ist. Deßwegen hat Gottes Sohn seinen Anhängern schon in diesem Leben das Hundertfältige verheißen, weil er, der die geheimen Gänge der Natur kannte, schon vorhin

*) Sirach XXXIV. 20.

hin einsah, wie nach und nach die natürlichen und physischen Umstände auch auf ihre zeitliche Glückseligkeit würden zusammen treffen müssen.

Gehet man mehr ins Besondere; so zeiget sich die wechselseitige Beförderung immer klärer. Denn der beste Christ ist auch zugleich der beste Vater, Ehegatte, Unterthan: er ist der beste Bürger, Soldat, und — was der Staat aus ihm machen will. In der Gemeinde, wo echte Religion im Flore stehet, da blühen auch alle Tugenden, Fleiß und Sparsamkeit, Eintracht, Genügsamkeit, und was immer die zeitliche Wohlfahrt befördern kann. Man hat deßhalb von jeher gesehen, daß gute Regenten alle Mahl zur Regierung ihrer Unterthanen die Religion zu Hülfe genommen, und daß gute Beamten dieselbe unter ihren Gemeinden gehandhabt haben: sie wußten, daß die heiligen Bande der Religion, weil sie nicht die Hand, sondern das Herz, die Wurzel der Handlungen, an die bürgerlichen Pflichten fesseln, weit zuverlässiger und dauerhafter wären, als die äußerlichen Bande des Staates.

Hieraus läßt sich jetzt leicht die Anwendung auf die Gegenseite machen, daß auf gleiche Weise durch das zeitliche Beste auch das geistliche Wohl befördert werde. Was nun diese Beförderung des geistlichen Wohls durch das zeitliche im Allgemeinen und im Großen betrifft, so läßt sich dieselbe freylich nur von weltlichen Staatsbeamten erwarten. Allein wenn es eine schon durch Erfahrung hinlänglich bewiesene Sache ist, daß, ungeachtet die Beförderung des Seelenheils nicht der Zweck der weltlichen Staatsverwaltung sey, es dennoch von dieser nach der heutigen Lage großen Theils abhange, ob Religion und Sittlichkeit im

Staate

Staate banieder liegen, oder das Haupt empor heben; so kann gewiß noch vielmehr ein Landpriester durch Besorgung des zeitlichen Wohls das Seelenheil befördern, weil er derselben die gerade Richtung nach dem geistlichen Endzwecke seiner Seelsorge gibt. Wenigstens muß die Kirche, welche immer in solchen Stücken einen geraden schlichten Geist führet, hiervon sehr wohl überzeugt seyn; denn sie hat jederzeit die Uebel des Staates für ihre eigenen Uebel angesehen, und mit ihren Gebethen für die geistlichen Güter pflegt sie stäts auch jene für die zeitlichen zu verbinden.

Wer nun nach Erwägung dieser Gründe die Besorgung des Seelenheils von der Sorge für das zeitliche Wohl ganz ohne alle Theilnehmung trennen wollte, der müßte in der That Sinnes seyn, entkörperte Seelen zu besorgen, oder sie von aller Gemeinschaft, die sie vermittelst des Körpers mit zeitlichen Dingen haben, zu scheiden. Nein! der Seelsorger verpflegt das Eine nie vollkommen ohne das Andere. Es gehöret also, wie wir bald hören werden, unter seine Pflichten, daß er, indem er das Heil der Seelen besorgen muß, zugleich nach seiner Art ihrem zeitlichen Wohl einen Theil seiner Sorgen schenke.

Auf die
zweyte Frage

antworte ich: daß die Pflichten der Geistlichen, der Seelsorger besonders, nicht nur auf die Verrichtung des äußerlichen Gottesdienstes, und nicht nur auf die Besorgung des Seelenheils ihrer Untergebenen für die Ewigkeit eingeschränket, sondern daß sie auch auf die Beherzigung und Beförderung des zeitlichen Wohls einzelner Menschen und des ganzen gemeinen Wesens ausgedehnt seyen.

Ich glaube nämlich: (§. I.) der Einfluß des zeitlichen Wohls auf das geistliche Amt mache die Beförderung des ersteren dem letzteren zur Pflicht; (§. II.) zu dieser Pflicht verbinde den Geistlichen seine Person ohne Rücksicht auf seinen Stand, weil er 1) ein Mensch, 2) ein Bürger, und 3) ein Christ sey; (§. III.) es verbinde ihn zu dieser Pflicht sein Stand und Amt ohne Rücksicht auf seine Person. Ich unterstütze — (§. IV.) meine Behauptung durch einige Betrachtungen über die Oekonomie Gottes und seiner Kirche in verschiedenen Perioden.

§. I.

Der Einfluß des zeitlichen Wohls auf das geistliche Amt machet die Beförderung des ersteren dem letzteren zur Pflicht.

Wenn der Geistliche, vorzüglich der Seelsorger, die Absicht seines geistlichen Amtes, so weit es die Seelen der Menschen betrifft, nicht erzielen kann, ohne die Besorgung des zeitlichen Wohls mit ihnen zu theilen; so steht es ihm nun nicht mehr frey, dieses letztere zu thun, oder nicht zu thun: und nimmt er die Besorgung irdischer Angelegenheiten unter seine Geschäfte auf; so darf er sich nicht einbilden, als ob er außerordentlich weit über die Grenzen der geistlichen Amtspflichten hinaus wirke. Er kann immer noch zu sich sagen, was Jesus seine Apostel zu sagen gelehret hat: **ich habe nichts gethan, als was ich schuldig war.** *) Es gehört nämlich eine gewisse Besorgung des leiblichen Wohlstandes in den Bezirk der Pflichten des geistlichen — oder vielmehr des Seelsorger-Standes. Es ist nicht nöthig, die Beweise für diese Wahrheit durch gelehrte Schlüsse weit her zu ziehen.

Wer einem Stande den Umriß seiner Pflichten im Allgemeinen ausmessen will, der steckt nur das Ziel oder den Zweck jenes Standes zum Mittelpuncte auf. Diesen Zweck zu erzielen, ist die oberste, die erste und einfachste Pflicht. Alles aber, was rings umher nach dem mittleren Endzwecke einen nothwendigen Bezug hat, muß in die Grenzen der Standespflichten noch eingemessen werden. So weit die Hindernisse und die Hülfsmittel zur Erreichung des Zweckes sich immer erstrecken, eben so weit muß natürlicher Weise auch der Umfang der Pflichten, durch deren Ausübung der Zweck bezielet wird, sich ausdehnen. Und greifen

*) Luf. XVII. 10.

greifen sie gleichwohl in das Gebieth eines auswärtigen Standes ein; so geschieht es nur, um beyde Stände desto näher mit einander zu verbinden, und das Ganze um so fester zu halten. Man nehme sich ein Gleichniß von dem Handwerkerstande, oder ein Beyspiel von dem weltlichen Vorsteheramte! — Ein Handwerksmann z. B. der im Holze arbeitet, um sich seine Nahrung zu erwerben, brauchet eiserne Werkzeuge, und diese muß er, um seinen Endzweck zu erreichen, aus der Werkstätte des Eisenarbeiters hohlen. Dadurch aber thut jener in das Gewerbe des letzteren keinen Eingriff, und noch viel weniger erwächst daraus für den Eisenarbeiter ein Nachtheil; sondern dieses ist vielmehr ein wechselseitiges Bedürfniß, wodurch verschiedene Gewerbe zur eigenen Erhaltung ihres Ganzen in einander greifen, und wechselweise eines von dem andern einen Vortheil gewinnet. Eben so ist es auch dem apostolischen Seelsorger unentbehrlich, mithin Pflicht, daß er gleichsam in den Bezirk des weltlichen Standes, d. i. der zeitlichen Wohlfahrtspflege eingreife, um von daher gewisse Hülfsmittel zur Beförderung der geistlichen Wohlfahrt zu gewinnen. Und dieß ist nicht nur kein unerlaubter Eingriff, (wie mancher vorwenden möchte, um unter dieser Maske die Umgehung seiner Pflicht zu rechtfertigen) sondern es ist, wie ich schon gesagt habe, Pflicht, und die engste Verbindung beyder Stände zur Beförderung des wechselseitigen Wohls. Schreitet nicht auch der weltliche Vorsteher über die Grenzen des geistlichen Gebiethes, indem er sich für verpflichtet hält, so viel ihm möglich ist, auch den geistlichen Wohlstand seiner bürgerlichen Unterthanen in Aufnahme zu bringen? und aus welchem andern Grunde thut er dieses, als weil in jenem Gebiethe viele Materialien und Werkzeuge liegen, welche den Zweck seiner Amtsverwaltung,

d. i, das zeitliche Wohl, befördern helfen? Was kann demnach natürlicher seyn, als daß der Geistliche, da der zeitliche Miß- oder Wohlstand so viel Einfluß auf seine Seelsorge hat, auch seine Pflichten auf die Besorgung jenes zeitlichen Wohls ausbreiten müsse?

Kein Stand ist in der Welt, über dessen Pflichten schon mehr wäre geschrieben und gesagt worden, als der geistliche Stand. Alle Bücher beynahe, die man den Priestern in die Hände gibt, reden von ihren Schuldigkeiten. Aber auch kein Stand ist, dessen Obliegenheiten so einseitig abgehandelt wären, als eben dieser. Denn da dergleichen Schriften meistens nur ascetisch reden; so schränken sie auch ihre Grundsätze bloß auf das geistliche Fach ein, entweder auf Sachen des Geistes und des inneren Menschen, oder auf gottesdienstliche Handlungen und solche Gegenstände, die das Seelenheil zunächst und unmittelbar betreffen. Indessen ist hier keinesweges der Umfang von den Pflichten der Geistlichen und Seelsorger ausgemessen. Und dieß wird (wiewohl es jetzt durch bessere Pastoral-Schriften bald heller werden wird) wenig in Bedacht genommen. Man stellet sich selten eine weitere Ausdehnung seiner priesterlichen Schuldigkeiten vor, und es scheint fast ein herrschender Wahn zu seyn, daß die geistlichen Standespflichten nicht über die Grenzen geistlicher Gegenstände schreiten. Aber wer hat denn wohl dem Priesteramte diese Scheidewand gesetzet? Die Natur nicht; denn diese hat geistliche und zeitliche Gegenstände wechselseitig verbunden: — auch Christus der Oberpriester nicht, indem er selbst die Unglücklichen glücklich machte, damit er sie zur Aufnahme seiner geistlichen Arbeiten gewinnen möchte.

zweyte Frage.

§. II.

Zu dieſer Pflicht verbindet den Geiſtlichen ſeine Perſon ohne Rückſicht auf ſeinen Stand, weil er — 1) ein Menſch — 2) ein Bürger des Staates, und — 3) ein Chriſt iſt.

Selbſt die Perſon des Geiſtlichen verpflichtet ihn ſchon zur Beſorgung des zeitlichen Wohls ſeiner Mitbürger. Sollte wohl der Prieſter einer Pflicht überhoben ſeyn, welche alle Menſchen verbindet? Er mag vielmehr beherzigen, daß er ſeines geiſtlichen Standes ungeachtet ein Menſch, daß er ein Bürger des Staates, und ohnehin ein Chriſt iſt! Alles dieſes ſpricht ſeine Perſon nicht nur nicht frey, ſondern es bindet ihn noch ſtrenger an die Pflicht, zum gemeinen zeitlichen Beſten mitzuwirken.

Der Geiſtliche iſt alſo erſtlich ein **Menſch**, und als ſolcher wird er von dem Drange der Natur aufgefordert, an dem Glücke oder Unglücke desjenigen thätigen Antheil zu nehmen, der ihm ähnlich ſieht, und mit ihm urſprünglich gleiche Rechte hat. Es ſey denn, der geiſtliche Stand müßte das Privilegium haben, der Menſchlichkeit zu entſagen. O wie betröge ſich der Mann, welcher, indem er, wie man ſagt, aus der Welt gegangen iſt, zugleich aus dem allgemeinen Kreiſe natürlicher Menſchenpflichten ausgetreten zu ſeyn glaubte, und dadurch den geiſtlichen Stand zu einem Abenteuer in der Welt machte! — In der Welt, ſage ich: denn die bürgerliche Geſellſchaft beklagt ſich eben ſo wohl, als die Natur, und fordert mit gleichem Rechte die Mitwirkung des Prieſterſtandes zu ihrem allgemeinen Beſten. Die Urſache iſt, weil der Prieſter, ſeines Standes ungeachtet, ein **Bürger des Staates** eben ſo, wie ein Menſch in der Natur, verbleibt. Der

Diener des Altars weiß wohl, daß er kein Mann ist, der täglich aus der Geisterwelt daher kommt, seine gottesdienstlichen Geschäfte vollzieht, und dann wieder in seine Heimath zurückkehret. Er weiß, daß er isset und trinket, wie die Bürger in seiner Gemeinde alle thun; daß er, wie sie, Haus und Hof, Geld, Gut, und alle Bedürfnisse des menschlichen Lebens zum Genusse hat. Es ist ihm auch nicht unbekannt, daß alle diese Güter Portionen des Staats, Güter der Gemeinheit, Abgaben des Volkes, und zum Theile frische Geschenke seiner eigenen Gemeinde sind; daß er endlich den Schutz des Vaterlandes und alles Obige in einem vorzüglichen Grade genießt. Ist es nun gewiß, daß diese sämmtlichen Dinge den Geistlichen zum Mitbürger seines Vaterlandes machen; so ist die Frage bald entschieden, ob jeder Bürger verpflichtet sey, nach seinem Stande und nach seinen Kräften die Wohlfahrt der ganzen Gesellschaft zu befördern. Sehen wir nicht einen Körper vor uns, an welchem jedes Glied mit unaufhaltbarem Triebe nach der Erhaltung des Ganzen strebt? Alle haben ihren angewiesenen Posten, und alle zielen von dort aus nach dem nämlichen Zwecke der zeitlichen Wohlfahrt. Warum soll der allein, welcher sich in den geistlichen Stand begeben, diesen Posten verlassen haben? Warum soll er von nun an seine Pflichten auf bloß geistliche Gegenstände zusammen ziehen, da er doch kein purer Geist geworden, sondern Mensch und Bürger geblieben ist? Den Geistlichen muß also schon seine Person allein, ohne noch seines Standes zu gedenken, davon überzeugen, es sey mehr als Billigkeit, ja wahre Pflicht, nebst den geistlichen Amtsverrichtungen auch für das leibliche Wohl der Menschen sich nach seiner Art zu verwenden.

Bisher

Bisher hat die Vernunft geredet, indem auch die Helden ohne höhere Offenbarung dergleichen Pflichten erkannt, und diesen viel bedeutenden Spruch geführt haben, daß **ein Mensch dem andern wie ein Gott sey.** Allein wir können jene persönliche Priesterpflicht auch aus dem göttlichen Munde bestätigen hören, so bald der Geistliche als ein **Mitglied der Christen** betrachtet wird, denen Gott ohne Ausnahme das Geboth der Nächstenliebe auferleget hat. Denn hat wohl dieser göttliche Gesetzgeber die Pflicht, den Nächsten zu beglücken, auf bloß geistliche Gegenstände im engsten Verstande eingeschränket? Die Blätter des alten und neuen Bundes reden gemeiniglich von der leiblichen Gutthätigkeit, weil in der That diese voraus gehen muß, wenn ich einem Menschen meine Liebe gegen ihn beweisen will; denn durch bloß geistliche Wohlthaten läßt sich seine Sinnlichkeit nicht so leicht hiervon überzeugen. Will sich nun der Priester nur eine Stufe höher über jedes andere gemeine Glied in der Kirche Christi erheben; so muß vorzüglich Er durch persönliche Ausübung jener gemeinen Christenpflicht, der Beförderung der Wohlfahrt seines Nächsten einen erhabneren Schwung geben.

Wahr ist es — und hierin muß Jedermann dem geistlichen Stande mit aller Ehrfurcht Gerechtigkeit wiederfahren lassen — der Priester trägt durch die bloße Besorgung des geistlichen Wohls der Bürger schon seinen Theil zum gemeinen Besten bey, weil dadurch auch die zeitliche Wohlfahrt, vermöge ihrer beyderseitigen engen Verbindung, sehr viel gewinnet; und die Geistlichen haben allezeit Ursache, sehr feyerlich von sich anzurühmen: **was andere Staatsglieder dem zeitlichen Wohl durch ihre weltlichen Geschäfte nützen, das nützen wir eben demselben** en vermittelst unserer geistlichen Verrichtungen, jeder Stand nach seiner Art. Allein dieß kann zu keinem Vorwande dienen, die Pflichten dieses Standes nur allein auf geistliche Gegenstände einzuschränken; denn wir gerathen wieder auf den schon vorher *) erwiesenen Satz: daß das Seelenheil, der Zweck aller geistlichen Verrichtungen, nie vollkommen zu erreichen steht, ohne durch Besorgung des zeitlichen Wohls dazu den Weg zu bahnen. Spricht der Seelsorger: vermittelst der wechselseitigen Verbindung befördern meine geistlichen Arbeiten das zeitliche Beste; so muß er sich auch selbst sagen: vermöge eben dieser Verbindung kann ich durch Besorgung des zeitlichen Wohls meine Seelsorge befördern, gleichwie wirklich ein kluger Staatsbeamter durch Festhaltung der Religion das zeitliche Glück befestiget.

§. III.

Zu dieser Pflicht verbindet den Geistlichen sein Stand und Amt ohne Rücksicht auf seine Person.

Allein lasset uns jetzt die Sache auf der andern Seite betrachten! — Gleichwie den Geistlichen seine Person ohne Rücksicht auf den Stand zur Beförderung des zeitlichen Wohls verpflichtet, so verbindet ihn auch hierzu, ohne Rücksicht auf die Person, sein geistlicher Stand, und besonders sein Seelsorgeramt.

Und warum nicht? Ist nicht alles dasjenige schwere Pflicht für ihn, was das Heil seiner anvertrauten Seelen betrifft? ... Pflicht, aus dem Wege zu räumen, was demselben hinderlich, ... Pflicht, anzuwenden, was ihm beförderlich ist? Das kann nicht in Abrede gestellt werden. Nun ist aber gewiß, und

ich

---

* In der Beantwortung der ersten Frage durchgehends, besonders §. II.

zweyte Frage.

Ich glaube es bey der Erörterung der ersten Frage überzeugend dargethan zu haben, daß das Seelenheil so wohl, als dessen Verwaltung durch nichts mehr, als durch den zeitlichen und leiblichen Mißstand des Volkes gehindert, durch das zeitliche Wohl aber recht sehr erleichtert und befördert werde. So ergibt sich denn von selbst die Folge, es müsse Pflicht für den Geistlichen und Seelsorger seyn, um diesen übeln oder guten Zustand des Volkes sich anzunehmen.

Es läßt sich in der That nichts Mechanischeres und Handwerksmäßigeres denken, als das Amt eines Geistlichen, welcher mit seinem Volke keine andere, als nur geistliche und unmittelbar auf die Ewigkeit abzielende Verrichtungen vornähme. Wäre er mehr als eine theatralische Person, die nur bey gewissen Auftritten zum Vorscheine käme, und dann sich wieder hinter ihre Scene zurück zöge? Einem Manne, der seinem Amte so gar geitzige Markfteine setzen, das Predigen, Trauen, Taufen, und Begraben, das Gottesdiensthalten, Beichthören, Krankenversehen, u. s. w. zu den äußersten Grenzen seines Amtsbezirkes machen wollte, dem könnte man noch weit mehr beweisen, als man sich hier vorgenommen hat. Man könnte ihm sagen, seiner Pflicht, auch für die zeitliche Wohlfahrt seiner Untergebenen zu sorgen, ließen sich beynahe keine andere, als nur Vorsichtsgrenzen bestimmen, indem nur das Maß des geistlichen Nutzens, der für die Seelsorge daraus entstehe, zugleich das Maß jener Pflicht seyn könne.

Und ist dieß nicht Wahrheit? Der große Paulus zeigt den Seelenhirten seine Hände, womit er nicht nur für sich, sondern auch für seine bekehrten Amtsgehülfen so wohl, als für andere Mitchristen die täglichen

Bedürfnisse erarbeitet hatte, damit sie um der zeitlichen Noth willen nicht wieder von ihm abfallen möchten. *) Dieß mag gleichwohl, in seiner besondern Art betrachtet, etwas Willkührliches seyn; aber im allgemeinen Verstande ist es auch mehr als willkührlich, wenn man den Apostel weiter reden höret: Ich habe euch (mit meinem Beyspiele) alle Art gezeigt, daß man die Schwachen auf solche Weise, d. i. mit solcher zeitlichen Vortheilen, aufnehmen — oder vielmehr (nach dem Griechischen **) gleichsam mit Händen vom Abfalle zurück halten müsse: — daß man müsse, daß es Pflicht sey, auch durch Besorgung zeitlicher Bedürfnisse die schwachen Seelen zum Heil zu bringen, oder darin zu erhalten. Wenn eben dieser Apostel von sich bekennt, ich bin Allen Alles geworden, um Alle selig zu machen; ***) so will er sagen, er habe allen seinen neu Bekehrten Alles versuchet, Alles gewagt, alle Mittel angewendet, um das Heil ihrer Seelen zu befördern. Ohne nun einem Seelsorger seine Pflicht auf alles das, was dieser Apostel that auszubreiten, so muß man doch bekennen, daß sie sich so weit auf die Beförderung des zeitlichen Wohls erstrecke, als es seiner Seelsorge verhülflich und seinen Kräften angemessen sey.

§. IV.

Ich unterstütze meine Behauptung durch einige Betrachtungen über die Oekonomie Gottes und seiner Kirche in verschiedenen Perioden: — 1) aus dem Verhalten Gottes bey der Schöpfung des ersten Menschen, — 2) aus der politischen Regierung Gottes bey dem Volke Israel, — 3) aus dem Benehmen Jesu, — und

aus

---

*) Apost. Gesch. XX. 34.
**) ἀντιλαμβάνεσθαι. V. 35.
***) I. Kor. IX. 22.

zweyte Frage. 27

aus der Seelsorge seiner Apostel, — namentlich des H. Paulus, — 4) aus der Einsetzung des Diakonats, — 5) aus der Uebung der nachmahligen Kirche und ihrer Hirten.

Eine Betrachtung über die ganze Haushaltung Gottes mit seinen Menschen von Anbeginn der Welt, und über das Betragen der Kirche Christi in ihrer Entstehung und Fortdauer verbreitet über das bisher Gesagte vieles Licht. Der Schöpfer steckte zwar dem ersten Menschen im Paradiese schon den hohen Zweck auf, den Namen Gottes und sich selbst zu heiligen. Der Schöpfer hat aber auch den Menschen, ehe er ihm diese Bestimmung bekannt machte, zuvor in einen glücklichen Stand gesetzt, damit er so wohl ohne alles Hinderniß, als durch den Vorschub vieler zeitlichen Hülfsmittel seinem Berufe nachkommen könnte. Diese Bemerkung mag nicht überflüssig seyn, weil sie noch heute auf uns passet. Denn Gott, der ein Geist ist, könnte ohne Zweifel unsere Seelen bloß durch seinen Geist zu ihrem Endzwecke leiten. Da er sie aber durch den Weg so mannigfaltiger zeitlichen Bedürfnisse dahin führen will; so hat er es auch für nöthig erachtet, ihr diesen Weg durch seine zeitliche Vorsorge zu bahnen. Daraus mag der Seelsorger, welcher zunächst der Stellvertreter Gottes ist, seine Maßregel nehmen, durch den nämlichen Weg der Besorgung des zeitlichen Wohls die Seelen zum geistlichen Heile, so viel an ihm liegt, zu führen.

Und warum hat wohl nachher Gott zu Anfang des geschriebenen Gesetzes sogar die politische Regierung seines erwählten Volkes auf sich selbst genommen, die er Theils durch einmahl festgesetzte Gebothe und Gerichtssatzungen, Theils durch fortwährende

ende Orakelsprüche verwaltete? Waren dieß nicht lauter Maßregeln der göttlichen Weisheit, das Volk vermöge eines solchen Einflusses auf sein zeitliches Wohl desto fester an sich zu halten, und um so sicherer zu seinem übernatürlichen Zwecke zu befördern?

Wie genau sich nachmahls der **Sohn Gottes** auf Erden an dieses zeitliche Mittel gehalten habe, um die Seelen der Menschen zu gewinnen, ist bereits bey Erörterung der ersten Frage §. III. angemerkt worden.

Auch seine Nachfolger im Lehramte, die Apostel haben sich eben keines andern Kunstgriffes in ihrer Seelsorge bedient. Sie waren als Menschenfischer in die Welt ausgesandt;* und in der That war das Netz, womit sie dieselben zu Tausenden fingen, kein anderes, als ihre ausgebreitete Liebe, welche sie alle Mahl zuerst durch zeitliche Vortheile den fleischlich Gesinnten, zum Theile auch den wildesten Seelen fühlbar zu machen wußten. Es war, sage ich, vorzüglich jene weisheits- und liebvolle Gemeinschaft der Güter, die sie gleich Anfangs unter den Gläubigen einführten. Durch eine solche Besorgung zeitlicher Wohlfahrt gewannen die apostolischen Hirten das Zutrauen und die Gegenliebe der Menschen, und machten die wunderbarsten Bekehrungen. Ob nun gleich diese heiligen Männer es Niemanden zur Pflicht aufgelegt hatten, zu einer solchen frommen Anstalt des gemeinen Besten sein zeitliches Gut beyzutragen; so machten doch sie selbst sich eine wahre und wesentliche Amtspflicht daraus, auf die Unterstützung jener Anstalt einen Haupttheil ihrer Sorgen zu verwenden.

Wir haben schon vorhin ein herrliches Beyspiel von dem Heiden-Apostel **Paulus** gesehen:
aber

*) Matth. IV. 19.

Zweyte Frage.

aber wer kann je deſſen Briefe leſen, ohne gleichſam mit Augen jene bewunderungswürdige Sorgfalt zu erblicken, mit welcher er die Beyträge zur allgemeinen Nahrungs-Caſſe ſammelte? Man ſieht darin ſein Bild ganz entworfen, wie er oft die Gelder ſelbſt einnimmt, ſelbſt berechnet und in Theile ausſchlägt, ſelbſt anweiſet und austheilet; ja wie er einen Ueberſchuß aufſparet, und perſönlich die Reiſe antritt, um denſelben der armen Mutterkirche zu Jeruſalem mit eigenen Händen zu überbringen.

Man ſage alſo nicht: „Was gehen den Geiſt„lichen ſolche Geſchäfte an, da Jeſus ſelbſt bezeugt, „er habe ſeine Jünger *von der Welt ausgewählet,* *) und nicht in die Welt hinein geſetzt!„ — Denn wäre es nicht lächerlich, wenn ein weltlicher Beamter, den dieſer Geiſtliche um den Arm ſeines Beyſtandes zu ſeiner Seelſorge anriefe, die Antwort von ſich gäbe: „Was geht mich das geiſtliche Wohl „meiner Untergebenen an, da ich nicht ihr geiſtlicher „Vorſteher bin?„ Noch weit abenteuerlicher würde jene Sprache des Seelſorgers lauten. Der Heiland hatte zwar ſeine Amtsfolger aus der Welt heraus gezogen, aber nur aus jener Welt, welche Johannes die dreyfache Begierlichkeit nennt; **) aus jener Welt nur, von welcher er ſelbſt nicht war, welche er aber deſſen ungeachtet mit zeitlichen Wohlthaten überhäufte. Aus dem weltlichen Umgange der Menſchen aber, und aus den verhältnißmäßigen Beziehungen auf deren irdiſche Umſtände hat Jeſus die Seelſorger keinesweges ausgehoben: er hat vielmehr ſeine Jünger mitten unter die böſe Welt hinein geſandt, *wie die Lämmer unter die Wölfe,* ***) nicht zwar, um der Welt das

*) Joh. XV. 19.
**) I. Joh. I. 16.
***) Luk. X. 3.

das zeitliche Glück zu bringen, aber doch aller jener Mittel sich zu bedienen, wodurch sie das Heil der Seelen würden bewirken können. — „Was sollen die zeit„lichen Wohlfahrtssorgen auf unsern Stand? unser „Stand ist geistlich!„ Aber eben deßwegen, würden damahls die apostolischen Hirten gesagt haben, verbinden diese Sorgen unsern Stand, weil wir dessen Ziel und Ende ohne sie nicht vollkommen erreichen können.

Daß sich übrigens die Apostel dieses zu einer Hauptpflicht ihres Amtes gemacht haben, erhellet daraus, daß sie nachmahls, wo mit der Menge der Gläubigen auch die geistlichen Geschäfte sich angehäuft hatten, eine besondere Gattung von Kirchendienern einführten, denen sie nebst gewissen geistlichen Verrichtungen auch die Besorgung der zeitlichen Bedürfnisse in der Kirchengemeinde übertragen haben. Hätten sie diese Sorge für keine Pflicht erkannt, wozu war es nöthig, dem ganz neu errichteten Orden des Diakonats die Obsorge über Nahrung und Kleidung zu einer wesentlichen Amtsverrichtung zu machen? — Es ist nicht billig, sprachen sie, daß wir vom Worte Gottes ablassen, und die Tische verpflegen. *) Diese Stelle beweiset keinesweges, daß sie die Besorgung zeitlicher und leiblicher Dinge nicht für ihre Pflicht gehalten haben, sondern daß sie vielmehr diese Pflicht nur für geringer, als die Andachtsübungen und den Unterricht im Worte Gottes, aber doch immer für eine solche ansahen, die dem geistlichen Stande obliege: — und dadurch, daß sie das nöthige Geschäft des zeitlichen und leiblichen Wohls der Gemeinde auf die Diakonen übertrugen, wollten sie sich nur von einem Theile ihres beschwerlichen Amtes entladen, wiewohl sie es dennoch,

*) Apost. Gesch. VI. 2.

zweyte Frage.

dennoch, wie wir erst an dem h. Paulus bemerkten, bey gewissen Umständen sehr thätig fortgesetzt haben.

Jene Ursachen, wegen welcher die Apostel ihre Pflicht über das Zeitliche ausdehnen mußten, können freylich in ihrer besonderen Art bey uns heut zu Tage nicht mehr obwalten; aber in ihrer allgemeinen Absicht betrachtet finden sie noch immer bey unserem Priesteramte Statt. Die besondere Ursache, welche die Apostel dazu vermocht hatte, war, weil die reichen Gläubigen, wenn ihre Güter wegen der Religionsänderung von der Obrigkeit wären eingezogen worden, von der Kirche abgefallen, die Armen hingegen zu einer nahrungslosen Kirchengemeinde nie beygetreten wären. Es ward also nothwendig, die Güter dort, wo sie den neu Bekehrten noch eigenthümlich waren, zu veräußern, und von dem daraus gelösten Gelde einen für Reiche und Arme hinlänglichen Nahrungs-Fond oder so genannten Kirchenschatz anzulegen. Allein die allgemeine Absicht war doch immer diese, damit durch eine solche zeitliche Wohlfahrtspflege die Hindernisse der Seelsorge gehoben, und die Hülfsmittel derselben befördert würden. Und dieß ist vollkommen derselbe Endzweck, wohin noch heutiges Tages unser Priesterstand arbeiten soll.

Man hat daher gesehen, daß in der Folgezeit auch die Kirche diese Pflicht für die Besorgung des zeitlichen Wohls ihrer Glieder von ihren apostolischen Vätern wie einen kostbaren Erbtheil übernommen, und als eine wesentliche Pflicht des geistlichen Standes ausgeübt habe. Von den Jahrhunderten ihrer Verfolgung ist es ohnehin bekannt, wie unaufhörlich der Priester- und Kirchendienerstand, und unter seiner Anleitung fast alle Glieder der Kirche, in Bewegung

waren,

waren, daß nur den Noth leidenden die zeitlichen Bedürfnisse nicht abgingen, sondern der allgemeinen zeitlichen Wohlfahrt, so viel möglich, gesteuert würde. - Hat sich in den darauf folgenden Friedenstagen de Kirche diese Gestalt auf einer Seite geändert, so ist si auf einer andern Seite verschönert worden. Denn d sich die Schätze und Reichthümer der Kirche beynah ins Unendliche anhäuften, wovon der stärkste Thei noch immer für die leiblichen Bedürfnisse der Christe gehörte; so war die Verwaltung, Anwendung, un Austheilung davon eine Hauptpflicht der Bischöfe, s sehr sie sich auch über diese irdische Last beschwert hab en. *) Um sich die Bürde zu erleichtern, fingen si jetzt an, zur Beförderung des zeitlichen Besten ver schiedene gemeinnützige Stiftungen, Spitäler, un dergleichen Anstalten und Gebäude zu errichten, vo denen Fleury sechs Gattungen anführet: Häuser fü Säuglinge, Häuser für Waisen, Krankenhäuser, Häus er für Fremdlinge und Reisende, Häuser für Alte und Armenhäuser für alle Arten von Noth leidenden. ** Die Diakonen waren davon die Pfleger, der Vorsteh er aber einer oder mehrere Priester, welche sämmtlic dem Bischofe auch in diesem Fache untergeordne waren. Uebrigens wem ist es unbekannt, wie die da mahlige Geistlichkeit die ganze Kraft ihres Amtes d hin verwendet habe, die Gefangenen zu erledigen, di Verwiesenen aus dem Elende zurück zu bringen, de zum Tode Verurtheilten die Gnade des Lebens zu e bitten, und die zeitliche Wohlfahrt ihrer Gläubige überhaupt sich nahe angelegen seyn zu lassen? Man b diente sich nämlich — und selten ohne dem besten E folge — dieses Mittels, um durch Besorgung des sei

lichen

---

*) Fleury Abhandl. von den Sitten der Christen III. T
  13. Kap.
**) Eben daselbst im 15. Kap.

Zweyte Frage

lichen Wohls die Beförderung ihres geistlichen Heils desto leichter und sicherer zu machen.

Aus diesem allen bestätiget sich die oben gemachte **Schlußfolge**: nämlich da die Umstände des zeitlichen und leiblichen Wohls oder Uebels der Menschen dem geistlichen Amte ungemein hinderlich oder beförderlich sind; so müssen die Geistlichen sogar vermöge ihres Standes verbunden seyn, ihre **Pflichten auch auf die Beherzigung und Beförderung des zeitlichen Wohls auszudehnen.** Haben gleichwohl die Verfassung der vaterländischen Wohlfahrtspflege und ihre verschiedenen Umstände seit den alten Kirchenzeiten eine ganz andere Lage genommen; so hat sich doch die dahin einschlagende Grundpflicht des geistlichen Standes nicht verändert. Aber wir wollen es lieber gestehen! was sich bis auf unsere Zeiten am meisten mag geändert haben, könnte wohl eher der echte Priestergeist seyn, der aus Liebe und Eifer zum Seelengewinne alle Mittel ergreifet. Man lasse diesen Geist wieder aufleben, und es wird über die Ausdehnung der geistlichen Pflichten auf das zeitliche Wohl nicht allein kein Zweifel mehr entstehen; sondern der geistliche Stand wird es noch über dieß dem weltlichen streitig machen, welcher von beyden in gewisser Rücksicht mehr Pflicht und Mittel, als der andere, zur Beförderung des zeitlichen Wohls besitze.

Dritte Frage.

Welcher von beyden Ständen, der weltliche oder der geistliche, hat in gewissem Gesichtspuncte mehr Pflicht auf sich, und mehrere Mittel in Händen, auch das zeitliche Wohl einzelner Menschen zu befördern, wodurch in der Folge der Staat im Ganzen mehr blühend gemacht wird?

Ich antworte, **der geistliche Stand.** — Dieser befindet sich wirklich, in Vergleichung mit dem weltlichen, meistens in einer solchen Lage, welche ihm in manchen Fällen nicht bloß eine gleiche, sondern man darf sagen, eine **größere Pflicht** als dem weltlichen Stande auflegt, und auch **mehrere Mittel** und Gelegenheiten verschaffet, zum zeitlichen Besten mitzuwirken. So seltsam dieser Vortrag bey seinem ersten Anblicke scheinen mag, so kläret er sich doch gleich Anfangs durch diese zwey ihm anklebenden Bedingnisse auf: daß nämlich der geistliche Stand in einem gewissen **Gesichtspuncte**, und daß er wenigstens an **einzelnen Menschen** für das zeitliche Wohl zu wirken mehr Pflicht und Mittel habe, obgleich

dritte Frage.

gleich der Erfolg davon am Ende mit dem allgemeinen Besten des Staates im Ganzen zusammen schmilzet.

Mich däucht, — (§. I.) der weltliche Stand finde in dem Geiste des Volkes viele Hindernisse, seine Mittel zum zeitlichen Wohl der Unterthanen wirksam zu machen; und hier sey der gewisse Gesichtspunct, unter welchem der geistliche Stand mehr Pflicht, als der weltliche habe, durch Bildung des Volksgeistes zur zeitlichen Wohlfahrt mitzuwirken. (§. II.) Diese Hindernisse von Seiten des Volkes sind vorzüglich Vorurtheile des Verstandes und Eigensinn des Herzens. (§. III.) Es muß in der Welt einen besondern Stand geben, dessen Amtspflicht es ist, diese Gebrechen zu heilen. Ich behaupte nun — (§. IV.) der geistliche Stand habe die Pflicht und auch die meisten und besten Mittel, dem Volke die Vorurtheile und den Widerstrebungsgeist zu benehmen, — und er könne und müsse also mehr, als der weltliche, zum zeitlichen Wohl mitwirken.

---

§. I.

Der weltliche Stand findet in dem Geiste des Volkes viele Hindernisse, seine Mittel zum zeitlichen Wohl der Unterthanen wirksam zu machen, und — hier ist der Gesichtspunct, unter welchem der geistliche Stand mehr Pflicht, als der weltliche hat, durch Bildung des Volksgeistes zur zeitlichen Wohlfahrt mitzuwirken.

Im Allgemeinen hat unstreitig der weltliche Stand, besonders seine obrigkeitlichen Glieder, zur Beförderung der zeitlichen Wohlfahrt die meisten Pflichten und Mittel. Der ganze Umfang der Pflichten weltlicher Obrigkeiten ist fast unermeßlich: sie ziehen in ihre Grenzen alles, was die Beförderung des leiblichen Wohlstandes betrifft, und selbst auch aus dem Gebiethe der Seelsorger hergehohlte Mittel, in so weit diese zur Erreichung des Endzweckes der weltlichen Staatsverwaltung dienlich sind. Aber eben so unbezweifelt ist es, daß diesem obgleich von außen so mächtigen Stande doch in gewisser Rücksicht manche Mittel fehlen, seinen zeitlichen Zweck zu erreichen. Er will zuweilen sein Volk glücklich machen, und kann es mit aller Anstrengung seiner Kräfte nicht dahin bringen. Der Fall ereignet sich so oft, als der Geist und innere Wille des Volkes, auf dessen Ueberzeugung oder Bewegung der weltliche Arm so wenig Wirkung hat, sich sträubet oder nicht gehörig zubereitet ist. Hier also tritt die Pflicht des geistlichen Standes ein, welcher die Gemüther der Menschen mehr in seiner Macht hat. Hier, sage ich, hat der Geistliche mehr Pflicht und mehrere Mittel, als der Weltmann, einzelne Menschen ihrem zeitlichen Glücke näher zu bringen, indem er wenigstens durch Ueberzeugungskraft und Bewegung den Verstand und Willen des Menschen lenket, und ihn für sein Glück empfänglich machet.

Welchen Geistlichen wird dieses wohl befremden, wenn er sich das Gegentheil vorstellt, daß der weltliche Stand gar oft eine schärfere Pflicht in geistlichen Dingen habe, als der geistliche selbst? nämlich in solchen Fällen, wo der Seelsorger auf keine Weise, der Beamte aber mit leichter Mühe einen geistlichen und höchst nothwendigen Vortheil der Unterthanen, wenigstens

der

dritte Frage.

der äußeren Zucht nach), bewirken kann. Man denke sich einen beständigen Säufer, Spieler, eine Verführerinn oder sonst irgend einen ärgerlichen Pfarrgenossen, an welchem der Seelsorger alle seine Mittel fruchtlos erschöpfet hat! Kann hier der Geistliche noch eine Pflicht gegen den Ungerathenen haben? oder ist er im Stande, noch eine gegen ihn auszuüben? Gleichwohl soll und muß das geistliche Heil des ärgerlichen Menschen so wohl als des geärgerten Pfarrvolkes, so viel möglich, erzielet werden! Was folgt natürlicher, als daß der weltliche Arm, dessen Anrufung hier das letzte Mittel des Seelsorgers ist, in diesem Falle mehr Pflicht, als selbst das geistliche Amt auszuüben habe? — So hat im Gegentheile auch der geistliche Stand oft die höhere Pflicht, durch seine Vermittelung das leibliche Wohl der Menschen zu befördern; nämlich dann, wenn der weltliche Vorsteher unvermögend ist, seine Untergebenen zu ihrem eigenen Glückesstande zu führen, der geistliche hingegen die Mittel dazu in der Hand hat.

Und dieß ist der **gewisse Gesichtspunct**, von dem hier die Rede ist, unter welchem die Pflicht der Besorgung des zeitlichen Wohls dem geistlichen Stande mehr, als dem weltlichen obliegt: — ein Gesichtspunct, der überaus wichtig seyn muß. Aufklärung des gemeinen Haufens und Willenslenkung des Volkes ist es, wodurch der Priesterstand mehr, als der weltliche Stand, das zeitliche Wohl zu bewirken verpflichtet ist. Seine Bemühungen mögen gleichwohl den irdischen Glückesstand nicht unmittelbar befördern; so wirket er dennoch auf den Geist der Menschen durch Vernunft und Religion; und dadurch stiftet er Unterthänigkeit und Gehorsam des Herzens, Vaterlandsliebe, Fleiß, Redlichkeit, und Treue in bürgerlichen Gesellschaftspflichten. Er führet eine gute Kinderzucht ein, eine gute Schule, und für die Noth des Armen rührt er die Herzen mit Christenliebe. Er warnet vor Armuth, vor Verschwendung und Faulheit, die dahin führen; und wenn diese oder jene Krankheit einbricht, so fordert er die Menschlichkeit auf, ihr zu steuern.

Wie unwissend oder widerstrebend zeigt sich nicht in unzähligen solchen Fällen der gemeine Menschenhaufen? Da aber hierdurch dem weltlichen Amte aller Zugang zur Bearbeitung des gemeinen Besten versperrt wird; so muß hier ohne Zweifel das geistliche Amt sich in seinem Wirkungskreise finden, zumahl da das geistliche Wohl selbst ungemein stark dabey interessirt ist.

§. II.

Diese Hindernisse von Seiten des gemeinen Volkes sind Vorurtheil des Verstandes und Eigensinn des Herzens.

Wer es weiß, was man unter dem gemeinen Volke verstehen müsse, der sieht auch ein, was ich sagen will. Lasset uns jedoch den Gesichtspunct etwas näher unter das Auge stellen! Verstand und Herz, die den ganzen Menschen regieren müssen, sind in dem gemeinen Manne sehr oft nur Sklaven des Vorurtheils und Eigensinnes. Beyde sind zu allen Zeiten ein Charakter des gemeinen Volkes gewesen: und ob sie gleich bey Manchem nicht so ganz überwiegend herrschen; so wird doch durch sie die Erkenntniß alles Wahren und Guten, so wie die Neigung dazu ersticket. Wie ganz natürlich solche Gebrechen dem gemeinen Menschen aus Erziehung, Umgang, rohen Beschäftigungen u. dergl. ankleben, ist hier nicht nöthig zu untersuchen. Genug:
sie

dritte Frage.

sie sind fast eine Eigenschaft des Volkes, und werden ihm in einem gewissen Grade noch länger anhangen. Dem Beobachter ist dieß nichts Neues. Er sieht täglich, daß von dem gemeinen Manne viele Pflichten, besonders jene des bürgerlichen Standes und geselligen Lebens, aus Vorurtheil vernachläßiget, oder aus Widersetzlichkeit ganz vereitelt werden. — Ein Beyspiel von Vorurtheil ist, daß sich derselbe nicht beygehen läßt, wie bürgerliche Pflichten auch Religionspflichten und Gottes Gesetz seyn sollen.

Wer sich hiervon überzeugen will, den brauche ich nur auf den nächsten besten Fall zu weisen, wo zum Wohl des Staates obrigkeitliche Verordnungen erscheinen. Denn hier pflegen sich am sichtbarsten die Gesinnungen eines Volkes zu äußern. Unzufriedenheit läßt sich sogleich auf den Gesichtern des großen Haufens lesen, und gerade als sey wider sie ein Unglück im Werke, so schwürig werden die Gemüther, die noch, was das schlimmste ist, auch den Gutgesinnten ihre widrigen Eindrücke mittheilen. Ob nun gleich dergleichen Aeußerungen nicht oft aus Boßheit, sondern zum Theile aus Furcht, Argwohn, Feigheit, und nach Verschiedenheit der Gemüther aus andern Regungen entstehen; so ist doch alle Mahl die Urquelle davon in dem Vorurtheile des Verstandes und dem Eigensinne des Herzens zu suchen. Man ist nämlich voraus von der übeln Meinung befangen, daß die Obrigkeit durch ihre Verordnungen nur ihren eigenen Privat-Vortheil suche, und die Landesunterthänigkeit selbst bringt dem gemeinen Manne so etwas Mißtrauisches und Argwöhniges bey. Ihm, dem Unterthanen, ist alles verdächtig, was aus dem Cabinette oder aus der Amtsstube kommt: ja er hat einen so verdrehten Begriff vom Regenten und von Regierung, daß er von daher weiter nichts Wohlthätiges zu erwarten weiß, als Geschenke, dergleichen Geld, Güter, Steuer — und Schatzungsnachlässe sind. Was außer diesem Fache an ihn ergeht, das nimmt er nicht für Wohlthat auf: es wird viel seyn, wenn er es nicht gar unter die Dorfs- und Hausplagen rechnet. Was weiß er, was gemeines Beste ist: er sieht nur auf sich; und was ihm in diesem Gesichtskreise Eintrag thut, das scheinet ihm unmöglich etwas Gutes seyn zu können. Hat er aber einmahl diesen Wahn gefaßt; so spricht er sich ohne Anstand von der Befolgung gemeinnütziger Anstalten im Gewissen frey, besonders da er ohnehin von dem unsichtbaren Gehorsame des Geistes nichts wissen will.

Nicht besser stehet es mit dem Eigensinne des Volkes, welcher gemeiniglich mit dem Vorurtheile vergesellschaftet ist. Denn der Pöbel hängt mit einer unglaublichen Vorliebe seinen alten Gewohnheiten an, die er sich durchaus nicht will nehmen lassen. Seine einmahl gefaßten, meistens albernen Meinungen der Klugheit der Oberen zu unterwerfen, fällt ihm so schwer, daß er, wenn gleich die Vortheile der Landesverordnung am Tage liegen, es doch lieber beym alten möchte gelassen wissen. Denn erstlich will sich der Pöbel nie gern etwas befehlsweise aufdringen lassen: zum andern braucht eine Anstalt weiter nichts als das Gepräge oder nur den bloßen Namen der Neuheit zu tragen, um ihm Kopf und Herz dergestalt zu verrücken, daß Mancher von seinem Widersinne sich oft selbst keine andere Rechenschaft zu geben weiß, als weil die Sache fremd, und sonst niemahls gewesen ist.

Dieß mag etwa nur nach einem einzelnen Beyspiele die sittliche Lage des Volkes in Ansehung des gemeinen Besten seyn. Aber unzählig sind die Fälle, wo Widerstrebungsgeist, Unwissenheit, und Vorurtheile des Verstandes sich zeigen: und wie weitläufig müßte ich werden, wenn ich mehrere Beyspiele davon anführen, und mich darüber noch erklären sollte, wie wenig der gemeine Mann die Beförderung seines und der Seinigen zeitlichen Wohlstandes — ich will gar nicht sagen, die Mitwirkung zum Besten des Vaterlandes — sich zur Gewissens - und Religionspflicht mache. In seinem Sinne achtet Gott nicht auf dergleichen weltliche Sachen. Träge und müßig, oder nur gleichgültig in der Landwirthschaft seyn, für Weib und Kinder nichts ersparen, dieselben am Geiste und Leibe wild heran wachsen lassen, etwa selbst ohne Noth betteln, dem Verderben des Nachbars oder der ganzen Gemeinde auch da, wo man es hindern könnte, unbekümmert zusehen, — dieß alles ist bey ihm nicht Sünde, weil es, wie er sagt, nicht in das geistliche Wesen einschlägt; denn er kauft sich mit seinem Gott in der Kirche ab, und außer dem kennt er keinen Gottesdienst des Lebenswandels: folglich schließt sein Vorurtheil überhaupt jene bürgerlichen Pflichten aus dem Kreise seiner Gewissenspflichten aus, welche doch auf das zeitliche Beste seiner Person und seiner Angehörigen, auf die allgemeine Wohlfahrt der Gemeinde und des Vaterlandes ihren Bezug haben.

§. III.

Es muß also einen besondern Stand in der Welt geben, dessen Amtspflicht es ist, die Gebrechen des Volkes zu heilen: — und dieß ist der geistliche Stand.

Aus einer solchen Beschaffenheit des Volkes erhellet ohne weiteren Beweis die dringende Nothwendigkeit, daß diese verderblichen Eigenschaften einem Volke
schlechter-

schlechterdings müssen benommen werden, sonst wird das vaterländische Wohl nie in Aufnahme kommen, vielleicht immer mehr herab sinken. Alle von weltlicher Seite her angewandte Mittel sind fruchtlos, und die entgegen stehenden Hindernisse werden nie beseitiget werden: — selbst die praktische Religion wird ein gestümmeltes Werk unter solchen Christen seyn. Wer ist nun aber derjenige, der den Verstand und Willen des gemeinen Haufens besiegen soll?... Einer muß es seyn: und da dieses in der Religion so wie im Staate ein ungemein wichtiger Punct ist, so muß er es vermöge seines Amtes und Berufes seyn, wenn wir nicht auf die Vorsehung des Himmels so wohl, als auf die Politik der Erde die Schuld werfen wollen. Ist es also das weltliche Vorsteheramt, oder ist es das geistliche?... Unstreitig eines von beyden: und mich däucht, das, was man hier fordert, liege außer dem Wirkungskreise des ersteren; denn überzeugen, die Vernunft aufklären, die Herzen rühren, sind Geschäfte des Geistes, die in den Wirkungskreis desjenigen gehören, der in der Gemeinde das Lehramt bekleidet, und dessen Schwert das Wort ist.

Ohne Zweifel fehlt es den Geschäftsverwesern des Regenten nicht an Macht, die Beförderungsarten des zeitlichen Wohls durch Zwangsmittel vollstrecken zu lassen. Allein, wenn ist jemahls der freye Geist eines Menschen mit Machtstreichen besiegt worden? Ist aber der Verstand und Wille des Volkes nicht eingenommen, was wird bey ihm auf die Zwangsmittel erfolgen? Es nimmt seine Zuflucht zur Häuchelen, jenem schlimmen Unthiere im Staate, welches jederzeit die besten und hoffnungsvollesten Anstalten bey ihrer Entstehung verschlinget, oder so zu sagen gleich in der Geburt ersticket. Genöthiget wird der gemeine Mann zur Befolgung

dritte Frage. 43

ung der Verordnung schreiten: aber warum? nicht weil er will; weder aus Einsicht, noch aus Zuneigung. Auf diese Art aber muß gewiß die Sache schon sehr langsam, und über dieß auch schlecht gehen. Er wird sich fügen: aber wie? zum Scheine wird er es thun, zum Theile und nur stückweise, in so weit er nämlich der Aufsicht und der Ahndung nicht entgehen kann. Und wie lange wird er anhalten? nicht länger, als der Zwang dauert. Gewiß ist es, daß er eher den Eifer der Aufseher, als ihr Eifer seine Verstellung ermüden wird. Dieß sind die traurigen Früchte der Zwangsmittel. Nie wird unter einem Volke die Beförderung des zeitlichen Wohles zur Reife gedeihen, wenn es nicht selbst aus Überzeugung und inneren Beweggründen mitzuwirken lernet. Der menschliche Geist hat tausend Schlupfwege, wodurch doch endlich alle Aufsicht hintergangen, und die beste Absicht vereitelt wird.

Was hat aber außer dem Zwange der weltliche Vorsteher für Mittel, das Wohl des Staates bey den Unterthanen zu befördern? Er kann zwar und muß ihnen auch die gemeinnützigen Anstalten dringend empfehlen: ihm steht es zu, auf die äußerliche mit der leiblichen Wohlfahrt so enge verbundene Moralität scharfe Obsicht zu halten; gegen solche Ausschweifungen, wodurch Personen, Familien, Ortschaften ins Verderben kommen, angemessene Vorkehrungen zu treffen, und überhaupt über eine gute Polizey zu wachen. Er sieht ferner darauf, ob die der Gemeinde zugehörigen Güter und Einkünfte mit Nutzen verwaltet werden, und sogar wie dieser oder jener Privat-Haushaltung in Ansehung einer schuldlosen Verarmung, eines zufälligen Unglückes oder sträflichen Müßigganges könne aufgeholfen werden. Ja sein Amt führet ihn auch auf die Beobachtung, ob der Unterthan, der Ak-

ermann

ermann, der Handwerker, der Handelsmann mit seinem Fleiße auch ökonomische Klugheit verbinde. Lauter Mittel zum zeitlichen Wohle! — Allein ich bleibe bey der obigen Frage: was für Mittel hat ein weltlicher Vorsteher, den guten Erfolg der Beförderungsmittel des allgemeinen Wohls bey seinen Untergebenen zu bewirken, wenn Vorurtheil und Widerstrebungsgeist des Volkes dazwischen treten? Außer dem Zwange wüßte ich keines; es müßte denn die Aufklärung des Volkes und die Überredung seyn, wodurch ihm jene Gebrechen benommen würden. Nun ist es aber so viel als erwiesen, daß hierzu der Beamte keine Pflicht habe; ja daß er gemeiniglich außer Stande sey, sich diesem Geschäfte zu unterziehen. Die Pflichten des Unterthanes gegen die Obrigkeit, des Bürgers gegen die Gemeinde, des Hausvaters gegen die Familie, die Pflicht, sein Brod durch Arbeiten zu gewinnen, u. s. w. — Pflichten von dieser Art dem Geiste des Volkes einzuprägen, dieß überläßt der weltliche Obere dem geistlichen. Mag er immerhin zum Besten der Unterthanen, was er will, mit ihnen vornehmen: er verspricht sich jedes Mahl voraus eine Gemeinde, die zur Aufnahme dessen, was man ihr von Seiten des weltlichen Amtes aufzutragen hat, gehörig zubereitet ist. Ja er beruft sich selbst bey seinen Ermahnungen oder Strafreden, die er zuweilen an seine Amtsunterthanen stellet, auch auf jene sittlichen Unterweisungen, die sie von ihren geistlichen Vorstehern schon empfangen hätten. Trifft aber statt dessen der Beamte nur Vorurtheil, Unwissenheit, und Starrsinn in der Gemeinde an; so sind und bleiben dieses immerhin die Felsen, woran alle seine Mittel und Bemühungen scheitern müssen, und welche selbst der Amtszwang nicht durchzubrechen im Stande ist.

Der

dritte Frage.

§. IV.

Der geistliche Stand hat die Pflicht, auch die meisten und besten Mittel, dem Volke die Vorurtheile und den Widerstrebungsgeist zu benehmen, und er kann und muß also mehr, als der weltliche, zum zeitlichen Wohl mitwirken.

Da nun der weltliche Stand weder das zeitliche Wohl ohne Wegräumung solcher inneren und geistigen Hindernisse befördern, noch diese Hindernisse selbst wegräumen kann; so ist hier offenbar der Fall, wo der geistliche Stand mehr Pflicht, als der weltliche hat, zur zeitlichen Wohlfahrt mitzuwirken. Wer wird dem gemeinen Manne die Begriffe läutern? wer wird dessen Starrsinn mit Beweggründen beugen, und auf die Seite des Wahren und Guten lenken? Sind es nicht die Priester, welche durch die zwey Universal-Mittel der Vernunft und Religion das Volk aufklären, und zu seinen verhältnißmäßigen Pflichten zurecht weisen müssen? Wie billig es sey, dem gemeinen Besten zu liebe etwas von seinem eigenen Besten aufzuopfern, wie unbillig hingegen, daß eine Anordnung wegen eines oder des andern Gemeindegliedes, dem sie Eintrag thut, sollte unterschlagen werden; — wie gewiß ein jeder sich versichern könne, daß obrigkeitliche Verfügungen nicht aus Herrsch- oder Habsucht, sondern aus landesväterlicher Sorgfalt und Liebe entstehen, und daß sich das Interesse der Obrigkeit bloß allein in dem Wohlstande der Landeskinder gründe; — wie sehr endlich jeder Mensch von Natur dazu verbunden sey, sein und der Seinigen zeitliches Wohl zu befördern, das Nachtheilige ab- und das Vortheilhafte anzuwenden: — dieß sind Wahrheiten des natürlichen Menschenverstandes, womit ein Geistlicher die Vernunft des gemeinen

meinen Mannes beleuchten muß. Zugleich aber muß auch das Gewissen vermittelst der Religion aufgeweckt, und in fruchtbare Regungen versetzet werden. Diese muß es dem gemeinen Manne verbiethen, den weit umfassenden Geist des Regenten nach seiner einseitig sehenden Vernunft abzumessen, und sie muß ihm das gute Vertrauen auf seinen Fürsten und die besten Gesinnungen von demselben, vor allem aber die echten christlichen Grundsätze von Unterthänigkeit und Gehorsam an das Herz legen: ich verstehe einen Gehorsam, der sich nicht vor dem Zorne der Obrigkeit, sondern wie es der Apostel haben will, **vor seinem eigenen Gewissen fürchtet, und der mehr nach dem Auge Gottes als der Menschen gerichtet ist;** *) der endlich in dem Buchstaben des Gesetzes auch den Geist und die Absicht des Gesetzgebers befolgt. Ueberhaupt muß der Unterthan in der genauen Verbindung seiner bürgerlichen und geselligen Pflichten mit der Religion und mit seinem Seelenheile aufgeklärt, und hiermit bey seinen eigenen Vortheilen aufgefordert werden. — Denn die Beweggründe sind eben so nothwendig, als Ueberzeugung, sie mögen nun aus der Religion oder anderswo hergenommen seyn. Nur durch solche Mittel müssen dem Menschen die Schuppen allmählich von den Augen fallen. Der Eigensinn aber wird fast zu gleicher Zeit mit dem Vorurtheile weichen; denn das menschliche Herz widerstrebet dem Willen Anderer um so weniger, je mehr es überzeuget ist, daß sein eigener Vortheil dabey gewinne.

Alles dieses setzet nun Belehrungen und Ermahnungen voraus, deren Vortrag unläugbar als eine wesentliche Pflicht des geistlichen- und Seelsorger-Standes anzusehen ist, und da dieselben wegen ihres Endzweckes

---

*) Röm. XIII, 5. — Ephes. VI, 6. 7.

dritte Frage.

zweckes, der sittlichen Ausbildung des Volkes, auch eben so viele Beförderungsmittel des zeitlichen Wohles sind; so erhellet daraus, daß der geistliche- und Seel- sorger- Stand nicht nur mehrere, sondern unter dies- em Gesichtspuncte auch weit kräftigere Mittel, das zeitliche Wohl der Untergebenen zu bewirken, in Händ- en habe, als der weltliche Stand: — und wem bieth- et sich hier die leichte Folgerung nicht von selbst und ungesucht aufs neue dar, daß der Seelsorger eben deßwegen auch mehr verpflichtet sey, von seinen mehr- eren und kräftigeren Mitteln einen wohlthätigen Ge- brauch zu machen? Sie sind ihm nur dazu gegeben, sie zur Ausübung seiner Pflicht anzuwenden. Worin dieselben aber bestehen, werde ich bey Beantwortung der folgenden Frage ausführlicher zeigen. Hier sey es genug, zu sagen, daß das Lehramt, welches sich in verschiedene Zweige austheilet, — daß die genaue Kenntniß der Gemeinde, so gar der einzelnen Famili- en, Personen, und ihrer Neigungen, — daß endlich der vertraute Umgang mit den Pfarrgenossen, und and- ere dergleichen Vortheile es dem Geistlichen niemahls an Mitteln fehlen lassen, die Gesinnungen der Unter- gebenen zu verbessern, zumahl da dieses ohne Gründe der Religion, deren Vortrag dem geistlichen Amte vor- zugsweise überlassen ist, nicht geschehen kann. Was endlich diese Mittel am kräftigsten unterstützet, ist jene ungemein vortheilhafte Lage, in welcher sich der Geist- liche befindet, indem sein Stand und dessen heilige Verrichtungen seiner Person bey dem Volke ein ehr- furchtsvolles Ansehen und vollkommenes Zutrauen er- werben.

Wie glücklich kann aber nicht der Erfolg werden, wenn ein Seelsorger sich dieser Mittel zur Beförder- ung des zeitlichen Wohls recht bedienen will! Sind
einmahl

einmahl dem gemeinen Manne Vorurtheil und Sta
sinn abgenommen, hat er gelernet, seine bürgerlich
Pflichten zu Religions- und Gewissenspflichten
machen; so wird er von selbst aufmerksam auf d
was er sich, seiner Familie und dem Vaterlande sch[ul]
ig ist. Er sieht alsdann die Vernachlässigung [d]
Hauswirthschaft und alles, was er so wohl seinem e[ig]
enen Besten, als dem Nutzen seiner Nachbarn und d[er]
öffentlichen Wohl Vortheilhaftes entzieht, oder Na[ch]
theiliges unternimmt, für Untreue und Laster an: se[ine]
Emsigkeit, Vorsicht, Treue, Gehorsam und Gewiss[en]
haftigkeit setzen ihn allmählich mit den Seinigen in g[ut]
en Stand und in ein vortheilhaftes Verhältniß [zu]
dem Staate. Kommen öffentliche Anstalten zum V[or]
scheine; so weiß jetzt der Mann aus eigenen Gründ[en]
sich von selbst zu entschließen, und aus innig freye[n]
Antriebe mitzuwirken. Der weltliche Beamte find[et]
dann in Verwaltung des zeitlichen Besten schon ha[lb]
gewonnene Arbeit. Verspricht dieses dem Staate ni[cht]
alles erwünschliche Gute? Und da sieht man, wie v[iel]
ein rechtschaffener Geistlicher zu dessen Wohlfahrt be[i]
tragen könne, da die guten Früchte ursprünglich sein[en]
Bemühungen um die sittliche Ausbildung des Unt[er]
thanes zuzuschreiben sind.

Aber obschon dieses so heilsame Geschäft sich ni[cht]
immer an der ganzen Gemeinde zugleich ausüben läß[t]
so kann man doch außer dem öffentlichen Unterrich[t]
auch durch Privat-Unterricht bey einzelnen Glieder[n]
viel Gutes bewirken. Das Beyspiel des Einzelnen u[nd]
sein allmählich in die Augen fallender Vortheil reiz[t]
auch die Uebrigen entweder zur unmittelbaren Nac[h]
ahmung, oder macht sie doch gewiß geneigter, d[ie]
Verbesserungslehren ihres Ortsgeistlichen anzuhör[en]
und mit mehr Zuversicht zu glauben, wodurch bar[nach]

der

dritte Frage. 49

der gute Erfolg sich doch endlich allgemeiner ausbreitet. Dem zu Folge kann man immer in gewissem Verstande sagen, daß an den Geistlichen, an den Seelsorgern besonders, beynahe das Meiste liegt, das zeitliche Wohl nach und nach auch in ganzen Gemeinden zu befördern, und endlich den Staat in Flor zu bringen, weil die erste Grundlage dazu in ihren Händen ist.

Ich glaube nun den Gesichtspunct genug in das Licht gesetzt zu haben, unter welchem der weltliche Stand kein gedeihliches Mittel finden und anwenden kann, seine Bemühungen für das zeitliche Wohl an den Unterthanen fruchtbar zu machen, da hingegen der geistliche Stand nicht nur mehrere sondern auch bessere Mittel besitzt. Ist es also, wie ich schon bewiesen zu haben glaube, eine Pflicht der Geistlichkeit, das zeitliche Wohl befördern zu helfen: so muß da, wo das weltliche Amt weder Mittel noch Pflicht dazu, das geistliche hingegen beydes hat, gewiß jene Pflicht stärker und vorzüglicher bey dem letztern, als beym erstern seyn. Der geistliche Vorsteher muß dem weltlichen gleichsam in die Hand arbeiten, und ihm die rohen Figuren der Unterthanen zuschneiden: er muß in die Herzen der Bürger die erste Bahn brechen, wodurch der weltliche Obere mit seinen auf die allgemeine Wohlfahrt abzweckenden Unternehmungen Eingang finden, sodann ungehindert fortschreiten, und den Erfolg bezielen könne. Dann erst läßt sich hoffen, daß einzelne Bürger zu einem fest gegründeten Wohlstande gelangen, daß nach und nach Mehrere, durch diese sichtbaren Muster angelockt, den nämlichen Weg freywillig nachtreten, daß endlich ganze Gemeinden glücklich, und zuletzt der Staat im Ganzen blühend gemacht werde. O ja, Hirten des Volkes! auf die Ausübung dieser geistlichen Amtspflicht gründet sich das ganze Gebäude des zeitlichen Wohls für den Staat und seine einzelnen Glieder.

Klett's Preisschrift. D Vierte

Vierte Frage.

Worauf gründet sich aber diese vorzügliche Pflicht, und worin bestehen diese Mittel?

(§. I.) Die vorzügliche Pflicht des geistlichen Standes, — unter dem besondern Gesichtspuncte der Volksaufklärung betrachtet — für das zeitliche Wohl der Menschen zu sorgen, gründet sich auf seinen Beruf, und — (§. II) auf seine vorzügliche Fähigkeit, den Geist des Volkes auszubilden. — (§. III.) Der geistliche Stand hat auch mehrere Mittel hierzu, als der weltliche, und diese sind: — 1) der öffentliche Unterricht, — 2) der Privat=Unterricht, 3) — der vertrautere Umgang mit den Gemeindegliedern, — 4) die besondere Kenntniß der Individuen in der Pfarrgemeinde, — 5) die Aufsicht über Schule und Schullehrer, — 6) eigenes Beyspiel des Seelsorgers, — 7) Einverständniß mit den weltlichen Vorstehern.

§. I.

Die vorzügliche Pflicht des geistlichen Standes, — unter dem besondern Gesichtspuncte der Volksaufklärung betrachtet, — für das zeitliche Wohl der Menschen zu sorgen, gründet sich auf seinen Beruf.

Der Grund, warum der geistliche Stand vor den weltlichen mehr Pflicht habe, durch zweckmäßig Aufklärung und Sinnesänderung des Volkes desse

vierte Frage.

zeitliches Wohl befördern zu helfen, liegt erstlich in dem ursprünglichen Berufe, und dann in der vorzüglichen Fähigkeit der Geistlichen und Seelsorger jene Absicht mit dem Volke zu erreichen. Niemand hat so eigentlich Amt und Beruf dazu, diesen Endzweck zu betreiben, als der Geistliche, und Niemand besitzt hierzu die Fähigkeit und Leichtigkeit so, wie er. Wenn er also ohnehin schon vermöge seiner Person als Mensch, Bürger, und Christ, und auch vermöge seines Standes als Geistlicher oder Seelsorger verbunden ist, seine Pflichten auf das zeitliche Wohl überhaupt auszudehnen; *) so ergibt sich auch für diesen besondern Gesichtspunct, dieses Wohl durch innere Ausbildung des Volkes zu befördern, ganz vernünftig die Folge, daß der Grund von dieser besondern und vorzüglichen Pflicht in eben jenem Stande und Berufe des Geistlichen liegen müsse.

Der Seelsorger ist vorzugsweise der Volkslehrer. Die Kirche und der Staat haben ihm diese Bestimmung zugedacht, und er selbst kann dem Gefühle dieses Berufes nicht widerstehen. Mag schon hie und da ein weltlicher Vorsteher oder sonst ein patriotisch gesinnter Mensch Gelegenheit suchen, dem gemeinen Manne gesunde Grundsätze beyzubringen; so haben sie doch keinen Beruf dazu: und dieß Einzige hindert schon Vieles. Ihren Unterricht wird kein gar großer Eifer und Nachdruck beseelen, deßwegen bey dem gemeinen Haufen wenig Ansehen und Vertrauen finden, und also auch wenig fruchten. Man sieht es ihrem Unternehmen an, daß es nicht mit der Würde eines Amtes gestämpelt ist. Wenn es also bey dem verbleiben sollte, was nur da und dort ein gut gesinnter Menschenfreund dem rohen Landmanne einzureden Gelegenheit hat;

*) S. die zweyte Frage §§. II, III.

hat; so wird dieß arme Volk nie von der Krankheit seines Verstandes und Willens geheilt, nie zur Aufnahme einer politischen Verbesserung vorbereitet, und das allgemeine Wohl des Vaterlandes wird nie dauerhaft gegründet werden können. Denn wer wird mit Hintansetzung seines Berufes sich freywillig einem solchen Geschäfte, welches fast den ganzen Mann erfordert, unterziehen? Zwar verbindet einen jeden Menschen das natürliche und göttliche Gesetz, daß er seinem Nächsten bey vorkommender Gelegenheit das Gute und Nützliche nicht vorenthalte. Allein wie unbestimmt ist nicht dieses Gesetz! und wie wenig wäre dem gemeinen Volke damit geholfen, hätte Gott nicht nähere Vorsehung getroffen! durch diese Vorsehung ist es geschehen, daß, gleichwie verschiedene Stände zum Besten des Volkes sind errichtet worden, also auch für die Aufklärung und Willenslenkung desselben ein gewisses Amt entstehen mußte, welches kein anderes, als das Priester- und Seelsorgeramt seyn kann. Denn dieser Stand ist überhaupt gestiftet, den Geist des Volkes zu regieren, das ist, dessen Verstand und Herz und sämmtlichen Geisteskräfte auf einen gewissen Grad von Cultur zu bringen, der sie auch für alles äußere Gute empfänglich mache. Schon im alten Bunde mußte das Volk Gottes nebst den gottesdienstlichen Verrichtungen keinen andern Begriff, als diesen, mit der Idee des Priesterthumes und levitischen Ordens zu verbinden. Ist aber dieß ein Endzweck des geistlichen Standes; so muß es nothwendiger Weise auch eine Grundpflicht desselben und vor allen übrigen Ständen seine wesentliche Schuldigkeit seyn.

Der Beweis wird unwidersprechlich, wenn wir erwägen, daß diese Ausbildung des Volkes mit Religionslehren verbunden, und mit Grundsätzen des
Christ-

vierte Frage.

Chriſtenthums unterſtützt ſeyn müſſe, welches ein dem Seelſorger ausſchlüſſig zuſtehendes Geſchäft iſt. Wenn es an dem iſt, Befehle, die auf das zeitliche Wohl abzielen, in der Gemeinde zu vollſtrecken, die Widerſpenſtigen zu beſtrafen u. ſ. f., ſo fühlet der Geiſtliche in ſich ſelbſt, daß er hierzu weder Pflicht noch Recht habe. Allein eben ſo iſt ſich auch der weltliche Vorſteher wohl bewußt, wenn es darauf ankommt, den inneren Menſchen durch die Kraft der Ueberredung auf ſeine und des Vaterlandes Wohlfahrt aufmerkſam, und zur Beförderung derſelben geneigt zu machen, daß er hierzu weder Amt noch Beruf habe. Das Volk ſelbſt, wenn es freywillig hierin Rath und Belehrung hohlen wollte, würde aus eigenem Antriebe nicht auf den weltlichen, ſondern auf den geiſtlichen Vorſteher zugehen. So genau ſtimmet es mit dem allgemeinen Menſchenſinne überein, daß die Pflicht, von der wir reden, in dem Amte und Berufe des Geiſtlichen ſelbſt gegründet ſey.

Aber dieſes auch bey Seite geſetzt, ſo kann doch ein Geiſtlicher ohne die Ausübung dieſer Pflicht den weſentlichſten und allererſten Hauptzweck ſeines Berufs, welcher in dem Heile der Seelen beſteht, nicht vollkommen erreichen. Denn wenn es wahr iſt, daß die auf das zeitliche Wohl ſich beziehenden Standespflichten der Unterthanen mit Religion und Gewiſſen verwandt ſind, ſo müſſen ſie auch mit dem Seelenheile in Verbindung ſtehen. Das Volk alſo in Anſehung ſolcher Pflichten ſeinem Vorurtheile und Widerſinne zu überlaſſen, wäre das nicht ſo viel, als ihm einen Theil von der Sorge für die Wohlfahrt ihrer Seelen entziehen? Im Gegentheile aber iſt ein in dieſem Puncte aufklärender Unterricht unſtreitig eine wahre Beförderung ihres Seelenheils zu nennen, Theils weil

sie alsdann ihre weltlichen und gesellschaftlichen
Pflichten auf eine christlichere und gleichsam gottselige
Art beobachten, Theils auch weil durch ihr zeitliches
Wohl, welches aus dieser Beobachtung entsteht, viele
Hindernisse ihres Seelenheils beseitiget werden. Denn
schon aus dem vorher Gesagten ist bekannt, daß der
üble Zustand des Zeitlichen für die Wohlfahrt so
mancher Seelen sehr hinderlich, der Geistliche aber
solchen Hindernissen zu steuren schuldig sey. Aus dieser ganzen Anmerkung ergibt sich also, daß die bisher
benannte **vorzügliche Pflicht der Geistlichen** sich in
dem innersten **Wesen ihres Priester- und Seelsorgeramtes gründen müsse.**

  Diesem Stande liegt es demnach vor allen übrigen Ständen ob, nicht allein gleich andern Mensch-
enfreunden da, wo ihn ein gewisser patriotischer Geist
anwandelt, seinen zum zeitlichen Wohle abzweckenden
Unterricht anzubringen, sondern hierzu alle Zeit und
Gelegenheit zu benützen, Gelegenheit zu suchen und
sich solche mit Fleiß zu machen, — nicht bey vorfall-
enden Beschwernissen mit seinem guten Willen unver-
richteter Sachen wieder heim zu kehren, sondern auch
bey Verdruß und Widerwärtigkeiten seine Pflicht nach
den Regeln der seelenhirtlichen Klugheit und Mäßigung zu verfolgen, indem dieß sein Amt und Beruf
ist. Er ist derjenige, auf den die göttliche Vorsehung
so wohl, als der irdische Landesregent sich dieser Sorge
entladen hat; von dem der ganze Staat dieses Berufs-
geschäft erwartet, und seine eigene Gemeinde erwart-
en würde, wenn sie ihre Krankheit erkennete. Ist
man daher in den geistlichen, oder gar in den Seelsorg-
er-Stand eingetreten; so hat man zugleich sich als
einen ausgezeichneten Mann in der Welt aufgestellt,
welcher vorzugsweise die Pflicht übernommen hat, den

Geist

vierte Frage.

Geist des gemeinen Volkes auszubilden, und ihn, wie auf sein ewiges, so auch auf das zeitliche Wohl aufmerksam, dafür gelehrig, folgsam, und thätig zu machen.

§. II.

Die vorzügliche Pflicht des geistlichen Standes, das zeitliche Wohl der Menschen zu besorgen, gründet sich auch auf seine vorzügliche Fähigkeit, den Geist des Volkes auszubilden.

Den Geist des Volkes auszubilden, hat Niemand den Beruf so, wie der Geistliche; aber dieses Geschäft ist auch Niemanden so leicht, wie ihm. Gesetzt auch, daß der Geistliche diese Pflicht mit andern Ständen nur gemein hätte; so würde sie ihn wenigstens deßhalb in einem vorzüglicheren Grade verbinden, weil er sie leichter und zugleich wirksamer, als jeder Andere ausüben kann. Dem Volke Vorurtheile zu benehmen, seinen Starrsinn zu lenken, um die unseligen Folgen für sein leibliches und geistliches Wohl zu verhüten — wer wird es mißkennen, daß dieß ein Werk von unzählbaren Schwierigkeiten sey? Aber eben deßwegen ist es außer dem geistlichen Stande auch Niemanden wohl möglich, hierin Vieles zu Stande zu bringen. Schon bey der Beantwortung der vorhergehenden Frage habe ich vieles hiervon berühret. Da eine solche Aufklärung des gemeinen Menschen auf Religionsgründen gebauet, und durchgängig damit verwebet seyn soll, so gehöret ja eben dieß unter seine ersten Vorurtheile, daß er glaubet, moralische Wahrheiten können aus keinem andern Munde wahr seyn, als aus dem Munde eines Geistlichen. Dieses einzige Vorurtheil ist dem weltlichen Volksaufklärer eine undurchdringliche Vormauer gegen alle übrige Vorurtheile. In dem Sinne des Volkes vergreift sich der weltliche Vorgesetzte außer seinem Fache, wenn er ihm christliche Begriffe und gottselige Beweggründe aufbringen will. Es haben folglich dessen Vorträge selten jenes Vertrauen, jene Kraft von Ueberzeugung und Rührung, die zu einer so hartnäckigen Arbeit erfordert wird. Uebrigens wie mißtrauisch ist nicht auch außer moralischen Gegenständen der gemeine Mann auf den Rath und das Einsprechen weltlicher Oberen, besonders wenn es Neuerungen betrifft? Jedes Wort scheint ihm verdächtig, parteylich, eigennützig. Ist aber nicht einmahl eine Obrigkeit im Stande, hier etwas Merkliches auszurichten, von wem sonst aus dem weltlichen Stande kann sich etwas dergleichen hoffen lassen? Es folgt also wiederum, was wider die Ordnung der göttlichen Vorsehung und menschlichen Staatskunst läuft, daß, wenn der geistliche Stand hierüber keine vorzügliche Pflicht hätte, bey dem gemeinen Volke niemahls der dauerhafte Grund zum zeitlichen Wohle könnte gelegt werden.

Alles hingegen, was dem weltlichen Stande die zum zeitlichen Wohl des Volkes abzielende Ausbildung fast unmöglich machet, kommt dem geistlichen Stande nur desto besser zu Statten: nicht als ob ihm der üble Charakter des Volkes keine solche Hindernisse und Schwierigkeiten in Betreff gewisser Neuerungen und unangenehmer Wahrheiten in den Weg legte; sondern weil in Ansehung der Person des Geistlichen die Gemüther weit unbefangener sind. Sein Vortrag ist ihnen weit erträglicher, als der eines weltlichen Oberen, indem derselbe nichts Schreckendes und Gebiethendes, sondern vielmehr den Anschein hat, als überlasse er es immer noch gleichsam der freyen Wahl des

Menschen,

vierte Frage.

Menschen, seine Ermahnungen und seinen Rath zu befolgen oder nicht. In den Augen der Gemeinde ist der Priester schon durch seinen bloßen Stand vielmehr, als der weltliche Obere, berechtiget, im belehrenden Tone mit ihr zu sprechen. Er, der Landpriester, besitzt das Vertrauen seiner Gemeinde; er hat den Verstand seines Völkchens in seiner Macht, und dessen Gemüth großen Theils in seinen Händen. Zu ihm wird gegangen, wenn die Bekümmerten Trost, die Zweifelhaften Rath, die Unglücklichen Hülfe suchen wollen. Er ist ein außerordentliches Gestirn in der Gemeinde, — eine Person, welcher sie vor allen übrigen Menschen etwas Besonderes zutrauen. Also hat im Grunde schon sein Stand an und für sich viele große, ja die wichtigsten Vortheile, für die Aufklärung des Volkes das meiste zu bewirken: und dieser Vorschub eröffnet ihm die Herzen, verschaffet seinen Worten Glauben und Zuversicht, seinen Ermahnungen Ansehen und Kraft. Kurz: der Einfluß des Priesters auf den Geist und Charakter seines Volkes ist so mächtig, daß man ihn an den Gemeinden aller Zeiten und Nationen wahrgenommen, und es jederzeit als einen Staatsgrundsatz angesehen hat, wenn man das Volk geartet haben wolle, so müsse es durch die Priester angestellet werden. Im Gegentheile ist es durch Erfahrung bewähret, daß der Verfall eines Staates seinen Grund in der übeln Verfassung der Geistlichkeit haben könne.

Wenn der weltliche Stand diese Fähigkeit und Leichtigkeit zu einem so viel bedeutenden Geschäfte hätte, so wäre die Pflicht, es auszuüben, allerdings auch auf seiner Seite. Da aber solches dem geistlichen Stande allein eigen, und fast unnachahmlich eigen ist; so wird mit Recht behauptet, daß diese Pflicht

auf ihm nicht nur mehr, als auf jedem andern lie
sondern daß auch eben die Vorzüglichkeit einer sol
en Pflicht in der Leichtigkeit der Ausübung it
en Grund habe, weil diese ausschlüssige Leichtigk
im Falle, daß er auch kein Geistlicher wäre, ihn denno
als Menschen, Bürger, und Christen mit der a
nehmenden Schuldigkeit belegen würde.

§. III.

Der Geistliche hat auch mehrere Mittel in Hän
en, das zeitliche Wohl des Volkes durch Ausbildur
seines Geistes zu befördern, und diese gewinnet er
durch öffentlichen Unterricht, — 2) durch Privat= Un
erricht, 3) durch vertrauteren Umgang mit den G
meindegliedern, 4) durch die besondere Kenntniß de
Individuen in der Pfarrgemeinde, 5) durch die Aufsicht
über Schule und Schullehrer, 6) durch sein eigene
Beyspiel, und 7) durch gutes Einverständniß mit de
weltlichen Vorstehern.

Ich sagte, schon durch seinen Stand an und für sich
betrachtet werde der geistliche viel mehr, als de
weltliche Obere, fähig, vermittelst der Bildung des
Volksgeistes auch zugleich das zeitliche Wohl desselben
zu befördern; also schon in sich findet der Geistliche
ein vorzügliches Mittel, wodurch ihm dieses große
und schwere Geschäft sehr erleichtert wird. Aber auch
außer ihm liegen sehr viele äußerst wichtige Mittel,
die ihm allein ausschlüssig oder doch vorzüglich zu Statt
en kommen, die echte Aufklärung des Volkes und da
durch dessen wahres zeitliches Wohl zu bewirken.

1) **Das erste und gemeinste Mittel ist der öffentliche Unterricht.** Bekanntlich gründet sich dieser auf Vernunft und Religion, deren Gründe und Lehren, wenn sie mit warmer Wahrheitsliebe vorgetragen werden, auf Verstand und Herz die mächtigsten Eindrücke machen. Glückselig die Gemeinde, wenn hier ein weiser Volksprediger auf dem Lehrstuhle sitzet! da hat er ein offenes und in Ansehung unsrer gegenwärtigen Materie nur allzu wenig gebauetes Feld vor sich liegen. Hier nämlich findet er jederzeit die beste, aber, ich fürchte, die noch am wenigsten benützte Gelegenheit, seinen Zuhörern das Verhältniß ihrer Christenpflichten zu ihrem zeitlichen Wohl zu zeigen. Ist er klug, so leget er seiner Herde, wenn ich mich so ausdrücken darf, das Futter nicht in einer kaum erreichbaren Höhe vor: ich will sagen, er gibt seinen Christen nicht lauter abgezogene, über ihre Fassungskraft erhabene, oder gar überspannte Begriffe von Religionssachen: vielweniger unterhält er sie mit trockenen Erzählungen, leeren Affecten oder eiteln Andächteleyen, — damit ich nicht noch unwürdigere Vorträge nenne, — die zwar die Einbildungskraft beschäftigen, aber weder Vernunft, noch Herz, noch Handlungen verbessern; sondern nachdem sein Volk einmahl in den hohen Glaubensgeheimnissen platt und einfach unterrichtet, in den christlichen Wahrheiten aber und von den praktischen Geboten des Herrn gründlich überzeuget und gerühret ist; so entwickelt er alsdann die Menge der darin enthaltenen Privat-Pflichten, klaubet sie einzeln aus einander, und trägt sie mit Anwendung auf gewisse Stände und Umstände der Personen, Zeiten, und Oerter vor: er zeiget das Verhältniß zwischen dem Geistlichen und Weltlichen, Innerlichen und Aeußerlichen, und die nothwendige Verbindung des einen mit dem anderen. Der Gottesdienst der Kirche und des Gebethes, lehret er,

er, sey nur ein Theil des Dienstes Gottes: der echte Gottesdienst bestehe in einer wahrhaft christlichen Erfüllung seiner Pflichten, die er nicht nur unmittelbar seinem Gott, sondern auch seinen Oberen, den Niedrigeren und seines Gleichen schuldig sey. In dieser Absicht stellet er anschaulich vor, daß ein böser Bürger, Hausvater und Ehemann, ein schlimmer Nachbar und Unterthan unmöglich ein guter Christ seyn könne, so viel er immer bethen oder wallfahrten, Brüderschaften halten, oder wer weiß was sonst für Gottesdienste pflegen möge; — daß man sich auch gegen Vaterland und Gemeinde, gegen eigene und fremde Wohlfahrt, gegen Gesundheit und den zeitlichen Glücksstand der Seinigen versündigen könne; — er beweiset, daß bürgerliche Laster auch Laster vor Gott seyen, denen die tiefe Weisheit Gottes, kraft einer unerforschlich genauen Verbindung des Zeitlichen mit dem Geistlichen alle Mahl ihre zeitlichen Uebel und Strafen auf den Fuß nachfolgen lasse. Dem zu Folge ziehen, wie er ferner ausleger, Müßiggang und Läßigkeit ganz natürlich Armuth nach sich; Lüge und Betrug nehmen Credit und Kundschaft hinweg; Unfriede, Unmaß und Mißordnung, und überhaupt bürgerliche Laster richten Gesundheit, ehrlichen Namen, Freundschaftsbande und dergleichen zeitliche Güter auch ohne übernatürliche Wirkung zu Grunde, und sind lauter Anzeigen der beleidigten Gottheit, und Vorbothen ihrer ewigen Strafen.

Dergleichen Vorträge, so nahe sie auch in das politische Fach einschlagen mögen, hat der Apostel aller Völker ohne Aufhören in sein apostolisches Lehramt aufgenommen. Seine Briefe sind voll des Unterrichtes von den bürgerlichen Christenpflichten zwischen Oberen und Unterthanen, zwischen Männern und Weibern, Aeltern und Kindern, Herren und Knechten,

zwischen

vierte Frage.

zwischen Nachbarn und Mitnachbarn, Alten und Jungen: und dieß ist das gewisseste Zeichen, daß seine mündlichen Predigten stäts desselben Inhalts waren. Wir bitten euch, Brüder, schreibt er nach Thessalonicha, *) daß ihr euern Mitbrüdern immer noch mehr Bruderliebe und Gutes bezeiget: befleißet euch darauf, daß ihr ruhig seyd; daß jeder aus euch sein Gewerb treibe, und der Handarbeit obliege, wie wir euch schon befohlen haben (ohne Zweifel mündlich): daß ihr euch gegen Auswärtige (die keine Christen sind) ehrbar betraget, und daß ihr (nach dem Griechischen **) keines Andern Hülfe benöthiget seyd.

Unter dem öffentlichen Unterrichte verstehe ich nicht allein die Kanzelreden: auch in den katechetischen Erklärungen finden solche Gegenstände ihren Platz, besonders wo von den Gebothen Gottes, von der christlichen Gerechtigkeit, von den verschiedenen Gattungen der Sünden, Tugenden, Pflichten und guten Werke die Rede ist. Man hat Ursache, das Mittel des katechetischen Unterrichtes in einer und der andern Rücksicht noch vorzuziehen: erstlich weil daselbst der Vortrag von Seiten des Lehrers so wohl, als für den Zuhörer weit vertrauter, faßlicher und einschleichender ist; zum andern weil man ohne Bedenken alljährlich wieder auf die nämlichen Gegenstände, und zwar mit den nämlichen Ausdrücken zurück kommen darf. Ferner sind die nächsten und unmittelbaren Subjecte dieses Unterrichtes die heran wachsenden noch unverheiratheten jungen Leute, welche in die alten Mißbräuche noch nicht so ganz eingeweihet, noch nicht in Vorurtheilen verjähret, und überhaupt guter Eindrücke noch viel fähiger

*) I. Thessal. IV, 10. 11.
**) μηδενὸς χρείαν ἔχητε.

iger ſind, als ihre Aeltern, denen ſie nun bald in
Bürgerſtand nachtreten werden. Ihrer Gelehrig
und Aufmerkſamkeit aber kann man ſich während t
es Unterrichtes viel mehr, als unter den Predig
verſichern. Und wer weiß, ob nicht auch unter
Verehlichten, welche die Chriſtenlehren beſuch
mancher eben durch das Herablaſſende des katecheti
en Vortrages mehr, als durch Predigten, aufgeklä
wird? — Ein ſolcher Unterricht, wie er hier entwo
en iſt, muß nothwendiger Weiſe dem Staate eben
ſchöne Früchte, wie der Kirche, bringen. Er wi
Aberglauben und Vorurtheile verſcheuchen, und f
die Beſorgung des zeitlichen Wohles den Gemüthe
chriſtlich geſinnter Bürger einen höheren Schwur
und mächtigeren Antrieb geben. Es iſt unnöthig
erinnern, daß dieſes Mittel nur dem geiſtlichen Stant
eigen iſt.

2) Allein wie vieles bleibt übrig, welches ſi
beym öffentlichen Unterrichte niemahls vorbringe
läßt? Die Menge der Gegenſtände, das Individuell
gewiſſer Fälle und Umſtände, das Perſönliche, u. dgl.
ſind Dinge, von deren öffentlichem Vortrage Be
ſcheidenheit und Klugheit den Volkslehrer zurück halt
en. Hier kommt aber der **Privat-Unterricht** al
das zweyte Mittel zu Hülfe. Ich will nichts davor
melden, daß der **Beichtſtuhl** ein ſtattlicher Ort iſt,
wo chriſtliche mit der zeitlichen Wohlfahrt verbundene
Kenntniſſe und Pflichten auch nach den geheimſten und
individuellſten Umſtänden ſich anbringen laſſen. Ich
kann mich aber doch des Wunſches nicht enthalten, daß
hier jeder Leſer, der ein Beichtvater iſt, ein wenig
ſtehen bleiben, und dieſe vortreffliche Gelegenheit recht
ſehr beherzigen möchte. Denn nicht nur alles, was
oben über den öffentlichen Unterricht verzeichnet iſt, ſteht

auch

vierte Frage.

auch hier am rechten Orte; sondern das Vorzüglichste ist, daß man es hier mit einzelnen Menschen und ihren einzelnen Geistesbedürfnissen zu thun hat; daß hier der Mensch mehr Drang und Noth, zu gehorchen, als beym öffentlichen Unterrichte in sich fühlet, und sich nicht so viel von seiner Willkühr vorbehält; — daß er mehr Ohr und Herz mitbringt; daß endlich hier alle Zugänge seiner Seele dem glücklichen Volkslehrer offen stehen. — — O wenn dieser geheiligte Platz Fehlenden nicht zur Belehrung und Heilung ihrer Seelen — wenn er nicht zur Einprägung geistlicher Grundpflichten des Christenthums dienet, wozu sonst wird er endlich manchen noch dienen müssen!! .... Allein ich übergehe hiervon das Weitere, weil ich hier nur von äußeren und gleichsam mehr weltlichen Gelegenheiten des Privat-Unterrichtes zu reden gesonnen bin.

Solche kommen dem Geistlichen fast täglich unaufgesucht entgegen; denn die wechselseitige Verbindung mit seinen Pfarrgenossen, wenn er ein Seelsorger ist, führet beständig entweder ihn zu den Seinigen, oder sie zu ihm. Bald kommt Einer, sich Raths bey ihm zu erhohlen, bald ein Anderer, ihn um Beystand oder Fürsprache anzurufen: heute hat dieser wegen allgemeiner, morgen jener wegen Privat-Angelegenheiten, da in geistlichen, dort in weltlichen Geschäften mit dem Seelsorger zu sprechen. Was für erwünschliche Witterung, guten Samen unter das Volk zu verbreiten, Kenntnisse und richtige Begriffe umher zu pflanzen, Früchte von Eifer und Thätigkeit zu erwecken! Niemahls müsse da ein Pfarrkind von seinem Seelsorger gehen, ohne etwas Gutes für seinen geistlichen und zeitlichen Zustand von ihm gehöret zu haben! Der Seelenhirt, sagt Gregor, muß wie

Salz

Salz unter der Herde seyn, auf daß ein jeder, der sich ihm nähert, den Geschmack des Lebens davor trage. *) Von dem Sokrates steht im Diogenes Laertius, er habe den Theäter ganz göttlich gesinnt von sich gelassen, aus dem Lysis den rechtschaffensten Mann, den Lamprokles zu einem guten Sohne gebildet, den Charmides zum Dienste des Staates beredet, den Hauptmann Iphikrates tapfer gemacht. **) So muß auch der kluge Seelsorger verschiedene Quellen für die mannigfaltige Belehrung der Seinigen benützen

Wie oft ergeben sich geistliche Berufsgeschäfte, z. B. Versöhnung uneiniger Eheleute, Abstellung eines Aergernisses, ıc. ıc. die sich von dem Ortspriester nicht abthun lassen, ohne vorher gewisse politische Hindernisse untersuchet, bürgerliche Verhältnisse und häusliche Umstände geschlichtet zu haben? Hier ist alle Mahl der Fall, wo man nicht bloß zufälliger, sondern nothwendiger Weise mit den Verwandten, Freunden und Nachbarn über die Quellen politischer und moralischer Uebel und über ihre Gegenmittel, oder von Warnungen, Vorbeugungen, Verbesserungen u. b gl. vorher sprechen muß. Bald ruft den Seelsorger ein Rechnungs-Kirchen- oder sonst ein öffentliches Amtsgeschäft zu einem Zusammentritte mit den Rathsgliedern und Ortsvorstehern, wobey er sie auf verschiedene Ereignisse, die sich in der Gemeinde oder in Privat-Häusern zutragen, auf öffentliche Nothwendigkeiten, allgemeine Vortheile und Hindernisse, auf Quellen und Hülfsmittel der Bedürfnisse aufmerksam machen kann. Und wären das nicht auch Gelegenheiten, die Rede auf ein ökonomisches Buch zu lenken, welches etwa
der

---

*) Homil. 17 über die Evang.
**) Diog. Laert. II. §. 12.

der Landesherr seinen Unterthanen zugeschicket hat, oder auf diese und jene neu ergangene Verordnung, deren heilsame Absicht, mögliche und erwünschliche Wirksamkeit man nur so wie von ungefähr — um Vorwürfe zu verhüthen — anpreisen kann? Ein anderes Mahl wird dem Seelsorger der Verfall dieses Hauses, das Unglück jener Familie zu Ohren gebracht; und aus diesen Begebenheiten kann er immer gewissen Leuten die fruchtbarsten Anwendungen mit vorsichtiger Sprache mittheilen. Hiermit will ich keinesweges sagen, daß der Ton in diesem Privat-Unterrichte so ganz weltlich, wie er hier auf dem Papiere lautet, in dem Munde des Seelsorgers gestimmt seyn solle: es leuchtet ja von selbst ein, daß dergleichen Gespräche durchgängig mit christlichen Begriffen und Grundsätzen durchwebet, von der praktischen Religion her, und auf sie wieder hingeleitet werden können.

3) Ein eifriger Landpriester sparet aber doch allen seinen Unterricht nicht nur für kommende Gelegenheiten auf: er ist von Pflicht und Eifer so voll, daß er, um sich eines Theils davon zu entladen, sich selbst Gelegenheiten zu machen suchet. Er findet aber auch die allerbesten in dem vertrauten Umgange mit seinen Pfarrgenossen, welches abermahls ein ganz eigenes Mittel für ihn, und ein sehr fruchtbares für die Belehrung des Volkes ist. Denn indem ein Seelsorger bey einem solchen Umgange nicht absichtlich mit seinem Unterrichte zu Werke zu gehen scheint, und seinen Zweck stäts hinter dem Ungefähr verbirgt; so behandelt er den Mann ohne Zwang, ohne Lärmen, ohne Aufsehen. Und dieß sind gerade die sanfteren Fesseln, womit sich die Freyheit des Volkes gern binden läßt. Hier ist also der Weg, wo der Seelsorger die heilsamsten Lehren für das zeitliche Wohl, und seine gemachten Beobachtungen an den Mann bringen kann. Er geht

Klett's Preisschrift.   E   j. B.

z. B. auf das Feld spazieren, richtet seinen Gang gegen einen Arbeitenden, mit dem er sich zu unterreden vorgenommen hat. Bey diesem Manne bleibt er stehen, lobet seinen Fleiß, und leget zum Grunde seines Gespräches gleich anfänglich die Religion, indem Wohlgefallen und Segen Gottes der Preis emsiger Arbeiter sey *). Alsdann führet er seine Sprache etwas ins Freyere, auf die Ergiebigkeit des Bodens, auf die Bauart, Baumzucht, und wie sich immer der Stoff ergibt: wobey er zwar Erzählungen und Beobachtungen, Beyspiele, Lecture und ökonomische Landes- oder Amtsverfügungen auf eine gleichgültig scheinende Art mit einstreuet, jedoch ohne dabey als Lehrer aufzutreten; sondern er kehret nach und nach wieder unvermerkt in sein Fach zurück, und unterredet sich von den Vorurtheilen der Erziehung, dem Irrthume mancher alten Gebräuche und Gewohnheiten, von dem Aberglauben an gewisse Jahrszeiten, Witterungen, Krankheiten und ihre Quaksalbereyen, von dem Mißtrauen gegen neue Verordnungen und Anstalten, von dem Schaden der Unwissenheit und des Eigendünkels, u. s. w. Traurige und tröstliche Anekdoten mischen sich in sein Gespräch, z. B. von schädlichen Prozessen, von Mißbräuchen fremder Ortschaften, von den gemeinen Quellen, woraus auf dem Lande schädliche Krankheiten, krüppelhafte Kinder und sieche Gliedmaßen entstehen müssen. Er erzählet, durch welche sittliche so wohl als politische Gebrechen ein gewisser Fremder aus dem Glückesstande ins Verderben gerathen, und wie hingegen durch christlichen Arbeitsfleiß, Wirthschaftsklugheit und Sparsamkeit dieser einheimische Ortsnachbar seine Taglöhnershütte zu einem ansehnlichen Hofe verbessert habe. Ein anderes Mahl deutet er einem Andern mit Fingern auf gleichzeitige Beyspiele,

*) Ps. CXXVII. 2.

vierte Frage.

viele, und bewundert die guten Anstalten, in welchen dieser oder jener kluge Hausvater begriffen ist. Er bemerket dessen frohe Aussichten, und bezeichnet die ganze Oekonomie seines Aufkommens in ihren Ursachen, Mitteln und Folgen. Auf solche Weise ist das Mittel des vertrauten Umganges für den Landgeistlichen eine unerschöpfliche Hülfsquelle zur Aufklärung seiner Gemeinde.

4) Ein neues Mittel aber, von welchem zugleich die vorher gehenden stark unterstützet werden, ist die genaue **Kenntniß seiner Pfarrgemeinde und ihrer Individuen**, welche sich niemand so gut, wie ein Ortspriester erwerben kann. Dieser Vortheil ist eben nicht geringe anzuschlagen; denn gleichwie ein jeder Mensch sich in einigen Stücken entscheidend auszeichnet, also findet man auch ein Gleiches in ganzen Gesellschaften von Menschen. Jede Gemeinde hat ihre besonderen Arten zu arbeiten, Haus zu halten, und Kinder zu erziehen; jede hat ihre besonderen Nahrungszweige, Producte, Materialien, ihre eigene Kleidung, Speise, Zeit und Ordnung; jede endlich hat ihre gewissen Mißbräuche, Irrthümer und andere Gebrechen. Ja fast jede Familie treibet ihre besondere Art zu wirthschaften, und hat vor den andern immer etwas Eigenthümliches. Dergleichen Privat-Kenntnisse können wahrhaftig so wie den bloß geistlichen, also auch den sittlich-politischen Bemühungen eines Seelsorgers die allerzweckmäßigste Richtung geben. Sein Auge ist ihm ein getreuer Ausspäher, den er stille und unbemerkt umher sendet, um nicht minder in einzelnen als allgemeinen Fällen bis auf die erste Quelle des Uebels nachzuspüren, den ächten Grund einer Verbesserung zu entdecken, Bemerkungen zu sammeln, und solche zu guter Zeit und am rechten Orte anzuwenden.

E 2 Unmög-

Unmöglich kann jemand diese Kenntniß in einer so hohen Grade besitzen, und durch sie so viel unschätzbares Gute stiften, als wie der Seelsorger, besonders wenn man hinzu setzet, daß er zugleich der einzige beste Gemüthskenner aller Individuen seiner Gemeinde seyn kann. Da der Unterthan nur selten im Jahre, und außer gerichtlichen Fällen vielleicht gar nicht vor seinen Beamten erscheinet; so kann dieser die unterschiedliche Stimmung einzelner Gemüther niemahls so zuverlässig kennen lernen: und diese Kenntniß ist doch zur wirksamen Behandlung der Menschen, vorzüglich ihres Geistes, unentbehrlich, aber auch vom besten Erfolge. Es gibt wenige Gemüther, die nicht irgendwo eine offene Thür hätten, durch welche die Wahrheit eingehen könnte. Daß man aber damit abgewiesen wird, entsteht gemeiniglich daher, weil man an verschlossenen Thüren klopfet, und entweder die Wissenschaft oder den Eifer nicht hat, die offene zu suchen. Wer diese gefunden hat, der entdecket bald, was gewisse Köpfe zurück halte, und worin ihr Vorurtheil oder Widerstand bestehe. Ein Seelsorger also, der die Gemüthskenntniß seiner Pfarrgenossen zu benützen weiß, zieht die Grundneigung einzelner Personen zu Rathe, nach welcher er alsdann seine Belehrungen und den Ton seiner Beweggründe stimmet, damit Einen das Ehrbare, den Andern das Nothwendige, Diesen das Nützliche oder Schädliche, Jenen das Angenehme zur fruchtbaren Entschließung vermöge.

5) Unter die vornehmsten Mittel der Aufklärung des Volkes zu seinem zeitlichen Nutzen gehöret unstreitig die Aufsicht des Seelenhirten über Schule und Schullehrer. Man bedenke nur, daß aus einer Schule voll Kinder in kurzer Zeit die Gemeinde des Ortes bestehen werde. Es hat also der Staat so gerechte Forderungen, als die Kirche selbst, an das

Schul-

Schulamt zu machen. Und in Wahrheit ist auch der Platz daselbst, nicht nur gute Christen, sondern auch rechtschaffene Menschen und nützliche Bürger zu bilden. Ja die Jugend ist beynahe das einzige Feld, wo man mit zuverläßiger Hoffnung bauet, da hingegen ein Weinberg mit veralteten Stöcken sich kümmerlich ausbessern läßt. Denn in diesen jungen Schößlingen fehlet es nicht an den vortrefflichsten Keimen, welche für das Vaterland einst reichliche Früchte bringen können: es fehlet nicht, wie bey den Erwachsenen, an Gelehrigkeit, Biegsamkeit, und an unzähligen guten Eigenschaften, die man, leider! an einem in Vorurtheilen veralteten Volke so schmerzlich vermisset; sondern das Einzige, woran es allein fehlen könnte, wäre ein eben so weiser als eifriger Führer dieser Jugend. Welch ein unvergeßlicher Schade für die Gemeinde, und für den Staat überhaupt, wenn die fruchtbarsten Köpfe und besten Gemüther, die nicht nur aller Art von Aufklärung fähig sind, sondern auch Neigung zu Handwerkern, Künsten, Wissenschaften, und allerhand Nahrungszweigen besitzen, aus Mangel eines guten Anführers im Dunkeln begraben bleiben, und die erwünschten Früchte nicht bringen! Und wer ist denn dieser Mann? Ohne Zweifel ist es der Schulmann. Aber wer ist denn der Leiter und Führer des Schulmannes? Niemand als der Seelsorger. Es läßt sich nämlich von einem Landschullehrer nicht Alles verlangen, was einer Schule nützlich seyn kann, wenn er allein ohne Rathgeber, Führer und Mitarbeiter ist. Die ganze Maschine des Schulwesens sammt dem Lehrer ist in der Hand des Geistlichen, der sie lenken muß, wie man denn auch natürlicher Weise an ihm überhaupt mehr ausgebreitete Kenntnisse und Geschicklichkeiten voraus setzet.

Man sehe nun hier das vortreffliche Mittel eines Landpriesters, auch dem Staate einen der wichtigsten Dienste durch die Schule zu leisten, wenn er dem Schullehrer die Anlagen und Neigungen der jungen Zöglinge entdecket, und ihn ihre Talente entwickeln hilft! Er vervollkommnet dessen Lehrart, erweitert seine Kenntnisse, und geht ihm stäts mit klugen Beobachtungen an die Hand, ja so gar mit Materialien, z. B. mit Regeln einer christlichen Haushaltungskunst, mit den ersten Grundsätzen für die Landwirthschaft und gewisse Nahrungsgewerbe, die er ihn zwischen seinen Lehrstunden auf die zarten Gemüther mit einstreuen läßt, um gute Hausväter, Mütter, Dienstleute und Unterthanen zu bilden. Was er aber mit dem Schullehrer nicht mündlich abhandeln kann, das ersetzet er ihm durch Darleihung guter Bücher. Selbst die wirkliche Industrie der Kinder, besonders jener vom weiblichen Geschlechte, und ihre praktische Anweisung zur Handarbeit ist ihm nicht so gleichgültig, daß er nicht auf Mittel und Wege denke, dieselbe durch irgend ein taugliches Subject aus der Gemeinde den Kindern beybringen zu lassen, damit sie nicht nur in sondern auch außer den Schulstunden sich nützlich beschäftigen, und dabey thätig zu werden lernen.

Indessen hört der Seelsorger darum nicht auf, selbst ein wahrer Kinderfreund mit zu seyn. Vielmehr höret man oft diesen Hirten in der Schule mitten unter der zarten Heerde allein reden, und sieht den Schullehrer an der Seite aufmerken. Da wird bald thätige Religion gelehret sammt ihren Beziehungen auf die Pflichten des bürgerlichen Standes und geselligen Lebens bald läßt er bey einer Sittenregel des Lesebuches oder bey einem Lehrpuncte der Naturgeschichte, Erdbeschreibung, u f w. stille halten, und lehrreiche Regeln durch annehmliche Scherze, Gleichnisse, durch

Geschicht-

vierte Frage.

Geschichtchen oder Fabeln mit einfließen, damit die vorgetragene Lehre dadurch desto tiefere Wurzeln schlage. Jetzt schildert er einen rechtschaffenen Bürger und Unterthanen, oder er schiebt durch häßliche Bilder, — von Schwelgerey, Müßiggang und Dummheit, von übertriebenem Putze oder Unsauberkeit, und von den für Gemeinden so verderblichen Mißbräuchen, — und durch mehrere solche Zwischenspiele die besten Grundsätze mit unter, die sich mit dem Pfluge sehr wohl vertragen, und wovon das gemeine Wesen unbeschreibliche Vortheile gewinnet. Auch Kinder wissen schon das Anständige von dem Lächerlichen, und das Schädliche von dem Nützlichen zu unterscheiden; nur muß der Werth oder Unwerth der Dinge nicht zu weit von ihrem Gesichtskreise entfernet seyn. Und so wie die ehemahlige Erziehung des nun erwachsenen Volkes für uns heut zu Tage das größte Hinderniß ihrer Umschaffung ist, also wachsen im Gegentheile bey der jetzigen Jugend die frühzeitigen Eindrücke des Guten in die Natur ein, ohne daß sie sich jemahls wieder ganz werden ausreißen lassen. In einer so ausgebildeten Jugend lese ich die glückselige Geschichte einer zukünftigen Gemeinde, und der Seelsorger, der allein das beste Mittel dazu geliefert hat, wird auch allein vor Gott und den Menschen den größten Preis davon tragen.

6) Ich möchte gern sagen, daß der Seelsorger auch in seinem eigenen Beyspiele, das ist, in der Verfassung seiner eigenen Wirthschaft und Haushaltung ein Mittel finden könne, seine Pfarrgenossen für ihr zeitliches Beste aufzuklären: ich weiß aber, daß sich Manches dagegen einwenden läßt. Indessen ist unter gewissen Einschränkungen dieser Satz doch richtig. Denn obgleich das Beyspiel der eigenen Oekonomie dem weltlichen Stande näher anliegt; so dienet es doch nur höchstens für jene Gemeinden, die so glücklich

lich sind, einen Amtmann in ihren Mauern, oder seine Güter in ihrer Markung, und seine Wirthschaft vor Augen zu haben. Wie geringe verhält sich aber die Anzahl solcher Ortschaften gegen die übrigen in einem Lande? Mit einem Pfarrer sind die meisten versehen. Freylich hat auch nicht jede Pfarre ein Landgut: aber es ist doch keine, bey der man nicht wirthschaften und Haus halten müßte. Ueber dieß ist es gewiß, daß der Landmann — wiewohl nur aus Vorurtheil — auch in diesem Fache lieber ein Nachahmer seines geistlichen, als seines weltlichen Vorstehers seyn will, weil ihm die Oekonomie des ersteren weit bürgerlicher und gemeiner vorkommt, da er hingegen die Anstalten und Versuche seines Amtsherrn, wie in andern, so auch in diesem Stücke, allezeit mit der großen Brille und gemeiniglich schief anstaunet, so, daß das Unnachahmliche, welches er für seinen engen Kreis darin zu finden glaubet, ihn schon voraus wegschrecket, und die Lust, Versuche nachzumachen, oder nur einen Vergleich auf sich anzustellen, in ihm gar nicht erwachen läßt.

Allein, wie gesagt, der Seelsorger hat hier mit seinem Beyspiele Mäßigung vonnöthen, und zwar deßwegen, damit er auf der andern Seite nicht mehr Böses, als hier Gutes stifte. Denn es ist bekannt, wie wohlfeil dem gemeinen Manne der Vorwurf des Geitzes gegen seinen Priester ist. Und in Wahrheit soll auch der Geistliche vermöge seines Berufes kein Arzt, kein Manufacturist, kein Handelsmann, kein Lehrer des Ackerbaues, kein Meister in der Viehzucht seyn. Dessen ungeachtet zieret Reinlichkeit, Ordnung, Fleiß und Sparsamkeit und eine beschränkte Haushaltungskunst auch den Stand des geistlichen Wirthschafters, so wie Nachlässigkeit in diesen Stücken ihm keinen geringen Schandflecken anhänget, wo nicht gar den beyden lichen Vorwurf auf den Hals ziehet, daß er

die

die zur Pfarre gehörigen Güter ins Abweſen gerathen laſſe. Er wird alſo, um klug darein zu gehen, von ſeiner eigenen Oekonomie ſeine Zunge meiſten Theils ſchweigen, ſein Beyſpiel aber deſto lauter ſprechen laſſen.

Und wie viel Einfluß kann es nicht auf das zeitliche Wohl ſeiner Untergebenen machen, wenn ein Pfarrer bey Erſcheinung landesherrlicher Veranſtaltungen, weiſer Vorſchläge, oder öffentlich vorgelegter ökonomiſcher Schriften allezeit der erſte iſt, der ſie bey ſeinem Haus- und Feld-Perſonale einführet, und auf ſeine Wirthſchaft anwendet, und wenn ſeine Dienſtleute und Hausgenoſſen an aufgehobenen Feyertagen nie müßig gehend, oder in andern auffallenden ſittlichen und politiſchen Untugenden geſehen werden? Iſt er aber ſelbſt im ökonomiſchen Fache bewandert; ſo wird ohnehin der gemeine Mann oft neue Vortheile an ſeiner Wirthſchaft ſtille zu bewundern und nachzuahmen finden. Indeſſen gibt es immer noch andere Kunſtgriffe, dem Landmanne näher an das Herz zu greifen, ohne daß er ſeinen Lehrer bemerket. Der Geiſtliche läßt ihn gelegenheitlich unter dem Vorwande, ihn um Rath zu fragen, ſeine angeſtellten Verſuche ſehen: man höret ſeine Meinung, locket ſeine Einwürfe heraus, und hebt ſie: man entdecket ihm ſein Vorurtheil, prüfet ſeine gemachten Anſtalten, tröſtet ihn ſeines mißlungenen Verſuches wegen u. ſ. w., ohne daß er merket, wie abſichtlich dieſe Unterredung auf ihn gerichtet ſey. So lernen Landleute ſelbſt nachſinnen, und es erwachet nach und nach in ihnen ein Beobachtungsgeiſt über das Gute und Beſſere. Man kann noch heut zu Tage mit Fingern auf einige Witzlinge und Starrköpfe deuten, welche, nachdem ſie lange genug an Wirthſchaftsverbeſſerungen mancher Kloſtergemeinde oder Pfarre ſich ſatt geſpottet und geſchmähet hatten, dennoch aber kurz oder lang die eifrigsten Nachahmer davon geworden sind. Es leben Seelsorger in unserer Diöcese, die unter ihrer Gemeinde ganz verbesserte Nahrungszweige durch ihr bloßes Beyspiel eingeführet haben. So hat, — um nicht ins Große zu gehen, — z. B. eine gewisse Ortschaft die Ausrottung ihres wilden Obstes, und den so nützlichen Artikel geschlacht gemachter und in Ordnung gesetzter Obstbäume ihrem mir nicht unbekannten Ortsgeistlichen zu verdanken. Gleiche Beyspiele ließen sich von dem Kleebaue anführen. Und sind nicht schon in den älteren Zeiten unsers katholischen Deutschlandes an vielen Gegenden die ländlichen Klöster entweder die ersten Stifter oder die Reformatoren der damahligen Landwirthschaft gewesen? Man kann in Betreff dieses Beyspiels noch heutiges Tages Manchen solcher geistlicher Gemeinde das verdiente Lob nicht absprechen.

7) Endlich kann der Geistliche zum zeitlichen Wohle vieles durch sein **gutes Einverständniß mit den weltlichen Vorstehern** beytragen: denn dadurch bewirket er Vortheile für die Gemeinde, denen weder er allein, noch das weltliche Vorsteheramt allein gewachsen wäre. Aber nicht das weltliche Amt kann ihm hierin an die Hand gehen, sondern er ist es, der jenem zu dergleichen Vortheilen den Weg bahnet. Ich will nichts sagen von der Fürsprache des Seelsorgers bey dem weltlichen Obern in solchen Fällen, wo oft ein verschmitzter Kopf durch seine Dreistigkeit und ränkevolle Beredsamkeit die ganze Vertheidigung des einfältigen Nachbars so verdrehet und verwirret, daß dieser, weil er seine Ehrlichkeit mehr im Herzen, als auf der Zunge trägt, nach den äußerlichen Rechten unterliegen muß. Durch den Geistlichen aber, der, wie ich voraus setze, nicht nur die wahre Lage der Sache, sondern auch den Charakter beyder Personen

vierte Frage.

ihnen kennet, läßt sich der Handel viel deutlicher beym freundschaftlichen Gespräche, als bey der Gerichtsform aus einander setzen. Es sind nur gewisse Schranken vonnöthen, so können Fürsprachen von solcher und anderer Art ohne allen Anstoß sehr große Geschenke für die Pfarruntergebenen und deren zeitliche Wohlfahrt seyn.

Doch dieses sey nur im Vorbeygehen gesagt! Das gute Einverständniß des geistlichen mit dem weltlichen Oberen hat noch weit besseren Einfluß auf das zeitliche Wohl der Unterthanen. Eine individuelle Kenntniß von den in dem Amtsbezirke liegenden Ortschaften und von derer einzelnen Familien und Personen läßt sich dem Polizey-Beamten unmöglich so, wie dem Ortspriester zutrauen. Nothwendiger Weise bleiben also gewisse heimliche Müßiggänger oder Verschwender, gewisse Wortsprecher und Störer gemeinnütziger Anstalten, gewisse schädliche Geheimnisse des Bürger-Senates und schleichende Polizey-Krankheiten, üble Verwaltung der Gemeingüter, und andere dergleichen verdeckte, aber eben darum tödtlichere Wunden, — diese, sage ich, bleiben, wo nicht ganz, doch nach ihren genaueren Umständen dem weltlichen Oberen unbekannt. Der gemeine Mann ist aus mehr als einer Ursache allzu schüchtern, dieselben anzuzeigen. Es werden also, wäre auch der Beamte ein mehr als hundertäugiger Argos, seine besten Anstalten wieder in Abgang kommen, ohne das geheime Insect zu entdecken, welches gleich einem fressenden Wurme das Wohl der Gemeinde nie zum Flore gedeihen läßt. Setzen wir aber einmahl, daß der weise Ortspriester mit den, wie ich abermahls voraus setze, patriotischen Gesinnungen des Beamten überein stimme, und demselben, ohne sich doch jemahls aufzudringen, mit localen und personalen Privat-Kenntnissen an die Hand gehe: welche

Vor-

Vortheile können nicht durch diese Uebereinstimmung gestiftet, und was für Nachtheile nicht gehoben oder verhüthet werden? Mich däucht, daß dieses Mittel nicht allein zuträglich, sondern zur Grundlage der zeitlichen Wohlfahrt in einer Gemeinde sehr nothwendig sey. Zu wünschen ist es, daß dieses eben so gut von weltlicher Seite erkannt, und die Mitwirkung der Seelsorger eher mit offenem Schooße daselbst erwartet, als mit ernster und schon zum voraus abschlägiger Miene empfangen werde.

Selbst der Ortsschuldheiß darf in diesem Stücke dem Seelsorger keine gleichgültige Person seyn. Eine etwas mehr als allgemeine Verbindung mit diesem Manne gewähret ihm einen zuverläßigeren und weniger eingeschränkten Gebrauch dieses Beförderungsmittels für das zeitliche Wohl. Ja ich nehme keinen Anstand, auch den Schullehrer dazu zu nennen, wenn er anders in den Augen der Gemeinde der Mann ist, der er seyn soll. Denn beyde sind Männer, die mit den Bürgern Theils in - Theils außer dem Rathhause in ununterbrochenen Verhandlungen begriffen sind. Ihre Aufklärung in gemeinnützigen Kenntnissen, mit einem patriotischen Eifer vergesellschaftet, hat also nicht allein sichere Beziehung auf die Bürgerschaft, sondern es kommt auch alles auf den geistlichen Vorsteher an, ihnen diese Eigenschaften beyzubringen, und zur Anwendung derselben mit ihnen einzustimmen.

Dieses sind die dem geistlichen Stande vorzüglich vor dem weltlichen Stande eigenen Mittel, auf das zeitliche Wohl einzelner Menschen, und gewisser Maßen auch auf jenes des ganzen Staates zu wirken. Und nun, glaube ich, klingt es auch nicht mehr so paradox, wenn es heißt, der geistliche Stand habe in gewissem Gesichtspuncte zur Beförderung des zeitlichen Wohls der Unterthanen mehr Pflicht, als der weltliche. Nein, diese

vierte Frage.

diese Wahrheit kann nun nicht mehr auffallend seyn! Aber sehr auffallend könnte sie werden, wenn ein Geistlicher bey der Ausübung selbst den wahren Gesichtspunct, welcher größten Theils in der Bildung des Volksgeistes und in der Aufklärung seiner Gemeinde besteht, aus den Augen verlöre, oder wenn er die Grenzen verkennen wollte, welche er nicht überschreiten darf, und die ich also jetzt angeben, und so viel es möglich ist, bestimmen will.

Fünfte Frage.

Wie weit erstrecken sich diese Pflichten? welches sind die Grenzen derselben? Mit was für einem Geiste, mit welcher Reinigkeit der Absichten, und unter welcher Vorsicht muß der Geistliche und Seelsorger in der Anwendung auch der best gewählten Mittel zu Werke gehen, um allen Vorwurf ungebührlicher Einmischung in Welthändel und Familien-Geschäfte, oder gar gerechte Klagen über Hintansetzung oder Vereitelung landesherrlicher Gebothe und Verbothe, und über Collision-Erregung mit der weltlichen Obrigkeit zu vermeiden?

(§. I.) Die Pflichten des geistlichen Standes, für das zeitliche Wohl der Menschen zu sorgen, haben ihre Grenzen 1) in dem Endzwecke seines Amtes, 2) in dessen Behufsmitteln, und 3) in der Art seiner Amtsführung. (§. II.) Diese Pflichten müssen überhaupt mit einem Geiste der Religion, insbesondere aber mit dem Geiste der Liebe ausgeübet werden. (§. III.) Sie müssen mit reinen von Ehr- und Habsucht geläuterten Absichten erfüllet werden. (§. IV.) Es werden die verschiedenen Arten erkläret, diese Pflichten mit Vorsicht zu üben, 1) gegen den Vorwurf ungebührlicher Einmischung in

Welt-

fünfte Frage.

Welthandel und Familien-Geschäfte, 2) gegen Klagen über Hintansetzung landesherrlicher Gebothe, und über Collisions Erregung mit der weltlichen Obrigkeit.

---

§. I.

Die Pflichten des geistlichen Standes, für das zeitliche Wohl der Menschen zu sorgen, haben ihre gewissen Grenzen, welche sich so wohl 1) in dem eigentlichen Endzwecke seines Amtes, als auch 2) in seinen Behufsmitteln, und 3) in der Art seiner Amtsführung gründen.

So wenig der Geistliche seinem Stande Genüge leistet, welcher die Pflichten desselben nicht auch auf das zeitliche Wohl der Untergebenen ausdehnet, so sehr verfehlet derjenige den Zweck seines Amtes, der bey der Ausübung dieser Pflichten gewisse Grenzen überschreitet. In der Wahl zwischen beyden möchte ich mir lieber den ersteren wünschen. Dieser wird doch in Einem Fache, in dem geistlichen, Gutes stiften, obgleich nicht genug: der andere aber wird weder das geistliche, noch das leibliche Wohl befördern, ja beydes vielmehr gänzlich zerrütten. **Die Besorgung des zeitlichen Wohls muß also für den geistlichen Stand begrenzet seyn.** *) Ich würde sagen, daß sie sich nie zu weit erstrecken könne, wenn sie der Seelsorge stäts neue Vortheile brächte. Da aber die Sorge für das Leibliche in manchen Fällen das Seelengeschäft sehr beeinträchtigen kann, so muß ihr der Seelsorger in und außer sich Schranken zu setzen wissen, indem die leibliche Wohlfahrt seiner Untergebenen nicht sein Zweck, sondern nur das Mittel zu seinem Zwecke ist, welcher in dem geistlichen Wohl ihrer
Seelen

---

*) Greg. Past. Reg. II. Th. 7. Kap.

Seelen bestehet. Nun ist es aber gewiß, daß nicht der Zweck nach dem Mittel, sondern das Mittel nach dem Zwecke sich richten müsse.

1) Betrachten wir den eigentlichen **Endzweck des Priesteramtes**, so finden wir, daß durch diesen schon dem Geistlichen eine Grenze gesetzet wird, welche er bey der Besorgung des zeitlichen Wohls der Menschen nicht überschreiten darf. So bald diese Besorgung jenem eigentlichen Endzwecke Eintrag thut, und der Beförderung des Seelenheiles schädlich oder auch nur hinderlich wird, so muß er von derselben abstehen; denn seine Pflicht, auch zur Beförderung des zeitlichen Besten mitzuwirken, erstrecket sich nur so weit, als er dadurch Vortheile gewinnet, seinen eigentlichen Endzweck leichter und sicherer zu erreichen. Was kann nun den Priestergeist mehr entkräften, als ein unbeschränkter Umgang mit irdischen Beschäftigungen? Ist aber einmahl dieser Geist erloschen, dann ist es auch um die Besorgung und das Heil der Seelen geschehen. Diese Bemerkung konnte dem großen **Gregorius** dem Lehrer und Hirten der geistlichen Hirten nicht entgehen, und aus seinen Pastoral-Regeln passet hierher sehr gut, was er im II. Th. daselbst 7 Kap. geschrieben hat. Er spricht zwar, wie auch ich bisher behauptet habe, jenen Hirten die Gedeihlichkeit ihrer Lehre ab, welche sich so ganz in sich selbst zurück ziehen, und in ihren Geist sich so verschließen, daß sie die äußeren Bedürfnisse ihrer Anvertrauten vergessen: aber einen viel schwereren Kummer verursachet ihm die Seelsorge derjenigen, deren Geist sich in die äußeren Angelegenheiten ihrer Schafe zu sehr versenket hat. Er betrachtet den Seelsorger als das geistliche Haupt von dem Körper seiner Kirchengemeinde, die unter ihm stehenden Christen als die Glieder, seine unmäßige Sorge aber für ihr Zeitliches nennet er die Krankheit des Hauptes;

Hauptes; und in diesem Verstande spricht er: **unter einem siechen Haupte können die Glieder nicht gedeihen.** Ueberhaupt sind für einen Seelenhirten die zwey Extreme der Sorge für das zeitliche Wohl seiner Pfarrgemeinde in diesem Kapitel so vortrefflich geschildert, daß ich es wohl einem Jeden zur aufmerksamen Durchlesung und ernstlichen Beherzigung empfehlen möchte. Der Grund des h. Kirchenlehrers für meinen gegenwärtigen Satz besteht in jenem Ausspruche des Heilandes, daß **Niemand zweyen Herren dienen könne,** *) welchen auch jeder Seelsorger für seinen sichersten Grenzstein ansehen sollte. Er kann nämlich nicht die Besorgung des geistlichen und leiblichen Zustandes seiner Gemeinde zugleich, sondern nur Eine von beyden zum Hauptgeschäfte haben. Wenn er sich also mit der Beförderung des zeitlichen Wohls auf eine Art befasset, die den ganzen Menschen erfordert, und seinen Priestergeist entnervet, oder die ihm eine übermäßige Zeit zum Nachtheile seiner geistlichen Hirtenamts-Pflichten raubet, und wer weiß auf noch wie vielerley Art die Beförderung des Seelenheils beinträchtiget; wenn, sage ich, der Geistliche das zeitliche Wohl der Menschen auf eine Art besorget, die dem Endzwecke seines Priesteramtes nicht ganz entspricht; so überschreitet er die Grenzen seiner Pflicht, die ihn zur Beförderung des zeitlichen Menschenwohls verbindet.

2) Selbst die **Hülfsmittel** des Seelsorgers, die außer ihm in den Gemüthern seiner Untergebenen liegen, und die ihm in der Beförderung nicht nur ihres geistlichen, sondern auch ihres leiblichen Besten vorzüglich gut zu Statten kommen, setzen ihm in der Ausübung dieser Pflicht gewisse Grenzen, nämlich dann, wenn seine Beschäftigung für ihr zeitliches Wohl den geistlichen Arbeiten für ihr Seelenheil das Vertrauen

Klett's Preisschrift. F

*) Matth. VI. 24.

trauen entziehen könnte. Denn jene Hülfsmittel gründen sich vorzüglich in des Volkes günstiger Denkungsart von dem Priesterstande. Die Gemeinde hat gegen ihren Seelsorger Ehrfurcht, und schenket ihm ihr Vertrauen; sie liebet seine Person, glaubet seinen Worten, und sein Beyspiel reitzet zur Nacheiferung. Der gemeine Mann hat überhaupt eine gewisse Anhänglichkeit gegen den äußeren Charakter des Geistlichen, und in den Verhältnissen des Volkes gegen seinen Seelsorger liegen große Vortheile, durch deren zweckmäßige Benutzung er sehr viel Gutes stiften kann. Sie unterstützen sein Amt, und fast alle Frucht seiner Bemühungen um das Heil der Seelen hängen von denselben ab. Dieser Hülfsmittel nun kann und soll er sich zwar auch zur Beförderung des zeitlichen Besten bedienen: aber so bald er auf dieser Seite einen solchen Gebrauch davon machet, daß auf der andern Seite für die Besorgung des Seelenheiles Nachtheil oder Hindernisse entspringen, — daß das Vertrauen fällt, die Liebe erkaltet, die Ehrfurcht erstirbt; — so bald hat er schon die Grenzen seiner Pflicht überschritten; und er muß befürchten, durch übermäßigen Eifer für das zeitliche Wohl die wichtigsten Hülfsmittel zur Beförderung der geistlichen Wohlfahrt auf immer zu verlieren.

Wenn der Geistliche zu oft außer dem Kreise seiner priesterlichen Verrichtungen in der Welt erscheint; so steht er in Gefahr, daß das gemeine Volk, welches den Mann nicht allezeit ganz nach dem Werthe seines inneren Charakters beurtheilet, ihm allmählich die dem Priesterstande so wesentlich zukommende Ehrfurcht entziehe. Will er also sein Ansehen in der Pfarrgemeinde nicht bis zu jenem eines Privat-Mannes durch übermäßige Theilnehmung an Weltgeschäften herab setzen, so darf er sich mit ihnen nie tiefer in solche einlassen,

fünfte Frage.

laſſen, als es ſeiner Würde anſtändig iſt. Die Welt, welche gegen die ſchiefe Seite des Geiſtlichen ein ſcharfes Auge hat, wird dieſelbe bald ausſpähen, wenn er ſich zu viel in ihre Händel, und zu vertraulich in ihren Umgang miſchet. Hat ſie nun einmahl eine Schwachheit an ihm entdecket, ſo machet ſie ſich mit derſelben luſtig, und vergleicht bey einer andern Gelegenheit die Wahrheiten, die er ihr vorträgt, gegen ſeine Perſon. Ferner iſt ſein Beyſpiel, wie der h. Gregorius in der obigen Stelle anmerket, des Volkes Wegweiſer: **wie will er nun aber,** lauten deſſen Worte, **von dem Anſehen eines Hirten unter dem übrigen Volke Gebrauch machen, wenn er in irdiſchen Geſchäften, die er an Anderen beſtrafet, ſich ſelbſt vertiefet?** Seine Worte, denen das Beyſpiel widerſpricht, werden weder Glauben, noch vielweniger Eindruck finden. Schwache Köpfe werden auch Aergerniß an ſeiner weltlichen Geſchäftigkeit zu nehmen wiſſen, ob ſie ſchon ſelbſt die Früchte davon genießen Ein beſcheidener Seelſorger läßt demnach ſeinen Eifer durch Umſtände mäßigen, — durch Umſtände der Perſonen, mit denen er es zu thun hat, durch Umſtände der Zeit und des Ortes, u. dgl. Am erſten aber zieht er die Hand zurück, wo Gefahr iſt, Haß und Verbitterung gegen ſich zu erregen; und er gibt jederzeit zu verſtehen, wie ſehr er überzeuget ſey, daß es ein ganz anderes Amt, als das ſeinige, gebe, welches die Beförderung des zeitlichen Glücksſtandes zu ſeinem Hauptberufsgeſchäfte habe.

3) Endlich findet ein Seelſorger die Einſchränkung ſeiner Bemühungen um das zeitliche Menſchenwohl in der **Art ſeiner Amtsführung.** Bekanntlich iſt dieſe von der weltlichen ſehr unterſchieden. Er führet ſein Amt durch die Kraft der Ueberredung, wodurch er auf Verſtand und Herz wirket. Um dieſes
innern

inneren Menschen sich zu bemächtigen, darf er sich aller unschuldigen Kunstgriffe bedienen; und kommt es auf das Aeußerste; so drohet und strafet er nur mit dem Munde. Zwang, Gewalt, und was immer vermittelst eines roheren Gefühles auf die Seele wirken muß, sind ihm unbekannte Mittel, die er dem weltlichen Amte überläßt. Wo also der Seelsorger durch diese ihm eigene Art seine Absichten nicht erreichen kann, wo Ueberzeugung, Ermahnung und Bewegungsgründe keine Wirkung machen, da steht er zurück. Es bleibt ihm nichts übrig, als noch ein Mahl von vorne anzufangen, und neue Versuche durch andere Umwege zu machen, die jedoch die erwähnte Grenze eben so wenig überschreiten dürfen. Kann er aber auch dieß Mahl dem Eigensinne nichts abgewinnen, so ist das letzte Mittel, den weltlichen Arm, wo und wie es die Umstände erfordern, anzurufen, übrigens, wenn sich — aus irgend einer Ursache — noch kein Erfolg zeigen will, — — — insgeheim zu seufzen.

§. II.

Diese Pflichten des Geistlichen für die Beförderung des zeitlichen Wohls müssen überhaupt mit einem Geiste der Religion, insbesondere aber mit dem Geiste der Liebe ausgeübet werden.

Betrachtet man nun auf einer Seite die großen Forderungen, welche man an den Priesterstand machet, und auf der andern Seite die häkeligen Bedingungen, unter welchen dieselben geleistet werden sollen; so ist es wahrhaft nichts leichtes, die Beförderung des zeitlichen Wohls unter seine Standespflichten aufzunehmen, und doch bey der Ausübung derselben die Grenzen nicht zu überschreiten. Wahrlich! es sind damit Schwierigkeiten verbunden, welche zu besiegen

nur

nur der Mann von jenem Stande vermögend ist, den ein edlerer Geist und höhere Absichten in seinem großen Werke leiten. Jedoch wird jener Geistliche ganz leicht die bestimmten Schranken halten, der mit einem guten Geiste zu Werke geht. Es bedarf keiner langen Untersuchung, was dieses für ein Geist seyn solle. Ueberhaupt ist es ein **Geist der Religion**, insbesondere aber der **Geist der Liebe**. Dieser Geist rechtfertiget die Bemühungen des Priesters um das zeitliche Menschenwohl nicht allein vor Gott und seinem Gewissen, indem er sie zu lauter Handlungen der Religion machet, sondern auch vor dem Publicum. Ziehet ihn freylich ein bloß natürlicher Antrieb oder ein bloß weltlich gesinnter Geist zur Theilnehmung an den zeitlichen und leiblichen Angelegenheiten; so ist es allerdings nicht zu verwundern, daß er desto weniger Seelsorger wird, je mehr er Sachwalter in jenen Angelegenheiten ist, ja daß er in eben dergleichen Angelegenheiten desto weniger bey seinen Pfarrkindern ausrichtet, je mehr sie bey seiner Theilnehmung an denselben ihren Seelsorger vermissen. Wo aber der Geist der Liebe von seinen Unternehmungen der Urheber und Vollender ist, da glauben sie den Seelsorger, mag er sich gleichwohl in weltliche so, wie in geistliche Geschäfte mit ihnen einlassen, immer eher an ihm zu finden. Die Welt versteht es gar wohl, daß Liebe der so ganz eigene Charakter des Geistlichen seyn müsse, weil er selbst in der Gemeinde den Friedensengel und Prediger der Liebe machet. Sollen ja nach dem Grundgesetze unserer Religion schon die wechselseitigen Dienstleistungen der gemeinen Christen von dem Geiste der Liebe beseelet seyn: **Erzeiget einander eure Dienste in der Liebe des Geistes**, oder im Geiste der Liebe: — **Alles bey euch soll in Liebe geschehen:** *) wie viel-

*) Gal. V. 13. — 1. Kor. XVI. 14.

vielmehr erwartet jedermann einen solchen Geist an den Hirten der Christen, welchen sie eben deßwegen den Geistlichen nennen, weil er hauptsächlich dem Geiste nach sich und seine Handlungen vor den übrigen Menschen auszeichnet? Diesen Geist der Liebe scheinen sie aber vorzüglich in seinen weltlichen Verrichtungen von ihm zu verlangen; denn so gern das Volk seinem Hirten im geistlichen Fache eine Art von befehlender Macht zugesteht, so ungern läßt es sich solche außer jenem Kreise von ihm gefallen. Hier muß er gleichsam nur als guter Freund privatisiren, und das Meiste zu erschleichen suchen; — und wodurch sonst, als durch den Weg der Liebe? Nicht als wäre die Oberfläche dieser Eigenschaft oder der Schein der Liebe schon hinlänglich: gerade diese ist es, die, weil sie zu nahe mit dem Herzen verwandt ist, sich am wenigsten in den Augen gemeiner Landleute verkleistern läßt, welche meistens mit einem ganz graden biederen Auge den Mann im Privat-Umgange zu Gesichte fassen, und jeden unnatürlichen Anstrich bemerken, wenn besonders ihrer mehrere sind, mit denen es der geistliche Mann allein zu thun hat. Dann aber geht alle Frucht auf Ein Mahl verloren. Man darf leicht einige Mahl unter seine Leute ins Offene gehen, so schießt die Farbe ab, und am Ende ist weniger gewonnen, als — Nichts. Dieß ist die natürlichste Strafe, welche Gott seiner Religion, vermöge ihrer geheimen Verbindung mit der Natur der Dinge, gegen die Häuchler eingeflochten hat. Ist es aber der echte einige Geist der Liebe, welcher den Seelsorger in seinen zeitlichen Unternehmungen leitet; so weiß ich nicht, was es auch in diesem Fache geben könnte, welches nicht wenigstens einiger Maßen durch ihn zu bewirken wäre.

Wenn man aber das gewöhnliche Schicksal des Unterschiedes zwischen Theorie und Praxis bey diesem Geiste der

Liebe

fünfte Frage.

Liebe nicht erfahren will; so muß derselbe in Rücksicht auf seine äußere Anwendbarkeit und praktische Ausübung wohl geprüfet werden, damit er nicht in einen unordentlichen Eifer ausarte. Der Raum gestattet hier nicht, die ganze Prüfungsart nach ihren verschiedenen Theilen und Umständen zu zerlegen. Indessen wenn wir jenen Geist der Liebe in seinen äußeren Wirkungen betrachten wollen, so hat ihn Niemand besser geschildert, als der bekannte Völkerlehrer. *) **Die Liebe,** schreibt er, **ist geduldig.** Da sie also das Feld des zeitlichen Wohls an dem Nächsten bearbeitet, so will sie nicht im Frühlinge Getreide und im Sommer schon Trauben einsammeln, sondern sie erwartet die Früchte in Geduld. **Die Erbschaft, zu der man Anfangs gar zu begierig eilt, wird am Ende ohne Segen seyn,** sagt das göttliche Sprichwort, **) und übertriebene Gewächse sind von keiner Dauer. Der Himmel übereilet nichts in der Regierung des Erdbodens, und eben so wenig thut es die Tochter des Himmels, die Liebe. — Sie ist ferner **gütig.** Hitze, Unruhe und Hastigkeit sind nicht die Eigenschaften ihres inneren Wesens, und eben so wenig suchet sie äußerlich etwas mit Gewalt durchzusetzen. Sie weiß nicht einmahl heftig zu widersprechen, sondern ihre Widersprüche sind milde und freundliche Widerlegungen. — **Die Liebe ist nicht eifersüchtig.** Sie erlaubet dem Geistlichen keinesweges, in der Beförderung des zeitlichen Besten auch den weltlichen Beamten zu spielen, damit nur dieser weniger, als er, solle geleistet haben. Denn seine Absicht geht nur dahin, daß das Wohl der Gemeinde befördert werde, ohne darauf zu achten, durch wen es mehr oder weniger geschehe. Selbst jene Seelsorger, die er durch

glück-

*) 1.Kor. XIII. 4..7.
**) Sprichw. XX. 21.

glücklich erfundene Mittel große Fortschritte mit der Beförderung des zeitlichen Wohls ihrer Gemeinden machen sieht, erregen in ihm keine solche Eifersucht, daß er jene Mittel sogleich auch auf seine Gemeinde, auf welche sie doch sehr übel passen, mit unzeitigen Eifer anwende, und anstatt des Guten vielmehr Unheil stifte, da er Andern den Vorrang im Guten mit neidigen Schritten ablaufen wollte. — Die Liebe thut nicht frech. Unter ihrer Anleitung waget der Priester keinen Entwurf zu frisch, sondern er tritt leise auf, hält Ordnung in seinen Schritten, und Maß in allen seinen Anschlägen. — Der Geist der Liebe ist kein aufgeblasner Geist: er läßt sich vielmehr mit Undank bezahlen, führet seinen Plan fort, und geht muthig durch Ehre oder Unehre, durch gute oder üble Nachreden. *) — Dieser Geist läßt sich nicht zum Zorne reitzen: findet er gleichwohl sträfliche Widersetzlichkeit; so sinnet er darum nicht auf Rache, vielweniger daß er eigene Strafgerichte, die außer dem Bezirke des geistlichen Amtes liegen, im Schilde hätte, oder daß er gar über das Unglück desjenigen, der ihm nicht gefolget hat, einen schadenfrohen bitteren Triumph aufführete: — sondern die Liebe erträgt alle Ueberlast, höret alle Einwendungen auf Treue und Glauben an, als wenn sie alle glaublich wären, und setzet auf jene, mit denen sie es zu thun hat, kein arges, sondern höchstens nur ein vorsichtiges Mißtrauen. An diesen Wirkungen kann ein Geistlicher, wie in einem treuen Spiegel, den ihm dieser erleuchtete Apostel hinterlassen hat, erkennen, ob er für das zeitliche Wohl mit einem wahrhaft guten Geiste arbeite, und sie können ihm auch voraus die Entscheidung geben; ob er Schaden oder Nutzen vor
Gott

---

*) 2. Kor. VI. 8.

fünfte Frage.

Gott und den Menschen bey seinem Eifer für das zeitliche Wohl schaffen werde.

§. III.

Diese Pflichten müssen mit reinen von Ehr — und Habsucht geläuterten Absichten erfüllet werden.

Einiger Maßen ist eben dieser Geist der Liebe schon hinlänglich, dem Priester zu zeigen, mit welcher Reinigkeit der Absichten er sich in die Beförderung des zeitlichen Wohls einzulassen habe. Denn die Liebe, sagt die obige Stelle, ist nicht ehrsüchtig, daß sie über den allgemeinen Nutzen hinweg und auf eigenen Ruhm vor dem Publicum sieht. — Sie suchet auch nicht, was ihr ist,*) sondern vergißt um Anderer willen ihre eigenen Vortheile. Fraget man also, was für Absichten der Geistliche bey der Ausübung dieser Pflicht nicht haben solle, so sind es unstreitig diese beyden, die Ehrsucht und der Eigennutz. So lang er von diesen frey ist, so sind wenigstens seine Hauptabsichten gereiniget.

Allein welches soll denn seine eigentliche positiv bestimmte Absicht seyn? ..... Ich antworte: die Erreichung eines allgemeinen und eines besonderen Zweckes. Sein allgemeiner Zweck besteht darin, daß er, wie jeder guter Bürger und Patriot, den Nutzen Theils einzelner Personen und Familien, Theils, wie ein rechtschaffener Vorsteher, das Wohl seiner ganzen Gemeinde und des Vaterlandes zu befördern suche. Aber als Geistlicher hat er noch einen besondern Zweck, weil er dahin streben muß, durch die Beförderung des zeitlichen Wohls zugleich die Beförderung des Seelenheils desto ungehinderter zu bewirken. Dieses soll am eigentlichsten die lautere Absicht des Seelsorgers seyn.

Aber

*) 1. Kor. XIII. 5.

Aber wie leicht wird diese durch die zwey trüben Quellen der Ehr- und Habsucht verunreiniget, welche sich so tief in der Natur des menschlichen Herzens gründen? Nichts ist so schön in der Welt veranstaltet, nichts so gut in Gang gebracht worden, welches nicht schon an diesen zwey Leidenschaften wichtige Hindernisse, wo nicht den gänzlichen Verfall gefunden hätte. Desto mehr muß ein Geistlicher über dieselben wachen. Denn erstlich wird er dergleichen unechte Absichten vor dem Volke nicht ganz verbergen können, und also seinen Nutzen als Geistlicher doppelt verlieren. Zum andern befindet sich keine dieser Hauptleidenschaften jemahls ohne eine Menge bösartiger Gefährtinnen, welche alle die Erreichung des wahren Zweckes ganz sicher zu vereiteln helfen. Endlich wie lange wird wohl bey dergleichen schiefen Absichten der priesterliche Eifer für das zeitliche Wohl anhalten? Wird nicht sein Werk das nämliche Schicksal erfahren, wie alle gute Unternehmungen, die auf keinem wahren Grunde von innen sich gefußet haben? So bald seine Beeiferung für das gemeine Beste aufhören wird, eine auszeichnende Ehre zu seyn, so bald wird er aufhören, der Beförderer zu seyn. Was wird erst geschehen, wenn boßhafte Vergeltungen von einem und dem andern der erste Preis seiner Bemühungen sind? — Auch der Eigennutz wird die Erstlinge des Eifers ersticken, so bald er sich für das Publicum umsonst verwenden soll. Die üblen Folgen aber von dem allen wäre unnöthig hier zu benennen. Es muß demnach ein Geistlicher dießfalls die Richtung seines Herzens tief erforschen, und sich jederzeit selbst befragen, woher er den Trieb oder gar einen gewissen Reitz in sich empfinde, in weltlichen Händeln und Familien-Sachen die Hände zu haben: ob die echte Liebe eines Seelsorgers, oder der edle Drang seiner Pflicht, oder wenigstens ob ein patriotisches Gefühl

fühl der Beweggrund, und was eigentlich seine Absicht und endlicher Zweck sey; wessen Werk er zu wirken, wessen Ehre und Nutzen er zu suchen ausgehe. — Und wenn er ja gefallen will, so erforsche er sich, ob er dieses Gefallen für sich selbst, oder ob er es mit dem h. Paulus nur für jene, denen er gefällt, benützen wolle? *) endlich ob er mit eben diesem Apostel seine eigenen Leute zu Zeugen auffordern könne, daß **er nach Niemandes Gute gelüstert habe,** **) und sich vor dem Allwissenden rühmen dürfe, da er **Allen Alles geworden, daß es nur, um Alle selig zu machen, geschehen sey.** ***)

§. IV.

Es werden die verschiedenen Arten erkläret, diese Pflichten mit **Vorsicht** zu üben: — 1) gegen den **Vorwurf ungebührlicher Einmischung in Welthändel und Familien-Geschäfte,** — 2) gegen Klagen über **Hintansetzung landesherrlicher Gebothe,** und über **Collision-Erregung mit der weltlichen Obrigkeit.**

Indessen muß ein Geistlicher bey der Bearbeitung des zeitlichen Menschenwohls sein Auge eben nicht so starr auf das Ziel häften, daß der Fuß dabey strauchle: man muß auch sehen, wo man hin tritt. Ich will sagen: dem Geistlichen ist bey diesem Geschäfte eine kluge **Vorsicht** vonnöthen. Er kann mit den reinsten Absichten nützen wollen, und dennoch durch Unbehuthsamkeit in der Anwendung Schaden anrichten. Und was wird es helfen, wenn er, da er Anderen ein Haus bauen will, sich selbst an dem Fundamente eine Grube gräbt? Da die unmittelbare Behandlung des

zeitlichen

---

*) I. Kor. X. 33. Greg. Past. Reg. II. Th. 8. Kap.
**) Apost. Gesch. XX. 33.
***) I. Kor. IX. 22.

zeitlichen Wesens das ganz eigene Geschäft des weltlichen Standes ausmachet, so ist dieser Körper ohnehin schon auf dieser Seite sehr empfindlich, und die Materie sehr reitzbar, welche (wenn ich mich anders so ausdrücken darf) wie in einem stark geladenen Elektrophor Funken spenet und Stöße mittheilt, so bald der Priester sich ihr unbehuthsam nähert. Vorwürfe einer ungebührlichen Einmischung in Welthändel und Familien-Geschäfte, Klagen über vereitelte landesherrliche Gebothe, und über erregte Collisionen mit der weltlichen Obrigkeit sind die nächsten Folgen des unvorsichtigen Betragens bey der Theilnehmung an weltlichen Geschäften. Wichtige Lehren der Klugheit über diesen Punct liegen zwar schon in dem, was vorher von den Grenzen, von dem Geiste, und von der Reinigkeit der Absichten gesagt worden ist: allein dieser Artikel ist zu wichtig, als daß nicht besondere Regeln der Vorsicht noch angegeben werden müßten.

1) Welche Behuthsamkeit ist also dem Geistlichen vonnöthen, um dem Vorwurfe ungebührlicher Einmischung in weltliche Händel und Familien-Geschäfte auszuweichen? — Seine erste und allgemeine Regel soll seyn, daß er in Unternehmungen, die das zeitliche Wohl betreffen, mit seinem Volke nie so ganz offen und auffallend zu Werke gehe, wie der Mann, dessen Hauptgeschäft es ist, dasselbe zu besorgen. Den Geistlichen muß man hier immer nur von der Seite beykommen sehen: er darf also seinen Eifer mit jener unruhigen Begierde, in die Augen zu fallen, nicht vermengen. Wie kann eine Hitze dem gerechten Tadel entgehen, welche sich überall hinwaget, weil sie sich allein gewachsen zu seyn getrauet? Wen wird jene zudringliche Dienstfertigkeit nicht wider uns aufbringen, welche glaubet, ohne sie könne nichts recht ausgerichtet werden? Und die ungestüme Geschäftigkeit, welche

ihre

fünfte Frage.

ihre Hände allenthalben im Spiele haben will, muß sie nicht schwürige Gemüther machen? Ein Geistlicher, der nicht vorsichtiger handelt, wird an hundert Orten anrennen. Bald machet er, anstatt zu einem Arzte zu rathen, selbst den leiblichen Krankenarzt, und muß nach zehn glücklichen einen einzigen unglücklichen Fall, zu dem er nichts beygetragen hat, mit den häßlichsten Vorwürfen büßen. Bald läßt er sich von einem übel verstandenen Mitleiden hinreißen: jetzt theilet er einen unzeitigen Rath in streitigen Puncten aus; einen Andern verleitet er zu voreiligen Verbesserungen, oder zu wirthschaftlichen Versuchen, deren übler Erfolg die Gemüther gegen ihn empöret. Zeitliche und leibliche Angelegenheiten geben ihm den Stoff zur alltäglichen und immer zur ersten Unterredung mit seinen Pfarrgenossen, und diese belegen ihn mit dem glaubwürdigen Verdachte eines Weltgeistes. So stürzet, wie der h. Bernardus spricht, ein Eifer ohne Klugheit und Bescheidenheit. Er ist aber an einem Priester etwas Unerträgliches: er eilet, wo er zaudern sollte; er stürzet um, wo er aufzurichten hätte; er wirft seine Vorschläge umher, wo man ihrer nicht bedarf.*) Wie ist es zu wundern, wenn dann seine Dienste als unbillige Eingriffe mit Unwillen abgewiesen werden?

Seyd also einfältig zwar, wie die Tauben, kann man hier mit dem Heilande uns Geistlichen zurufen, seyd aber auch klug, wie die Schlangen,**) und nirgends mehr, als wenn ihr mit zeitlichen Angelegenheiten zu thun habet! Unsichere Berichte weiset klug von der Hand; denn ein arglistiger Kopf vom gemeinen Haufen wird euch in Versuchung führen. In Rechtshändeln lasset nach dem Beyspiele Jesu ***) euer

Amt

---

*) Bern. 49 Rede über Hohel.
**) Matth. X. 16.
***) Luk. XII. 13. 14.

Amt nie zu einer Entscheidung nur anrufen, viel weniger gebrauchen. Wo immer ein Dritter darunter leiden muß, da haltet zurück mit eurem Anschlage und Ausschlage, bis ihr alle Umstände abgewogen habet. Eure Entwürfe lasset erst eine Art von Quarantäne aushalten, da ihr indeß Rath und Kundschaft einhohlet. Der Geistliche ist allein der Beobachter seiner Gemeinde, aber eine ganze Gemeindschaft ist es, die ihn beobachtet: sie ist schon bereit, zu schreyen, und wartet nur auf die nächste Veranlassung. Er darf also im Nachfragen über den Zustand dieser oder jener Familie kaum etwas Vorwitz blicken lassen. Er darf nur in Gegenwart Anderer die verderbliche Unordnung einer Haushaltung in Absicht auf gute Rettungsmittel beurtheilen; so wird bald laut über Eingriffe geschrien werden. Ja eine aus dem reinsten Herzen geschöpfte, aber übel angebrachte Ermahnung kann den Hausvater auf den Argwohn bringen, man wolle die Regierung seines Hauses an sich ziehen. Es ist folglich auch im Reden keine geringere Vorsicht, als im Handeln zu gebrauchen. Unzählig sind die Fälle, da man sich verstoßen kann, wofern nicht alle Umstände der Person, der Zeit, des Ortes, alle Ursachen, Mittel und Folgen zu Rathe gezogen, die schicklichste Methode daraus entnommen, und dann doch die Anwendung noch gleichsam wie auf der Goldwage abgeglichen wird. — Endlich gleichwie der Geistliche bey seiner Mitarbeitung zum zeitlichen Wohl aus innerer Religion handeln muß, (§. II.) also lasse er auch äußerlich in allen Fällen diese Miene recht merklich hervorstehen, nicht um auf Unkosten der Religion desto unvorsichtiger seyn zu dürfen, sondern durch ihren Schild unbilligen Vorwürfen zu begegnen, und sein Amt zu rechtfertigen.

fünfte Frage.

2) Hieraus läßt sich schließen, wieviel mehr ein Geistlicher gegen die anderen Klagen sich zu verwahren habe, welche die **Hintansetzung** herrschaftlicher **Gebothe** und Verbothe, und eine **Collision** mit der **weltlichen Obrigkeit** betreffen. Die Hauptregel der Vorsicht mag hier seyn, daß der Geistliche im öffentlichen und Privat-Unterrichte die landesherrlichen Decrete, so wie auch die Beziehungspflichten der Unterthanen gegen ihre sämmtlichen Obrigkeiten, bald im Allgemeinen, bald, wo sich die Gelegenheit ergibt, auch im Besondern unterstütze. Hierdurch wird er wenigstens so viel zum Voraus gewinnen, daß, wofern auch mit der Zeit einige Collision in Anschein kommen sollte, er doch durch jene allgemeine Präsumtion schon vorläufig gedecket ist. — Zweytens muß er sich zuweilen mit dem Beamten wohl zu berathen wissen, um seinerseits nicht selbst etwas zu unternehmen, was auch ohne sein Wissen dessen Verfügungen oder gar höhere Verordnungen und Gesetze beeinträchtigen könnte, indem diese in Beziehung auf das zeitliche Wohl ihm nicht minder, als dem Volke, heilig seyn müssen. Denn werden einmahl seine Untergebenen gewahr, daß er in einem und dem andern Stücke sich selbst von den Gesetze ausnehme, oder es seinem Privat-Vortheile hintansetze, so werden auch sie zur Uebertretung desselben ihre Schüchternheit und selbst die religiöse Gewissenhaftigkeit ablegen, und dann — wird die Klage Hirten und Herde zugleich treffen. Nie also thue er einen Schritt zur Beförderung des zeitlichen Wohls, ohne dabey die herrschaftlichen Gebothe und Verbothe; die Polizey-Anstalten, die Landesgebräuche und Gewohnheiten, ja selbst die Ortsgerechtsamen mit in Anschlag zu nehmen, und dasjenige zu verhüthen, was mit denselben im geringsten streiten mag.

☞ Indeſſen wird es ſolcher allgemeinen Regeln ungeachtet nicht an Verſuchungen fehlen, anderswo anzuſtoßen, wann die Vorſicht nicht auch auf beſondere Fälle geſchärfet wird. Denn es iſt nicht bloß darum zu thun, daß man ſich nie wiſſentlich und aus innerem Ernſte auf eine oder die andere Art verſtoße, ſondern daß auch durch keinen äußeren Anſchein billige Klagen veranlaſſet werden. Wie leicht könnte ſich dieß z. B. in Teſtaments-Sachen ereignen, wo der Geiſtliche, anſtatt den Kranken an ſeine letzte Willensverordnung nur zu mahnen, oder ihm höchſtens nur von außen mit Rath und Anſchlägen das Werk zu erleichtern und zu ordnen, ſich in das innere Weſen deſſelben hinein wagen wollte? Die reinſte Uneigennützigkeit, die gottſeligſte Abſicht wird ihn weder vor häufigen Beſchwerden wirklicher oder angemaßter Erben und ganzer Familien, noch vor den bedenklichen Klagen der weltlichen Aemter und höherer Regierungs-Stellen ſchützen können. — Wie gefährlich iſt es ferner für einen Seelſorger, wenn ihm Nachrichten von Sachen zugetragen werden, die vor Gerichte ſind ausgemacht worden, oder noch auszumachen ſind! Nichts davon zu melden, daß man ihm zuweilen Fallſtricke leget, um ſeine Meinung zu erforſchen, mit der man hernach zu Markte geht; ſo ſind auch die redlichſten Gemüther unverſtändig genug, und vielleicht dieſe die allerunverſtändigſten, die Meinung ihres Seelſorgers als ein Orakel den gerichtlichen Ausſprüchen gerade entgegen zu ſtellen; obgleich ihr von Gerichtsſprüchen übel befangener Sinn erſt ſeiner Meinung die ſchiefe Wendung zu geben wußte. Bedenklicher iſt hier für den Geiſtlichen noch dieſes, daß er die Umſtände der Streitſache etwa nicht anders als aus dem einſeitigen Vorſchwätzen, Einer Parten erkennet, welche ganz natürlich ihrem Handel das größte Gewicht zu geben ſuchet. Fehlen iſt alſo

hier

Fünfte Frage.

hier das Leichteste, — und nicht fehlen hat doch immer dabey das Verdrüßliche, daß am Ende Jeder, der den Prozeß verliert, seine meiste Klage über den Geistlichen ausgießen wird.

Was wird erst geschehen, wenn ein Seelsorger gegen jedes Anbringen leichtgläubig, und in der Sprache der Vertraulichkeit mit seinen Gesinnungen zu voreilig ist? — wenn er ferner eine Partey vor Schande oder Schaden, den sie sich sträflich zugezogen hat, unbescheidener Weise gegen das richterliche Verfahren schützen will? Denkt er sich auch als einen friedfertigen Fürsprecher darzustellen, und hat für den Beklagten keine gute Gründe im Hinterhalte; so ziehet er sich Vorwürfe der Zudringlichkeit in Justiz-Sachen, oder wenigstens üble Nachrede zu. Hingegen eben so unbescheiden wäre es von ihm, wenn er für einen wahrhaft Schuldigen, den er mit Recht bey der Amtsstelle angegeben, dem Beamten das Maß der Strafe selbst vordictiren, und hartnäckig darauf bestehen wollte. Hätte auch ein Seelsorger über den geringen und seltenen Beystand des weltlichen Armes, oder über andere auf seine gemeinnützigen Verwendungen sich beziehende Mängel desselben die gerechtesten Klagen auf dem Herzen liegen; wie unbehuthsam würde er vollends Alles verderben, wenn er bey seiner Pfarrgemeinde oder sonst an ungebührenden Stellen, die in der Sache keine Hülfe leisten können, laut davon sprechen wollte? Weiß ein geistlicher Vorsteher bey seinen Pfarruntergebenen die guten Eigenschaften des weltlichen Beamten anzupreisen, die schlimmen aber zu verschweigen, und gar bey dem Volke zu bedecken; so wird er bey demselben seinen Credit, und was noch mehr ist, er wird für seine eigenen Fehltritte, die er in diesem Geschäfte für das zeitliche Wohl gewiß nicht alle verhüthet, manche Entschuldigung oder gar Vertheidigung erhalten.

Doch es ist unmöglich, hier eine vollständige Recension von Vorsichts-Regeln zu liefern. Was noch nothwendig muß erinnert werden, ist die Behuthsamkeit bey öffentlichen Polizey-Anstalten. Denn in keinem andern Stücke kann der Geistliche so leicht zu seinem Schaden ausgeforschet werden, besonders wenn man einmahl weiß, daß er ein Mitarbeiter davon seyn soll. Da er gewisse Neuerungen, Aufhebungen, oder andere Verfügungen nicht gleich anfänglich in ihren Grundursachen einsieht, oder wenigstens den Zusammenhang des Plans nicht gleich in seinem ganzen Umrisse fasset; so hat er bey allen

98 Erster Theil, fünfte Frage.

en seinem Eifer für das zeitliche Wohl sich vor einseitigen Deutungen, noch mehr vor Anzüglichkeiten gegen dergleichen Anstalten wohl in Acht zu nehmen. Er kann hierdurch nebst der Schmälerung des obrigkeitlichen Ansehens noch einen glimmenden aß anfachen, dessen Flammen sicher auf ihn zurück schlagen werden. Die Aergernisse, welche bey der Aufhebung einiger Feyertage, und noch später bey der Verbesserung der Schulanstalten hie und da durch Unbehuthsamkeiten von gewisser Seite her entstanden, sind noch viel zu neu, als daß man sich nicht heute noch daran spiegeln könnte. Es ist nicht genug, daß der Geistliche öffentlich von solchen Materien schweige: er kann nicht einmahl behuthsam genug Gesprächen ausweichen, welche Unzufriedene darüber vorbringen. Er darf davon nicht im Allgemeinen sprechen, noch viel weniger ins Detail gehen. Denn ein Mahl weiß er nicht, wem er unwissend widerspreche, ein anders Mahl kann ihn unbemerkt Jemand beobachten; und dann muß er durch das gleichgültigste Wort Antheil daran genommen haben; ja auch ohne Wort, wenn nur die Sache in seinem Angesichte ist geredet worden. Man denkt immer, er hätte es abstellen können, wenn er nicht gern zugehört hätte. Die Erinnerung des h. Gregors von Nazianz ist sehr klug: über Staats-Angelegenheiten muß man kein bedenkliches Wort fallen lassen. *) Bey dem allen sind die Worte noch das Geringste, womit ein Geistlicher anstoßen kann. Wenn er nicht seine Schritte mit Vorsicht leitet, so werden noch bedenklichere Collisionen in den Handlungen erfolgen. Und was wird alsdann ausgerichtet? Die bestgewählten Mittel werden zu Gifte, und die reinste Absicht endiget sich in ein unheilbares Uebel.

Desto erwünschlicher hingegen treffen Absicht und Mittel zum zeitlichen Besten zusammen, wenn der Geistliche innerhalb seinen richtigen Grenzen, — mit einem religiösen Geiste der Liebe, — mit gemeinnützigen von Ehr- und Habsucht gereinigten Absichten, — und endlich mit kluger Vorsicht zu Werke geht. Auf solche Art wird ein Geistlicher seiner auf das zeitliche Menschenwohl sich beziehenden Pflicht vollkommen Genüge leisten, und den Zweck davon glücklich erreichen.

Aber nun ist es Zeit, nachdem wir diese Pflicht des geistlichen Standes lange genug im Allgemeinen betrachtet haben, daß wir sie jetzt einmahl auch in Rücksicht auf einen besonderen Zweig des zeitlichen Wohls untersuchen.

Zweyter

(* 53 Rede Nr. 10.

Zweyter Theil
oder
Beantwortung
der
sechs übrigen Fragen
über die Pflichten
der
Geistlichen und Seelsorger
in besonderer Beziehung
auf die
Pflege der Armen
und die
Verhüthung der Armuth
unter ihren Untergebenen.

In der bisherigen Erörterung der Präliminar-Fragen haben wir erst nur, die allgemeinen Haupt-Grundsätze fest gesetzet, auf welchen sich die Pflicht des Priesterstandes gründet, auch zur Beförderung der zeitlichen Wohlfahrt des Staates mitzuwirken. Für die mit so vielen Schwierigkeiten verbundene Ausübung dieser Pflicht haben wir auch die schicklichsten Umstände und zweckdienlichsten Mittel, die zu beobachtenden Verhaltungsregeln und Grenzen, so viel es möglich war, im Allgemeinen bestimmet. Nun könnte jeder Geistliche und Seelsorger die besondere Anwendung jener allgemeinen Grundsätze auf besondere Fälle leicht selbst machen. Er brauchet nur die verschiedenen Zweige des zeitlichen Wohls zu kennen, die mit seinem geistlichen Amte in einigem Verhälnisse stehen; so folget schon ohne ferneren Beweis, daß er die Besorgung derselben nach den erwähnten Grundsätzen unter seine Pflichten aufnehmen müsse. Indessen haben doch allgemeine Grundsätze in der besonderen Anwendung wiederum ihre Schwierigkeiten; und es wäre zu wünschen, man könnte sich hier auf mehrere particuläre Theile des gemeinen Besten einlassen, um zu zeigen, wie der geistliche Stand zur Beförderung eines jeden einzelnen Zweiges der allgemeinen Wohlfahrt mitwirke solle. Man will aber in der gegenwärtigen Schri nur einen einzigen solchen Gegenstand abhandel der jedoch für einen Geistlichen ohne Zweifel der mei bedeutende aus allen seyn muß. Dieser wichti Punct ist nämlich die Art und Weise, wie der Gei liche seine allgemeine Pflicht, zum Besten des Staa es mitzuwirken, vorzüglich und besonders durch t Pflege der Armen und durch die Verhüthung d Armuth unter seinen Untergebenen erfüllen kön und müsse.

Man muß aber vor allem überzeuget seyn, d die Pflege der Armen und die Verhüthung der 2 muth ein starker Zweig der Beförderung des zeitli en Wohls ist, — und zwar ein solcher, für des Besorgung die Seelsorger eine ganz besondere Pfli haben.

Erst

Erste Frage.

Ist nicht die Pflege der Armen und die Verhüthung der Armuth ein solcher Zweig des zeitlichen Wohls, für welchen zu sorgen die Seelsorger eine besondere Pflicht haben? — und worauf gründet sich diese besondere Pflicht?

Ich antworte: (§. I.) Die Verpflegung der Armen ist ein beträchtlicher Zweig der Beförderung des zeitlichen Wohls, — 1) in Ansehung der Armen selbst, — 2) in Ansehung ihres politischen und moralischen Einflusses auf den Staat. (§. II.) Jeder Staatsbürger ist also verpflichtet, an dem Geschäfte der Armenversorgung Theil zu nehmen, besonders aber die Verarmung einzelner Bürger und Familien zu verhüthen. Beydes ist in dem göttlichen Gesetzbuche gegründet. (§. III.) Die Seelsorger aber haben für diesen besonderen Zweig der Beförderung des zeitlichen Wohls eine ganz besondere und vorzügliche Pflicht: 1) weil sie mehrere und bessere Mittel dazu in Rücksicht a) auf die wahren, und b) falschen Armen, und in Rücksicht c) auf die Verhüthung der bevorstehenden Armuth in Händen haben 2) Fernere Beweise aus dem allgemeinen Menschensinne, 2c. 2c. (§. IV.) Diese besondere und vorzügliche Pflicht gründet sich in dem

Innersten des Seelsorgeramtes 1) weil dasselbe ohne die Verpflegung der Armen a) weder an der schlimmeren, noch b) an der guten Classe der Armen, ja nicht einmahl c) an den bemittelten Pfarrgenossen kann erfüllet werden: 2) weil im Gegentheile der Zweck des Hirtenamtes durch die Verpflegung der Armen an den Armen und Reichen sehr nahe erzielet wird, und 3) weil endlich dieses jederzeit, — auch nach der Theilung der geistlichen Güter — die wahrhafte Gesinnung der Kirche und ihrer Hirten gewesen ist.

§. I.

Die Verpflegung der Armen ist ein beträchtlicher Zweig der Beförderung des zeitlichen Wohls 1) in Ansehung der Armen selbst, 2) in Ansehung ihres politischen und moralischen Einflusses auf den Staat.

Daß die Pflege der Armen ein beträchtlicher Zweig der Beförderung des gemeinen Besten sey, wird wohl Niemand bezweifeln. Die vielen Verordnungen, welche von allen guten Regierungen hierüber schon ergangen sind, die Menge von Entwürfen und Vorschlägen, die in den Staatsschriften an das Licht treten, und die rastlosen Beschäftigungen so mancher großen Patrioten lassen uns nicht mehr zweifeln, dem Staate müsse Alles daran gelegen seyn, daß die gegenwärtige Armuth verpfleget, und die künftige Verarmung verhüthet werde. Und warum nicht? Die Sache läßt sich leicht erklären, wir mögen die Armen selbst, oder ihren wichtigen Einfluß auf den ganzen Staat betrachten.

1) Betrachtet man die Armen selbst, so sind sie Glieder des Staates, aber solche Glieder, die

mit tausend sittlichen und physischen Bedürfnissen
zu kämpfen haben. Wie dürfen diese Unglücklichen sich
selbst und ihrem Schicksale in einem wohl geordneten
Staate überlassen werden? Dieß lassen nicht einmahl
die ursprünglichen Rechte der Menschheit zu. Ihre
Verpflegung fällt nothwendig dem Staate anheim.
Denn da dieser eine Gesellschaft von Menschen ist,
welche mit vereinten Kräften den gemeinschaftlichen
Zweck der menschlichen Glückseligkeit bearbeiten; so
darf in demselben so wenig Jemand hülflos gelassen
werden, daß man es vielmehr einem Jeden nach
seinem Verhältnisse, so viel möglich, muß wohl ergeh-
en lassen. Dieß ist so tief in der Natur gegründet,
daß man nicht nur in den politischen Staaten der
griechischen und römischen Heiden eine Art regelmäß-
iger Anstalten für den Armenstand, sondern auch einen
gewissen Schatten davon bey rohen uncultivirten Völkern wahrgenommen hat. Ist es aber, wie bey uns,
noch über dieß ein christlicher Staat, so kommen aufs
neue die stärksten Bande der göttlichen Religion dazu,
durch welche die arme Menschen=Classe an die übrigen
Glieder und überhaupt an den ganzen Körper so genau
angeschlossen wird, daß sich dieser unmöglich der Versorgung jener Elenden entschlagen kann. Diese kurze
Bemerkung gibt zu erkennen, daß derjenige, der zur
Besorgung des Armenstandes mitwirket, nicht allein
das zeitliche Wohl dieser einzelnen Glieder, sondern
auch das allgemeine Wohl des ganzen Staates befördern helfe.

2) Allein wie geringe ist das bisher Gesagte,
wenn man erst den wichtigen **Einfluß der Armen
auf den ganzen Staatskörper** betrachtet! Ich weiß
nicht, auf welcher Seite derselbe größer ist, auf der
politischen oder **moralischen.** Wir wollen ihn auf
beyden untersuchen.

Ein jeder Armer ist für den Staat eine doppelte, eine positive und negative Wunde. Denn erstlich zieht er von dessen gemeinschaftlichem Nahrungssafte seinen Unterhalt, und zweytens trägt er, in so weit er arm ist, zu dessen Nahrungsquellen nichts bey. Was nun die wahren Armen betrifft, die außer Stande sind, sich selbst ihr Brod zu erwerben; so kann und muß der Staat allerdings diese kranken Glieder ertragen, indem ihre Anzahl sehr geringe ist, und bey geringen Schwachheiten ein jeder Körper besteht, so wie auch kaum Einer ganz davon frey ist. Aber wer kennet nicht den auffallenden Unterschied zwischen Armen und Armen? ... und wer sieht nicht, daß diejenigen erst den Haufen zahlreich machen, deren Armuth in bloßem Müßiggange und Liederlichkeit besteht? Dieses sind eigentlich die wahrhaft kranken Glieder. Welch ein Uebel sind nicht solche Menschen für den Staat! welche drückende Last für das Publicum! ... In dieser Betrachtung ist die Armuth im Staate eine abzehrende Krankheit in einem Körper, der mehr Ausflüsse, als Zufluß hat: sie sauget an jedem Privat-Manne und zehret am ganzen Publicum. Was wird es aber noch werden, wenn ein solches Uebel weiter um sich greifen sollte? Müßte nicht endlich der ganze Körper verschmachten, und dann gar unterliegen? Man sieht aus diesem politischen Einflusse, daß eine gewisse Vorsorge für die Armen nach ihrer verschiedenen Gattung wahrhaftig keinen unbedeutenden Zweig der Beförderung der zeitlichen Wohlfahrt ausmache.

Eben dieses beweiset auch der sittliche Einfluß, den die Moralität der Armen auf den Staat hat. Die Erfahrung lehret es ohne weiteren Beweis, daß die Armuth gemeiniglich mit mancherley Lastern vergesellschaftet ist. Einige derselben bringt man schon anfänglich

fänglich in den Armenstand mit, oder es sind gar solche, aus denen die Armuth erfolget ist; andere werden von der Armuth selbst erst veranlasset: keines aber ist ansteckender, als die Faulheit und die Bettelen. Denn da die Art, durch Betteln sein Brod zu gewinnen, wenigstens dem Scheine nach sehr bequem, und für jene, die ihre Geburt zu schwerer Arbeit bestimmet hat, sehr anreitzend ist; so muß das Benspiel der Bettler immer mehrere brauchbare Glieder des Staates zu dieser Profession anlocken. Als eine Profession von Müßiggang aber ist sie zugleich eine Mutter aller Ausschweifungen, welche die Ruhe, den Wohlstand, oder gar die Sicherheit der menschlichen Gesellschaft stören. Und was geben endlich solche Armen dem Staate für Kinder? Von den Aeltern werden diese zu gleichem Handwerke angeführet; sie werden in allen dazu gehörigen Kunstgriffen unterrichtet, und empfangen zum unglücklichen Erbtheile die Trägheit, Verstellung und Lüge, in denen sie erzogen werden, den häßlichen Neid und Undank, die Verleumdungssucht, Unordnung, Schwelgeren, vielleicht auch Dieberen und Unzucht, und ganz sicher ein gewisses irreligiöses Wesen, in welchem sie erwachsen sind. Welche Uebel sind dieß für das Vaterland! und was kann seiner Wohlfahrt für ein größerer Vortheil zuwachsen, als wenn ihnen gesteuert wird?

§. II.

Jeder Staatsbürger ist also verpflichtet, an dem Geschäfte der Armenversorgung Theil zu nehmen, besonders aber die Verarmung einzelner Bürger und Familien zu verhüthen. Beydes ist in dem göttlichen Gesetzbuche gegründet.

In Erwägung deſſen ſollte man glauben, das ganze Publicum müßte ſich in Bewegung ſetzen, um denen, die am Staatsruder für das Armenweſen ſchwitzen, die Hände zu biethen. Wenn ein Haus brennt, ſo läuft alle Welt zuſammen, und will löſchen. Hier brennt es wahrlich, und nicht in Einem Hauſe, ſondern im ganzen Vaterlande. Kein Zweifel alſo, daß, — auch ohne Meldung von Religion, — ein jedes Mitglied im Staate ſchon bloß durch die Rechte der menſchlichen Geſellſchaft verbunden iſt, zu dieſem ſo merklichen Theile des gemeinen Beſten das Seinige beyzutragen. Hätte man auf Seite der Bürger-Claſſe die Einſicht, daß jeder Unterthan, auch der reichſte, unter dem Zuſtande der Armen-Claſſe leiden müſſe; ſo würde man bald allgemein von der Nothwendigkeit, dem Uebel Einhalt zu thun, überzeugt, und auch dazu entſchloſſen ſeyn. Man würde mit vereinten Kräften zuſammen helfen, daß die Betteley aufgehoben, die Faulheit in Induſtrie umgeſchaffen, und die falſche Armuth verſcheuchet, die wahre hingegen als ein allerdings würdiger Stand deſto beſſer verpfleget würde. Hieraus mag alſo ein Seelſorger ſchon vorläufig urtheilen, ob er nur als Privat-Mann (noch ohne alle Rückſicht auf ſeine beſondere Pflicht, die ihm als Staatsbedienten obliegt) ſich von der Verbindlichkeit frey ſprechen könne, an der Verpflegung der Armen thätigen Antheil zu nehmen.

Aber ſo ſehr auch bey einer ſo gemeinſchaftlichen Theilnehmung an dieſem Gegenſtande das Wohl des ganzen Staates intereſſiret iſt, ſo wird doch daſſelbe hierdurch für die Dauer noch keinen feſten Grund gewinnen, wenn man nicht vorzüglich auch darauf bedacht iſt, die künftige Verarmung einzelner Bürger und Familien zu verhüthen. Was nützet es, den ſchädlichen Sumpf nur zu bedecken? ſpüret man die

Quellen

erste Frage.

Quellen der Armuth nicht auf; so werden sie in kurzem an anderen Orten ausbrechen, und den Staat aufs neue überschwemmen. Es gibt ohne dieß Ursachen der Armuth genug, die auf keine Weise können verhindert werden: dürftige Kindheit, Unglücke und schuldlose Zufälle ohne Zahl haben dem Staate jederzeit eine Menge schuldloser Armen geliefert. Aber eine ungleich größere Menge verarmet aus solchen Ursachen, denen entweder von Seiten des Verarmenden selbst, oder doch gewiß von Seiten des Publicums gar wohl begegnet werden kann. Ich rede jetzt nicht von dem, was nur allein Vorsteher des Volkes thun können, indem sie der Faulheit, Schwelgerey, und anderen zur Armuth führenden Lastern Einhalt thun, und einige Haushaltungen mit Belehrung, einige mit Zwangsmitteln, einige mit andern Maßregeln vom Rande des Verderbens retten. Auch einzelne Bürger der Gemeinde können sich und dem Vaterlande den Unterhalt mancher Familie durch Verhüthung ihrer Armuth ersparen. Wäre mancher verarmte Hausvater zu seiner Zeit mit Rath und That unterstützet worden; so würde er nicht so frühzeitig nach dem Bettelstabe gegriffen, oder denselben seinen Kindern in die Hände gegeben haben. Er könnte aber auch jetzt noch die Trümmer seines zerfallenen Hauswesens zu einem neuen Grunde seines Aufkommens legen, nur weiß er es ohne hülfreiche Hand nicht anzugreifen. Fast jede Gemeinde enthält dergleichen Familien, die in den letzten Zügen mit ihrer häuslichen Nothdurft kämpfen, und sich dieses Feindes noch erwehren könnten, wenn sie einen Retter an der Seite hätten. Wie manches unerzogene älternlose Kind könnte statt eines steifen Bettlers zum nützlichen und vielleicht edeln Bürger erwachsen, wofern sich in der Gemeinde ein barmherziger Freund für dasselbe fände? Wenn auf solche Weise die Armuth verhüthet

würde;

würde; so müßte nebst der Austilgung der verstellten Armuth nothwendiger Weise auch die Anzahl der wahren Armen sich vermindern. Und wäre dieß nicht ein weit auswachsender Zweig des gemeinen Besten? Wenige Arme, und diese wohl versorget!... welches Glück für einen Staat! für alle Gemeinden!... für jeden Bürger und Unterthan!!! Ist nun Armuth überhaupt eine so große Angelegenheit des Staates, daß jedes einzelne Mitglied daran Theil zu nehmen verpflichtet ist, so erstrecket sich gewiß diese gemeinschaftliche Pflicht vorzüglich auf die Verhüthung der Armuth. Keiner, der von dem und für das Vaterland lebet, darf über diese Angelegenheit gleichgültig hinweg sehen, oder die Vorkehrungsmittel vernachlässigen, wodurch er gewisse Familien oder Personen im Sturze aufhalten, oder ihnen von ihrem Verfalle wieder aufhelfen kann. Dieß ist die Stimme der Natur, das Recht des Vaterlandes, die Pflicht der bürgerlichen Gesellschaft. Wir werden nun bald im nächsten Absatze sehen, wie mächtig diese Voraussetzungen sind, um hernach der hieraus zu ziehenden Folge das Gewicht, welches sie verdienet, zu geben, daß nämlich eine so allgemeine Pflicht für die Pflege und Verhüthung der Armuth besonders für den Seelsorgerstand desto größer seyn müsse.

Wir wollen nur die Stimme der Religion hierüber hören! Diese zeiget uns unter dem Heersführer Moses und dessen Nachfolgern einen Staat, den sogar nach seiner politischen Verfassung der weiseste Schöpfer selbst gestiftet, selbst auf seine göttlichen Gesetze gegründet, und selbst durch diese Gesetze regieret hat. Durch die mancherley Vorschriften, welche diesem Staate in Betreff der Armen ertheilet wurden, hat die göttliche Weisheit den Fingerzeig gegeben, wie genau die Pflege der Armen mit der Wohlfahrt eines Staates verbunden ist. Das Gesetz belegte daher
alle

erste Frage.

alle Bürger Israels mit dem ernstlichen Gebothe, die Verpflegung ihrer armen Mitbürger zu besorgen. Zwey Sprüche des göttlichen Gesetzbuches klären unsern vorliegenden Punct entscheidend auf. Ein Mahl heißt es: **Einen ganz Dürftigen und Bettler soll es unter euch nicht geben;** ungeachtet dessen kommen kurz darauf die Worte: **Im Lande deines Aufenthaltes wird es nicht an Armen fehlen; daher gebiethe ich dir, daß du deinem dürftigen und armen Bruder deine Hand aufthuest.** *) Es sollte also erstlich nicht an Armen fehlen, und diese sollte jeder Hebräer unter einem schweren Gebothe Gottes wie seine Brüder unterstützen: sieh da die **Religionspflicht, die wahre Armuth zu verpflegen!** — Es sollte aber dennoch keinen ganz Verarmten und Bettler unter ihnen geben: sieh da die **Religionspflicht, die heran bringende Armuth zu verhüthen,** und es zur Betteley nicht kommen zu lassen! Darauf zielte eben das siebente Erlassungsjahr der Hebräer, **) wo die Schulden von den Gläubigern mußten erlassen werden, damit Niemand unter deren anwachsender Last verarmen müßte. Da es nun eine längst anerkannte Wahrheit ist, daß der Weiseste und Allergütigste durch jene Gebothe, durch die er die Menschen zu ihrem ewigen Glücke führet, zugleich auch hier nieden ihr zeitliches Wohl zu erzielen pflege; so gibt er uns in dem angeführten Gesetze klar zu verstehen, daß die Pflege der Armen und die Verhüthung der Armuth ein wahrer Zweig der Beförderung des zeitlichen Wohls, und zwar ein solcher sey, für welchen jeder Staatsbürger Sorge zu tragen die Pflicht auf sich habe.

Der

---
*) 5 Mos. XV. 4. II.
**) Ebendas. V. I.

§. III.

Der Seelsorger aber hat diese Pflicht nicht nur mit jedem Staatsbürger gemein, sondern dieselbe verbindet besonders und vorzüglich seinen Stand, 1) weil er in aller Rücksicht mehrere und bessere Mittel zu ihrer Ausübung in Händen hat. 2) Fernere Beweise aus dem allgemeinen Menschensinne ꝛc. ꝛc.

Wäre ich Sinnes, die Verbindlichkeit dieser Pflicht nur auf jener mehr geistlichen Seite zu zeigen, auf welcher sie uns von dem christlichen Gesetze der Liebe ganz einfach und kurz vorgeleget wird; so würde ich ohne Umschweif den Seelsorger nur auf die allgemeinen Grundsätze der christlichen Armenliebe, so wie sie in der Beantwortung der nächsten Frage aufgezählet sind, verweisen, und ihn dann selbst die wichtige Schlußfolge vom Kleinen aufs Große machen lassen: daß eine Pflicht, wozu sich jeder gemeine Christ verbunden sieht, natürlicher Weise demjenigen ganz besonders obliegen müsse, welcher nach dem h. Evangelium das **Salz der Erde** ist, um durch die Kraft des Wortes den übrigen Christen gleichsam einen guten Geschmack zur Ausübung eben dieser Pflicht beyzubringen, und das **Licht auf dem Leuchter**, um ihnen mit seinem eigenen Beyspiele zur Befolgung dieser Pflicht vorzuleuchten. *) Allein meine gegenwärtige Absicht ist, die Pflicht welche den Seelsorger zur Theilnehmung an der Pflege und Verhüthung der Armuth verbindet, mehr in ihrer politischen Beziehung auf das zeitliche Wohl darzustellen.

1) Ich habe bereits bey Erörterung der zweyten Frage im ersten Theile gezeiget, was die vaterländ-
tische

*) Matth. V. 13. 14.

ische Wohlfahrt von dem Geistlichen als einer Privat-
Person mit Recht fordere, und was er als Mensch, —
als Bürger — als Christ — zur Beförderung derselben
zu leisten habe. Da ich ferner jetzt bewiesen zu haben
glaube, daß die Armenpflege ein Hauptzweig der Beförderung des zeitlichen Wohls in einem Staate sey;
so wäre es überflüssig, mit weitläufigeren Beweisen es
noch darzuthun, daß der Seelsorger bloß als ein Privat-Mann für die Armen zu sorgen schon verbunden
sey. Doch war hier eine Erinnerung davon nöthig,
um eben hieraus die Schlußfolge zu verstärken, wie
vielmehr der Seelsorger als eine öffentliche Person,
d. i. seinem Stande und Amte gemäß, zur Besorgung
des Armenwesens verpflichtet werde. Denn wenn der
Geistliche vermöge seines Berufes verbunden ist, vorzüglich in jenem Gesichtspuncte zur zeitlichen Wohlfahrt mitzuwirken, wo dieselbe ohne ihn nicht gänzlich,
durch ihn aber desto vollkommener kann erzielet werd-
en; *) so darf man gewiß die Theilnehmung an der
Armenpflege für eine **Hauptpflicht** seines Berufes
ansehen, indem hier der Fall ist, wo ohne seine Mitwirkung von Hohen und Niederen nicht viel ausgerichtet wird, da hingegen vermittelst eines rechtschaffenen Seelsorgers die Verbesserung des Armenwesens allernächst zu
erreichen steht. Er ist es, dem die weiseste Vorsicht die **vortrefflichsten Mittel** hierzu in die Hand geleget hat.

Wer kann vorzüglich die Armen in der Gemeinde
so gut kennen lernen, wie der Seelsorger? Wer
kann so untrieglich die verstellten von den wahren Arm-
en, — wer kann die offene und heimliche, die freche und
schamhafte Armuth besser, als er, unterscheiden? Und
der schlimme oder gute Charakter der Armen, ihre
Sitten, ihre Laster, — die meisten Ursachen der Armuth,

---

*) Sieh im ersten Theile die dritte Frage.

Klett's Preisschrift. H

uth, —— sind sie Jemanden so genau bekannt, wie ihm? Hieraus aber folgen schon ungemein viele Vortheile für sein Geschäft der Armenversorgung.

A) Was die verstellte, die träge Armuth betrifft, so steht es zwar in der weltlichen Macht, ihre Betteley aufzuheben, und sie zur Arbeit anzuweisen: aber was ist dieß mehr, als ein bloßes Außenwerk? Nie wird ein solches Gesinde das schädliche Gewerbe von Herzen verabscheuen, — nie es ganz und auch insgeheim unterlassen, wenn nicht der Seelsorger durch Unterricht und dringende Beweggründe ihre Gemüther umschaffet, und ihnen nebst der Arbeitsliebe eine Empfindung von Tugend und Ehrbarkeit einpflanzet. Dasselbe kann man auch von den gewöhnlichen Lastern des Armenhaufens sagen, deren einige von der weltlichen Gerichtbarkeit gar nicht geahndet werden, die andern aber aus Furcht vor der Strafruthe nur ihren Schein verändern. Allein auf der Seite des Seelsorgers gebricht es weder an inneren noch äußeren Mitteln, unter dieser Menschen-Classe eine gründlichere Moralität herzustellen, worüber in der Beantwortung der vierten Frage dieses zweyten Theils Vieles wird gesagt werden.

B) In Ansehung der wahrhaften Armen findet ein Seelsorger eines Theils in seinem Vermögensstande gemeiniglich mehr Mittel, als der gemeine Landmann bey Weibe und Kindern, solchen würdigen Armen mit allerley Gattungen von Almosen zu Hülfe zu kommen; andern Theils hat sein Beyspiel mehr Hervorstechendes und Anziehendes in der Gemeinde, um sie zur Theilnehmung an der Armenpflege wirksamer, als ein Anderer zu reitzen; und endlich besitzet er durch den authorisirten öffentlichen und Privat-Unterricht seiner Pfarrgemeinde einen ihm ausschlüssig eigenthümlichen Vortheil, wodurch er ihre Mitglieder zur Verpfleg-

pflegung und moralischen Besserung, zur Verhüthung
und Verminderung des Armenstandes kräftiger, als
irgend ein Mensch, vermögen kann, wie die Antwort
auf die folgende fünfte Frage noch umständlicher erklär-
en wird. Der Regent kann eine gesetzmäßige Armensteuer ausschreiben: allein da wirket seine Macht
nicht durch den Willen, sondern durch die bloße und
vielleicht unwillige Hand seines Volkes auf die Verpflegung der Armen; und denselben Gang nur können
auch hierin seine Beamten im Staate nehmen. Der
Seelsorger aber nimmt seinen Weg durch das Herz
des Volkes. Er wirket auf den Willen seiner Gemeinde;
seine Wirkung in diesem Stücke hat mehr Kraft, als
alles, was irgend ein anderer Vorsteher des Volkes
in diesem Falle thun mag; und kurz, dieses Mittel,
auf die Armenverpflegung durch den Weg des Herzens
und des freyen Willens seiner Mitbürger zu wirken,
ist dem Seelsorger allein vorbehalten. Dieser einzige
Mann hat vermöge seiner Ueberredungskraft seine Hand
in den Herzen und Händen aller Mittheilenden. Jed-
en günstigen Umstand benutzet er, um durch seine Beredsamkeit den Bürger zur Pflege der Armen aufzufordern. Die Pflicht des Almosengebens, die Art,
die Zeit, die Ordnung desselben, seine Qualität und
Quantität, die Absicht, das zeitliche und ewige Verdienst dieses guten Werkes, das Verhältniß der Beyträge mit der Anzahl und den Bedürfnissen der Orts-
Armen, dieß Alles kann sein Eifer den Pfarrgenossen
an das Herz legen. Und über dieß, damit auch Alles
zum wirklichen Besten der Armen den wahren Endzweck erreiche, so ist er wiederum der Vorzüglichste,
dem die Wege und Mittel offen stehen, so lange noch
keine obrigkeitliche Anstalt getroffen ist, sich der Gemeinde gleichsam als den allgemeinen Armenpfleger an-
zubiethen, die Beyträge mittelbar und unmittelbar zu
samm-

sammeln, und dieselben sammt seinem eigenen Almosen in der allerbesten Zeit, Ordnung und Art, nach Maß der Bedürfnisse und nach Auswahl der Personen, seiner vorzüglichen Armen-Kenntniß gemäß, zu vertheilen.

C Soll ich drittens auch von der **Verhüthung der Armuth** sprechen, so muß ich eben den Seelsorger wieder als den Mann an die Spitze stellen, welcher entweder unmittelbar, oder vermittelst mancherley Umwege der künftigen Verarmung einzelner Bürger und ganzer Familien entgegen arbeiten kann. Mehr, als irgend ein anderer weltlicher Vorsteher, vermag der Seelsorger im ersteren Falle durch die ihm vorzüglich eigenen Mittel, und im andern Falle kommt ihm wenigstens keine gemeine Menschen-Classe an Fähigkeit bey. Niemand verhüthet die Armuth, der nicht die Ursachen derselben erforschet hat. Der Seelsorger brauchet aber in Ansehung seiner Pfarrgemeinde nicht zu forschen: er darf nur beobachten, und er wird viele schon vor Augen liegende Ursachen dieses Uebels sehen. Sind es Laster, Mißbräuche, Gewohnheiten; so habe ich erst hier gezeiget, was der Seelsorger unmittelbar dagegen leisten könne, und man darf auch damit vergleichen, was ich schon im ersten Theile meiner Abhandlung *) hierüber gesagt habe. Sind es Dummheit, Mißordnung, und dergleichen Verarmungsquellen, die man nur Untugenden, Irrungen, und zweckwidrige Wirthschaftsanstalten nennen darf; so hat er zwar mehr Behuthsamkeit vonnöthen. Indessen kann er doch durch geschickte Belehrungen **) vielleicht mehr für eine Familie bey guter Zeit verhüthen, als man nach der Zeit durch reichliche Unterstützung wieder gut machen könnte. Was aber der Seelsorger gegen die
heran

---

*) §. III. in der Beantwortung der vierten Frage.
**) Sieh eben daselbst S. 65 bis 74.

heran bringende Verarmung nicht durch eigene Kräfte vermag, das kann er durch Andere, die er zur Verhüthung derselben beredet, indem er sie überzeuget, daß ein solcher Beystand, sollte er auch den Wohlthätern keine Kosten verursachen, der Religion und dem Staate für das größte Almosen gelte, *) ihnen aber selbst zum geistlichen und leiblichen Nutzen gereiche. Endlich mögen die Ursachen der Armuth schuldlos oder sträflich seyn; so steht, um sie zu heben, dem Seelsorger der Weg nach dem weltlichen Amte, wofern er mit demselben ein gutes Verständniß zu unterhalten weiß, immer am ersten und nächsten offen. Daselbst gewisse noch verborgene Spuren von Verarmung in Unterredung zu bringen, für Diesen einen Eiferer, für Jenen einen Fürsprecher mit Bescheidenheit zu machen, — hierzu ist der Seelsorger ohne Zweifel der fähigste Mann in der Gemeinde.

So viel wirft sich also nun gewiß heraus, es mag um die Besorgung der gegenwärtigen oder um die Verhüthung der künftigen Armuth zu thun seyn, daß dem Seelsorger sein Stand und sein Amt ganz besondere Mittel und Fähigkeiten beylege, durch thätige Theilnehmung an dieser Staatsangelegenheit vor Anderen die Aufnahme des gemeinen Wohls befördern zu können. Soll dieses nicht schon hinlänglich seyn, ihm einen so wichtigen Dienst, den er dem Staate leisten kann, zur vorzüglichen Pflicht zu machen? Er muß das zeitliche Wohl überhaupt befördern; er muß es schon als Privat-Mann: **) er muß es auf besondere Weise als Geistlicher und Seelsorger: ***) durch Theilnehmung an der Pflege und Verhüthung der Armuth kann er es befördern, ... und er kann es

*) Sieh die Beantwortung der folgg. zwt. Frage §. VI. Nr. 1.
**) Sieh S. 21 - 24.
***) Sieh S. 45 fgg.

vorzüglich: — Man mache sich die Schlußfolge selbst!

2) War ja diese Fähigkeit des Seelsorgerstandes eben eine Ursache, warum die christliche Welt von der Wiege an die Schätze der Armen in den Schooß der Geistlichkeit niedergeleget hat! Man hatte nämlich schon damahls eingesehen, die Seelsorger würden die Armuth am besten kennen und unterscheiden; sie würden die Beysteuern am gewissenhaftesten austheilen, und zugleich hierdurch den allerheilsamsten Zweck für die Moralität und andere Geistesbedürfnisse der Armen so wohl, als für ihr eigenes geistliches Amt erreichen können. Denn das Almosen ist jederzeit auch außer den Gemeinschaften der geoffenbarten Religion für eine Handlung der Religion angesehen worden, vermuthlich weil es die nächste Nachahmung der Gottheit ist, deren Güte und Wohlthätigkeit in unseren Augen als die vorzüglichste ihrer göttlichen Vollkommenheiten hervor scheint. Da nun das Volk seinen Priester für den Stellvertreter der Gottheit, für den Verwalter der Religion und des geistlichen Wesens anerkennet; so sah es sich von dem natürlichen Verstande dahin verwiesen, ihm die Armenpflege als etwas ganz Eigenes und Wesentliches zuzumuthen, und folglich die Beyträge dazu in dessen Händen zu hinterlegen. Es ist unnöthig, von diesem Gebrauche noch mehr zu sagen, als daß auch unter den Christen sein Anfang in der heiligen Schrift *) und seine Fortdauer in der Kirchengeschichte bewähret ist; und daß er sich noch bis auf unsere Zeiten erhalten hat, indem noch heut zu Tage in Ortschaften, wo noch keine andere Armen-Polizey herrschet, große und öffentliche Almosen den Seelsorgern zur Austheilung überlassen werden. Dieser allgemeine Menschensinn gibt meines Erachtens den

ein-

---

*) Apost. Gesch. IV. 35. XI. 30.

erste Frage.

einleuchtendsten Beweis, daß die Pflege der Armen eine dem Seelsorgeramte besonders eigenthümliche Pflicht sey.

Dieß ist die Stimme der Natur. Denn so wie das natürliche Gesetz einem jeden Menschen befiehlt, den Armen einigen Beystand zu leisten, so fordert es etwas Besonderes und Mehreres von dem, welcher mehr leisten kann; und dieses kann, wie wir gesehen haben, der Seelsorger. — Es ist die Stimme der Religion und ihres Geistes der Liebe; denn die Wesenheit des Seelsorgeramtes bestehet bloß allein in einem beständigen Dienste von Liebeswerken gegen die Nebenmenschen, unter denen die Elenden und Armen nach eigener Anweisung des göttlichen Lehrers die allernächsten sind. *) — Es ist die Stimme des Staates, welcher ohnehin auf die Seelsorger seiner Unterthanen sich hierin zuversichtlich verläßt, und denselben, wie vorhin gesagt worden ist, die Gaben für die Armen zur Ausspendung anvertrauet. — Es ist die Stimme der Armen selbst, weil sie bekanntlich von ihrem Seelsorger alle Mahl eine ausgezeichnete Hülfe, und zwar mit einem Rechte, dem die Geistlichkeit noch nie widersprochen hat, erwarten. — Es ist endlich vorzüglich die Stimme Gottes, welcher die Unterstützung der Armen allen Menschen als eines der schwersten Gebothe aufleget. Denn weil diese Verlassenen Gott und seiner Vorsehung gleichsam allein überlassen sind, **) so hat er diejenigen, denen er mehrere Hülfsmittel, als den Armen, zutheilte, vermöge seines Gesetzes von der Nächsten- und Armenliebe zu Stellvertretern seiner Gutthätigkeit, und zu Mitarbeitern und Gehülfen seiner Vorsehung bestimmet. Ein solcher ist in der That ein jeder Mensch, und auch

H 4 der

*) Luk. X. 36. 37.
**) Ps. IX. 35.

der Seelsorger, nicht als Seelsorger betrachtet, ist es. Da er aber als Seelsorger beynahe eben so viele Hülfsmittel für die Armen hat, als er bemittelte Christen in seinem Pfarrsprengel zählet: da er nicht nur nach der gemeinen Weise, sondern seiner ursprünglichen Amtsbestimmung nach der Stellvertreter, und der charakterisirte Geschäftträger Gottes ist; so muß er eben diesem Seelsorgeramte gemäß auch der vorzügliche Armenvater seyn.

Ja! dieses war der Name, worauf die Seelsorger der unverdorbenen Zeiten allein ihren wahren Ruhm baueten. Männer auf den höchsten Stufen der Hierarchie nannten sich selbst Väter der Armen, und verriethen sehr deutlich, daß sie diese väterliche Sorge für die Armen als einen wesentlichen Theil ihrer Seelsorge ansahen, weil sie den Namen eines Armenvaters mit dem Titel eines Hirten, eines Dieners der Kirche, eines Statthalters Gottes verbunden haben.

§. IV.

Diese besondere und vorzügliche Pflicht gründet sich in dem Innersten des Seelsorgeramtes, 1) weil dasselbe ohne die Verpflegung der Armen weder an der schlimmen noch an der guten Classe der Armen, ja nicht einmahl an den bemittelten Pfarrgenossen kann erfüllet werden; und 2) weil im Gegentheile durch die Verpflegung der Armen der Zweck des Hirtenamtes an den Armen und Reichen zugleich sehr nahe erzielet wird. Endlich 3) weil dieses jederzeit — auch nach der Theilung der geistlichen Güter — die wahrhafte Gesinnung der Kirche und ihrer Hirten gewesen ist.

Das Seelsorgeramt ist aber auch selbst der eigentliche Grund, worauf die vorzügliche Pflicht der Arm-

erste Frage.

enverforgung beruhet, weil man unmöglich die Pflicht, en seines Hirtenamtes ganz erfüllen kann, ohne sich um die Armen in der Herde anzunehmen, und weil im Gegentheile ein Seelenhirt, der auf die Verpfleg, ung der Armen und, auf die Verhüthung fernerer Armuth in seinem Sprengel bedacht ist, den Zweck seiner Seelsorge viel näher erreichet.

1) Ohne die Pflege der Armen können die Pflichten des Hirtenamtes weder in Rücksicht auf die Armen selbst, noch in Rücksicht auf die Bemittelten ganz erfüllet werden. Der Unterschied zwischen guten und schlimmen Armen ist bereits §. !. angemerket worden:

A) Was ich nun daselbst von der schlimmeren Classe, von ihren Lastern und ihrem verderblichen Einflusse auf die übrigen Menschen gesagt habe, gehöret hierher am allerersten. Die erste Sorge eines geistlichen Hirten ist die Ausrottung von Sünden und Lastern. Kann es ihm also gleichgültig seyn, daß Seelen, die zu seiner Herde gehören, draußen in dem Müßiggange wie irrende Schafe herum schweifen? Daß sie im Lügen und Betriegen, in Haß und in Neid und Verleumbungen, in Unzucht und Dieberey ihre kostbaren Tage verleben? — Aber, wird man sagen, sie können ja genug in den Predigten oder Katechesen gebessert werden, wie andere Christen auch! — Nein, antworte ich: sie wohnen keinem solchen Unterrichte bey: ja der Beichtstuhl selbst ist für sie kein Verbesserungsmittel, weil sie in demselben vielleicht nie ihrem Hirten zu Gesichte kommen. Dieß ist es aber eben, was das Uebel am größten, und ohne besondere Theilnehmung an der Pflege der Armen unheilbar für den Seelenhirten machet. Die Sonn, und Festtage sind gerade die Erntetage der Bettler. Hier erscheinen sie nie zu Hause bey der Herde; und wohnen sie in einem fremden Pfarrspiele dem h. Meßopfer noch

bey,

bey, so thuen sie etwas, was nicht allezeit geschieht: beym Worte Gottes aber sieht man sie Vor- und Nachmittags nicht mehr. Daher kommt es, daß sie in der verdammlichsten Unwissenheit ihr ärgerliches Leben dahin führen, welches auch dem fremden Beichtvater, indem sie ihm nichts anzuklagen wissen, unverbesserlich bleibt.

Ich will aber zugeben, daß Viele von solchen Armen den öffentlichen Unterricht anhören; so sprechen die Meisten dessen ungeachtet von den Pflichten, die sie hören, so wie von aller Schuld der entgegen gesetzten Uebertretungen sich selbst frey. Wir Leute, antworten sie, können nicht anders leben, die Noth zwingt uns; und hiermit entkräften sie alle Eindrücke von Religion und Gewissen.

Was soll ich erst von so vielen andern Seelen reden, auf die sich der pestilenzische Geruch jener Lebensart verbreitet? und was besonders von den unschuldigen Kindern der Armen, auf die sich bisweilen mit Wahrheit der schrecklichste Ausdruck des königlichen Propheten anwenden läßt: **Sie haben ihre Söhne und ihre Töchter den Teufeln zu Opfern geschlachtet:** *) Thut hier ein Seelsorger genug, wenn er es bey dem Predigten und andern Universal-Mitteln, von deren Unwirksamkeit er bey den Armen voraus überzeugt ist, beruhen läßt? Es sind doch einmahl seine Schafe, und sie zu ihrem Heile zu führen ist sein Beruf. Sein Hirtenamt muß ihn also verbinden, sich ganz besonderer Mittel zu bedienen, um das Seelenheil derselben zu bewirken Das vornehmste dieser Mittel besteht aber darin, daß er vermöge jener Amtsfähigkeiten, wovon im vorigen §en die Rede war, ganz dahin arbeite, damit die Armuth in seinem Pfarrspiele Theils verpfleget, Theils

moralisch

*) Ps. CV. 37.

moralisch gebessert, und noch vielmehr daß sie für die
Zukunft verhüthet werde. Vergeblich wird er sonst durch
andere Mittel das Seelenheil der Armen zu befördern such-
en. Er wird sie bitten und ermahnen; er wird sie warnen
und bedrohen: sorget er aber nicht für ihr leibliches
Heil, so wird er das so ehrwürdige Predigtamt an
dieser Classe seiner Pfarrkinder sich und seinem Stande
zum Schimpfe, ihnen selbst aber zur Aergerniß mach-
en   Man lese hierüber die Pastoral-Regeln des wahr-
en Armenvaters Gregorius des Großen!
Das Predigen solcher Hirten wird verschmähet,
schreibt er, weil sie die Handlungen der Ver=
brecher bestrafen, und ihnen, doch die Noth=
wendigkeiten des Lebens nicht reichen. *) Man
wird sie zwar durch Anrufung des weltlichen Amtes
zur Strafe, aber weder zur Besserung noch zu ihrer
geistlichen Glückseligkeit bringen, welches doch der eigentliche Endzweck der Seelsorge ist. Nein! ohne sich
ihrer Armuth anzunehmen, ist der Seelsorger kein
ganzer Seelsorger der Armen.

B) Nicht alle Arme sind aber böse Arme, auch
nicht alle sind Bettler. Es gibt eine ehrwürdige
Armuth, und auch deren ihr Hirt ist der Seelsorger.
Er ist es aber wiederum nicht ganz, wenn er nicht für
die Pflege ihres Leibes sorget. Denn leiden solche unglückliche Familien Noth, so ist ihre Tugend der ge-
fährlichsten Versuchung ausgesetzet. Sie werden in
vielem Guten gehindert; Hunger und Blöße entfern-
en sie von der Kirche und Schule, und zu Hause in
der kalten Halle zehren sammt den Gliedern des Leibes
auch die Seelenkräfte ab. Wie kann Einer für das
Heil solcher Seelen eine wahrhaft väterliche Sorge
tragen, wenn er jene in ihrem zeitlichen und leiblichen
Uebel liegenden Hindernisse nicht nach Kräften zu be-
seitigen

*) Past. Reg. II Th. 7 Kap.

seligen trachtet? Soll er ihnen nur immer Trost einsprechen, und jene mächtigen Religions-Gründe, gern arm zu seyn, vorpredigen; so wiederhohle ich aus der obigen Stelle Gregors, daß die **Sprache des Unterrichtes in das Gemüth des Dürftigen nicht eindringe, wenn sie nicht durch eine barmherzige Hand empfohlen wird.**

So wie nun die Sendung eines Seelenhirten vornehmlich in dem besteht, daß er nach dem Beyspiele des göttlichen Oberhirten das Evangelium besonders den Armen predige;*) so wird er auch diesem wichtigen Theile seines Amtes nicht Genüge leisten, wenn er nicht jenem höchsten Muster gemäß durch leibliche Wohlthätigkeit seinen Worten eine gute Aufnahme verschaffet. Ohne dieses kann er sich weder bey der guten noch bösen Classe der Armen mit jenem Trostspruche befriedigen: „nun, wenn ich nichts ausrichte, so habe ich das Meinige gethan;,, obgleich dieser Spruch der Selbsttröstung in manchen andern Fällen eine göttliche Salbung für den beklemmten Seelsorger seyn kann. Er säet gemeiniglich das Geistliche aus, und erntet dagegen Leibliches ein: soll er nicht auch Leibliches auf die Armen aussäen, um dafür Geistliches von ihnen einzuernten?

C) Ja nicht einmahl in Rücksicht auf die Bemittelten des Pfarrspieles kann er ohne eine solche Theilnehmung an der Pflege der Armen sein Amt gänzlich erfüllen. Denn gleichwie er vermöge dieses Amtes die Seinigen überhaupt durch sein Wort und Beyspiel zu regieren verpflichtet ist, so muß er ihnen auch vorzüglich zur Erfüllung des vornehmsten Gebothes, welches die barmherzige Nächstenliebe ist, mit seiner Lehre und seinem eigenen Beyspiele voran gehen. Er ist demnach im Gewissen verbunden, erstens die Pflicht, den

Armen

*) Luk. IV. 18.

erste Frage.

Armen beyzustehen, fleißig zu predigen. Paulus hat es dem Bischofe Timotheus zur Hirtenpflicht vorgeschrieben: Befiehl den Reichen dieser Welt, daß sie gern hergeben und mittheilen. *) Der uralte Verfasser der apostolischen Satzungen hat uns eine Verordnung folgenden Inhaltes hinterlassen: Wenn die Opfergabe zu Ende geht, so kündige es den Brüdern (dem Volke) an: und im nächsten Kapitel: Sage also dem Volke, welches deiner Gewalt anvertrauet ist, was der weise Salomon spricht: "ehre den Herrn durch das was du rechtmäßig erarbeitet hast" ꝛc **) Eben dieses haben die Kirchenversammlungen den Seelsorgern zu allen Zeiten eingepräget, und selbst unsere würzburger Synode unter dem Fürst-Bischofe Mangold im Jahre 1298: Der Priester des Ortes soll das ihm anvertraute Volk zur Ausspendung des Almosens fleißig anführen Lesenswürdig ist, was hiervon jenes goldene Handbuch für Seelsorger, der von dem Kirchenrathe zu Tridenk verordnete römische Katechismus, den geistlichen Hirten vorschreibt: Anflammen, sagt er, muß man die Gläubigen zum Eifer und zur Thätigkeit, denjenigen zu helfen, die von dem Erbarmnisse Anderer leben müssen, ꝛc. ***)

Ein Seelsorger kann demnach ohne solche Predigten und Ermahnungen sein Hirtenamt nicht an den bemittelten Pfarrkindern erfüllen. Aber wird dazu sein wörtlicher Vortrag allein hinreichen, wenn er denselben nicht mit dem Beyspiele seiner Werke unterstützet? Auch nicht: denn wie kann er Anderen mit Nachdruck anbefehlen, was er selbst nicht thut? Trifft

ihn

---

*) 1 Tim. VI. 17. 18.
**) IV. B. 8 9. Kap.
***) III. Th. im 7 Geb. Gott.

ihn nicht der schon oben ein Mahl genannte Vorwurf Christi gegen die Pharisäer hier noch viel härter? *) Wird nicht mit dem Beyspiele seines Seelsorgers der Reiche seine Lieblosigkeit, und jeder Andere seine Gleichgültigkeit gegen den Armenstand rechtfertigen? Der Contrast ist allzu groß in diesem Puncte, als daß man sich nicht an seinem Worte ohne Beyspiel mehr ärgern, als erbauen würde, weil es gerade diejenige Eigenschaft betrifft, die der Weltmann vorzüglich an dem Geistlichen erblicken will. Folglich ist ein Seelsorger auch in Ansehung der wohlhabenden Classe seiner Pfarrgemeinde verbunden, an die Versorgung der Armuth eigene Hand anzulegen. Führet er sie nicht selbst mit diesem Beyspiele an, so läßt er den größten Theil seiner Herde sehr weit in der Befolgung jener Hauptpflicht der christlichen Liebe zurück, die einen jeden Christen ohne Ausnahme verbindet, und die charakteristische Eigenschaft eines wahren Christen ist. Dieses Beyspiel aber ist von ihm als einem Seelsorger noch viel zu geringe, wenn er es, gleich seinen Pfarrgenossen, bloß in der Ausspendung eigener Gaben bestehen läßt, und sich unter seinen Pfarrkindern nicht auch öffentlich und gemeinschaftlich für die Armuth verwendet. Denn diesen Leuten ist es oft nicht genug, daß sie ihren Vorgänger nur sehen; sie wollen zuweilen von ihm geführet und gleichsam mit der Hand geleitet werden; ja es geschieht nicht selten, daß sie zwar den guten Willen, aber nicht die Art und Wissenschaft haben, wie sie eine Pflicht recht befolgen sollen. Dieß hat vorzüglich Statt in der Anleitung der Reicheren zur Unterstützung der Armen, und ganz sicher ist ihnen der Seelsorger diese Anleitung als einen Theil seiner Hirtenpflichten schuldig, weil sie sonst in dem so schweren Gebothe der christlichen Armenliebe immer zu weit zurück, folglich

von

*) Matth. XXIII. 4.

erste Frage.

von ihrem Seelenheile um einige Schritte entfernt bleiben. - So wenig also ein geistlicher Hirt ohne die Beförderung der Pflege der Armen sein Seelsorgeramt an den Armen erfüllet, eben so wenig wird er demselben auch in Rücksicht auf die Bemittelten und Reicheren genug thun.

2) Man stelle sich aber im Gegentheile einen Hirten vor, der die bisher beschriebenen Mittel für die Verbesserung des Armenwesens anwendet, und sehe, wie glücklich unter ihm die Seelsorge gedeiht! Es blühet in seiner Pfarrgemeinde **die Fülle des christlichen Gesetzes, die Liebe**, und die Reichen haben von ihm gelernet, **die Menge der Sünden und Fehler**, wozu sie ihr Stand verleitet, **mit dieser Liebe zu bedecken.** *) Wer dem Worte seines Seelsorgers noch widerstehen konnte, der wurde endlich durch die um sich greifende Geschäftigkeit seines Beyspieles besieget: und da weder die Liebe ohne ein großes Gefolge von Tugenden, noch das Almosen ohne zeitlichen Segen ist; so läßt sich mit Grund sagen, daß dieser Hirt mit der bemittelten Classe seiner Herde dem Ziele der Seelsorge sehr nahe gerücket sey. Und eben so nahe mit der Classe der Armen; denn durch ihn sind bereits die in zeitlichen Bedürfnissen liegenden, und der Beförderung ihres Seelenheils entgegen stehenden Hindernisse gehoben. Mit der Besorgung ihres leiblichen Wohls hat der Hirt auch ihre Seelen gewonnen. Er hat die armen Aeltern in seiner Kirche, und ihre Kinder in der Schule. Sein Wort wurzelt und fruchtet in den Herzen der Armen, weil es mit dem Thaue der Wohlthätigkeit begossen ist: es keimet unter ihnen schon ein gewisser Sprosse von Moralität: die Armuth fängt an, auf einer Seite vermindert, auf der andern eine wahre Tugend des Herzens zu werben; und man darf

sicher

---

*) 1. Petr. IV. 8.

sicher hoffen, daß die wahren Armen, welche dieser Gemeinde noch übrig bleiben, unter den Erwachsenen in kurzer Zeit der Kern der geistlichen Herde seyn werden, wie sie es auch nach aller Absicht einer wohl geordneten Seelsorge seyn sollen.

Da man aber hier nicht bloß ein schönes und dem Seelsorger unerreichbares Ideal aufstellen will; so versteht sich, daß diese Schilderung, so lange noch keine Polizey-Anstalten für das Armenwesen vorhanden sind, in der wirklichen Natur manche, und vielleicht merkliche Ausnahmen behalte. Man hat aber doch zeigen wollen, daß, gleichwie die Vernachlässigung des Armenstandes eine große Lücke in der Seelsorge zurück läßt, also im Gegentheile durch eine thätige Pflege der Armen dieses Hirtenamt desto vollkommener ausgeübet, und sein Zweck desto näher erreichet werde. Aber hat es damit seine Richtigkeit; so muß auch unläugbar die Pflege der Armen, und die Verhüthung der Armuth eine nicht bloß dem Seelsorgerstande anklebende, sondern in dem Innersten seines Hirtenamtes selbst gegründete und ganz wesentliche Pflicht seyn.

3) Dieses haben zu allen Zeiten die größten Hirten der Kirche durch ihr Betragen noch kräftiger, als durch ihre Schriften bewiesen. Ich habe schon bey der Beantwortung der zweyten Frage im ersten Theile gezeiget, was hierin die Apostel, und namentlich der h. Paulus geleistet haben. Da aber daselbst ihr Beyspiel nur in der allgemeinen Absicht auf die zeitliche Wohlfahrt der Christengemeinden erkläret wurde; so ist hier zu erinnern, daß sie besonders und vorzüglich die Wohlfahrt der Armen zum Zwecke hatten. Und warum? damit diese zum Reiche Gottes und ihrer Seeligkeit herbey gelocket, oder darin erhalten werden möchten, welches, ohne ihrer Armuth abzuhelfen, nicht zu hoffen war. Sie haben sich daher, wie ich

gleich

gleichfalls an dem erwähnten Orte schon bemerket habe, eine so nothwendige Pflicht ihres Apostelamtes daraus gemacht, daß sie, um sich dieselbe wegen des Dranges höherer Pflichten zu erleichtern, aus göttlicher Anordnung den besonderen Orden des Diakonats zum Theile in Absicht auf die Armenversorgung errichtet, dessen ungeachtet aber von ihrer unmittelbaren Thätigkeit dabey im geringsten nicht nachgelassen haben. Kein Wunder! denn auch praktisch hatten sie dieß von ihrem göttlichen Meister gelernet, da er die vermehrten Brode durch ihre Hände unter das Noth leidende Volk austheilen ließ.*)

Wie getreu sich die Ausübung dieser Pflicht unter den **nachfolgenden Kirchenhirten** erhalten habe, davon findet man in allen Epochen der heiligen Geschichte die deutlichsten Spuren. Bekanntlich ist der h. **Laurentius** ein vielbezeugendes Opfer hiervon geworden, und aus den uralten Chor-Gesängen, womit schon damahls die Kirche seinen Gedächtnißtag auf eine ausnehmend feyerliche Art besang, sieht man noch, daß nicht so wohl sein Märtertod überhaupt, als dessen ausgezeichnete Ursache, — weil er aus Treue für sein Pflegeamt der Armen starb, — die Kirche zu einer so außerordentlichen Freude und Feyerlichkeit veranlasset habe. Mehrere Priester und Bischöfe wollten lieber die Verfolgungen der habsüchtigen Welt dulden, als die Pflicht der Armenversorgung und die Verwaltung der Armenschätze vernachlässigen. Es ist erbaulich zu lesen, wie Fleury in seiner kurzen Abhandlung von den Sitten der Christen den Eifer und die Ordnung der Geistlichkeit in Versorgung der Armen beschreibt. **)
Die Diakonen mußten vermöge ihres Amtes die Armuth aufsuchen, vor der Aufnahme die Lebensart der Armen

*) Mark. VIII. 6.
**) II. Th. 19 Kap.

aller Orten erforschen, nachgehends auf ihre ferneren Sitten Acht geben, und die Personen namentlich sammt ihren Umständen in Matrikeln und Registern verzeichnet haben. Ueber dieses, wie auch über die Einnahme, Verwaltung, und Ausgabe der Armen-Casse mußten sie dem Bischofe, der das ganze Werk mit seiner Oberaufsicht regierte, Rechnung ablegen. Auf allen Seiten wurde Vorsicht gebraucht, damit das Almosen an keinen Unwürdigen und am wenigsten an Müßiggänger verschwendet würde, die sich mit Arbeit nähren konnten. Man sah auch damahls, wie es schon zu Anfange der Kirche unter den Aposteln war, *) noch keinen christlichen Bettler. Dieses beweist, daß so, wie die sämmtlichen Christen, deren unglaublichen Eifer Fleury beschreibt, die Armensteuer für eine Hauptpflicht hielten, auch die Geistlichkeit ihr Hirtenamt zugleich für ein Pflegeamt der Armen angesehen haben. Namentliche Beyspiele hierüber von gewissen Kirchen und ihren Vorstehern, und umständlichere Beschreibung dessen, was sie in dieser Sache geleistet haben, liefert uns der gelehrte Muratori in seinem vortrefflichen Werke von der Liebe des Nächsten **) welches hier einem Geistlichen nicht genug kann empfohlen werden. Unter jenen sind die zwey heiligen Kirchenhäupter Leo der Erste, und Gregorius der Große besonders merkwürdig, weil sie lange nach den Zeiten der Verfolgung, der Eine nach der Mitte des fünften, der Andere zu Anfange des sechsten Jahrhunderts, gelebt haben.

Ich nehme hier die Einwendung nicht an, die Pflege der Armen sey nur daher dem geistlichen Amte so innig einverleibt gewesen, weil die Güter der Geistlichkeit mit den Armengütern, von denen sie nun schon

längst

*) Apost. Gesch. IV. 34.
**) I. Band II. §.

erste Frage.

längst gänzlich abgetheilet sind, ehedem nur einen einzigen Güterschatz und Lebens-Fond ausmachten. Denn es ist viel leichter zu erweisen, daß die Armen nur deßwegen mit den Geistlichen aus Einem Fonde gelebt haben, weil die letzteren schon vorher für die ersteren zu sorgen verpflichtet waren, als daß durch die Vermischung der Armengüter mit den Gütern der Geistlichen die Pflege der Armen sich erst in ihr geistliches Amt mit eingemischet habe. Müßte man nicht sonst mit gleichem Rechte sagen, die Geistlichkeit hätte ehedem bloß darum die Obsorge über die Gotteshäuser bekommen, weil die Tempel und ihre Priester aus einerley Kirchenschatze ihren Unterhalt zogen? Gleichwie nun aber hiervon offenbar das Gegentheil am Tage liegt; also kehre ich gleichfalls in Ansehung der Seelsorgerpflicht für die Armenversorgung den Beweis um, und behaupte, daß man eben aus der ehemahligen Vermischung der geistlichen und Armen-Güter die ursprüngliche, die innige und wesentliche Verbindung der Armen-Verpflegung mit dem Seelsorger- und Kirchendieneramte folgern müsse. Ich will mich zwar, in Betreff der Gaben, welche die Geistlichen selbst den Armen darreichen, nicht in jene verschriene Streitfrage ihres Eigenthumsrechtes einlassen, bey welcher zum ersten Mahle die Liebe und das Besitzungsrecht der Geistlichkeit sich mit einander entzweyet haben. Denn der Geist der Religion wird es am ersten entscheiden, ob, und in wie weit ihre Habschaften Güter der Geistlichen oder Güter der Armen sind. Allein so viel muß doch immer hier angemerket werden, daß durch jene Theilung der beyderseitigen Güter die Armenversorgung sich keinesweges von der Seelsorge getheilet habe, weil, nach allen in diesem Absatze angeführten Bemerkungen, die letztere ohne die erstere noch heutiges Tages eben so wenig, als in den alten Zeiten, kann vollkommen bewirket werden.

Es haben daher auch in den **nach der erwähnten Güterteilung** folgenden Perioden die Väter der Kirche die Armen-Verpflegung für eine Hirtenpflicht erkläret, und die Kirchenversammlung zu Trident leget, um die Residenz der Seelenhirten in ihrem Sprengel fest zu setzen, nebst anderen Ursachen auch diese zum Grunde: **weil Allen, denen die Seelsorge anvertrauet ist, durch das göttliche Geboth befohlen wird, über die Armen und über andere elende Personen väterliche Sorge zu tragen.** *) Den Seelsorgern unsers würzburger Bisthums aber muß es zu dieser Stunde noch unvergeßlich seyn, was unser gnädigst regierender Fürst-Bischof in einem beym Antritte seiner Regierung an den Diöcesan-Clerus erlassenen Pastoral-Schreiben durch einen besondern Artikel von der Armen-Besorgung oberhirtlich anbefohlen hat. Daselbst wird unter andern Beweggründen dieser, den ich bisher noch nicht berühret habe, dem Seelsorger zur gewissenhaften Erwägung anheim gestellet: daß die Armen des Ortes Mitglieder derjenigen Gemeinde sind, von der er Nahrung und Unterhalt ziehet. Und in der That, da hierin der Hauptgrund besteht, warum eine jede Ortschaft ihre Armen selbst zu versorgen schuldig ist, so muß derselbe für den Seelsorger des Ortes sehr entscheidend seyn.

Nun darf ich nur den oben ausgemachten Satz noch ein Mahl wiederhohlen, daß die Pflege der Armen und die Verhüthung der Armuth ein Hauptzweig der Beförderung des zeitlichen Wohls im Staate sey: und wir können sogleich die Schlußfolge machen, dieselbe sey also auch ein solcher Zweig, für welchen zu sorgen die Geistlichen eine besondere auf ihr eigenes Hirtenamt gegründete Pflicht haben. Wie nun diese Pflicht auszuüben sey, dieß wird sich in den folgenden Untersuchungen aufklären.

Zwente

*) Sess. XXIII. 1 Kap. von der Reform.

Zweyte Frage.

Welches sind überhaupt in Ansehung der Armen die echten Grundsätze und Pflichten der christlichen Liebe, welche, auch ohne alle vorgängige Polizey=Anstalt, von einem jeglichen Christen befolgt, — und von einem jeglichen Seelsorger der Pfarrgemeinde eingepräget werden müssen?

(§. I.) Ein Seelsorger muß auch ohne vorgängige Armen=Polizey der Pfarrgemeinde die echten Grundsätze der christlichen Armenliebe einprägen. (§. II.) Der erste Grundsatz ist das göttliche Geboth des Almosens, welches sich 1) in Ansehung Gottes a) auf seine göttliche Oberherrschaft, und b) vorsichtige Regierung: 2) in Ansehung der Armen aber a) auf das ursprüngliche Menschenrecht der Armen, und b) auf das im alten und neuen Bunde erklärte Naturgesetz der Nächstenliebe gründet. (§. III.) Der zweyte Grundsatz ist die Quantität des Almosens, welche in dem Maße des Ueberflusses besteht. Gründe dieser Bestimmung. (§. IV.) Dritter Grundsatz: Hebung der nichtigen Einwendungen und Ausflüchte gegen das Almosengeben. (§. V.) Vierter Grundsatz: die Ordnung des Almosens, gemäß welcher man die Ortsarmen den fremden, die Würdigeren den minder Würdigen vorziehen, die Unwürdigen ganz abweisen, jedoch bey allen Gattungen von Armen eine Rücksicht auf das Uebergewicht

wicht ihrer Noth machen muß. (§. VI.) Fünfter Grundsatz: die Materie und Qualität des Almosens. 1) Was zu halten sey a) von den vertröpfelten Geldmünzen, b) von den Brodstücken, c) von Kleidung, Bette, Feuerung. 2) Welch ein vortreffliches Almosen a) durch Verminderung der gegenwärtigen, und b) Verhüthung der künftigen Armuth, und c) durch die geistliche Sitten- und Seelenverbesserung der Armen gegeben werde. (§. VII.) Sechster Grundsatz: die Zeit des Almosens, welche täglich der heutige Tag, nicht aber der Sterbe- oder Leichentag ist. (§. VIII.) Die geistlichen Eigenschaften des Almosengebers sind stäts zwischen dem Vortrage der übrigen Grundsätze mit einzuschalten. (§. IX.) Der siebente Grundsatz enthält die übernatürlichen Beweggründe zum Almosengeben: weil es a) eine Aehnlichkeit mit der Barmherzigkeit des himmlischen Vaters, b) eine Wohlthat gegen Jesum Christum, c) ein Dank- und Zinsopfer für die göttliche Erbarmniß, endlich weil es d) das Maß unserer glückseligen, oder e) im Unterlassungsfalle unserer unglückseligen Ewigkeit ist.

---

§. I.

Ein Seelsorger muß auch ohne vorgängige Armenpolizey der Pfarrgemeinde die echten Grundsätze der christlichen Armenliebe einprägen.

Nachdem die Pflicht der Armenversorgung überhaupt für den Seelsorger nunmehr fest gesetzet ist; so muß jetzt gezeigt werden, wie er dieselbe insbesondere anwendbar machen könne. Er mag sie aber ausüben, wie er will; so ist, nach der dermahligen geistlichen so wohl als politischen Lage, schon voraus gewiß,

daß

zweyte Frage.

daß sein obgleich kraftvolles Amt ohne besondere landesherrliche Polizey-Anstalt für sich allein nicht hinreichend ist, das Armenwesen seiner Pfarrgemeinde in eine ruhige Lage und gewisse regelmäßige Verfassung zu bringen. Es wird immer noch Einen geben, der, alles Predigens und Ermahnens ungeachtet, dennoch lieber zu betteln, als zu arbeiten, oder unterhalten zu seyn wünschet, — immer Einen, der durch keine Wohlthätigkeit von seiner bösen Lebensart abzubringen ist, oder Einen, der es auf seine Verarmung eher ankommen, als sich vor derselben warnen lassen will. Mit den Bemittelten hat es gleichfalls seine Bedenklichkeiten. Denn nichts zu melden von einigen Hartherzigen, die unter dem großen Haufen allezeit anzutreffen sind, so fehlet es fast den freygebigsten Händen an einer unwandelbaren zweckmäßigen Richtung von außen, die nur durch ein weltliches Amt verordnungsweise kann gegeben werden. Es kommen fremde Arme, welche sie sich aus verschiedenen Ursachen nicht abzuweisen getrauen, deren Verscheuchung aber dem Ortsgeistlichen nicht allerdings ansteht. Die einheimischen Armen zu classificiren, sie unter einer bürgerlichen Aufsicht zu halten, der Sammlung und Austheilung des Almosens eine gewisse Ordnung anzuweisen, u. dergl., dieß sind Puncte, worin ein Seelsorger zwar ungemein Vieles ausrichten kann, auf welche sich aber doch alle Köpfe einer Gemeinde ohne weltlichen Betrieb, und so lange jeder noch selbst mitvotiren darf, nicht concentriren lassen. Und so finden sich mehrere Gegenstände, die der Ortsgeistliche allein nicht ganz auszugleichen im Stande ist. Eine herrschaftliche Armen-Polizey ist hier das beste Mittel die Armensache in eine dauerhafte Ordnung zu bringen. Gebothe und Verbothe müssen dazwischen treten, und ein obrigkeitliches Ansehen muß wenigstens von außen die Maschine regieren.

Ob nun gleich einer solchen Anstalt der Seelsorger mit Verlangen entgegen sehen mag, um alsdann recht gedeihlich mitwirken zu können; so folget doch keinesweges, daß er vor ihrer Erscheinung die Hand nicht an das Werk legen solle. Denn auch ohne Armen-Polizey ruft die Armuth nach Hülfe; auch ohne sie bleibt den Bürgern die Pflicht der christlichen Liebe gegen ihre Noth leidenden Brüder: so muß denn auch ein Seelsorger ohne dergleichen vorgängige Polizey-Anstalten seine oben beschriebene Pflicht zur Verpflegung und Verhütung der Armuth nach ihrem ganzen Umfange ausüben. Ja der Mangel einer Armen-Polizey läßt nur desto mehr Sorge auf ihm liegen, weil er in diesem Falle die einzige Person ist, welche dieser für die Religion und den Staat so wichtigen Sache noch einige Gestalt zu geben vermag.

Es ist schon erinnert worden, daß das eigene Almosen des Seelsorgers, so groß es auch immer seyn mag, dennoch erst ein geringer Theil seiner Armenhülfe ist, — ausgenommen, in so weit es zugleich dem Volke zu einem Beyspiele dienet, — daß er also noch über dieß bey seiner Armenpflege hauptsächlich dahin sein Augenmerk zu richten habe, wie er die Mitglieder seiner Pfarrgemeinde zur thätigen Verpflegung der Armen, Theils auch zur Verminderung und Verhüthung des Armenstandes bewegen könne. Was man immer für Mittel, dieses zu bewirken, dem Seelsorger beymessen mag, so bleibt doch allezeit die Ueberredungskraft der erste und seinem Amte angemessenste Weg. Der Mensch muß zu erst von seiner Pflicht durchdrungen, und über die echten bey ihrer Ausübung zu beobachtenden Grundsätze belehret seyn, weil das Maß und die Art ihrer Ausübung von dem Maße seiner Ueberzeugung und Rührung abhängt. Der öffentliche und Privat-Unterricht thut hier das Beste, und hierzu ist der Seelsorger der Mann. Und-

zweyte Frage. 137

Und was soll er nun seiner Pfarrgemeinde in Ansehung der Armenhülfe für Grundsätze beybringen? Ich antworte: die Grundsätze der christlichen Nächstenliebe in besonderer Rücksicht auf die Armen gerichtet. Denn da, wie hier voraus gesetzet wird, von der Landesobrigkeit noch keine Armenanstalt getroffen ist; so muß man dem Volke jene allerweiseste Anstalt begreiflich machen, welche Gott selbst von Anbeginn her, und Jesus Christus in seiner Religion zum Besten der Armen unabänderlich mit uns angeordnet hat, indem er den Menschen die Bedürfnisse ungleich zutheilet, und doch vermöge seines Liebsgesetzes dieselben gleich zu machen befiehlt. Der vorliegenden Frage gemäß ist also die Absicht meiner gegenwärtigen Betrachtung, die echten Grundsätze und Pflichten aus einander zu setzen, welche, auch ohne vorgängige Polizey-Anstalt, ein Seelsorger seiner Pfarrgemeinde in Ansehung der Armen einprägen soll.

§. II.

Erster Grundsatz: das göttliche Geboth des Almosens: — Sein wichtiger Grund 1) auf Seiten Gottes, 2) auf Seiten der Armen.

Der erste Grundsatz, welcher dem Volke wohl eingeprägt werden muß, ist das schwere Geboth der Armenhülfe. Denn so viel Schönes von den Vortheilen des Almosens gesprochen wird, so wenig höret man von dessen großem und wichtigstem Gebothe, und von der unvermeidlichen Nothwendigkeit seiner Erfüllung: wenigstens höret man es nicht gern. Die nicht Almosen geben, machen sich kein Gewissen aus dieser Unterlassung; und Andere, welche geben, sehen es für ein so willkührliches Werk an, daß sie sich insgeheim mehr freuen, etwas über ihre Schuldigkeit,

als

als ihre Pflicht selbst gethan zu haben. Diese Empfindung aber verräth deutlich, daß sie sich die Freyheit, keines zu geben, gern vorbehalten wollen Vor allem müssen daher die Pfarrgenossen von der Strenge dieser Pflicht, und von der Schärfe des göttlichen Gebothes innigst überzeuget werden, welches um so leichter zu bewirken ist, da Gott in seinem heiligen Gesetzbuche, dessen eine Hälfte bloß allein Gebothe der Nächstenliebe enthält,*) von keinem Zweige, und von keiner Pflicht dieser Nächstenliebe klärer und bestimmter, von keiner öfter und lieber redet, als von jener gegen die Armen. Zum Beweise des Gebothes dienen unter vielen anderen die Stellen: 5 Mos. XV. 11. — Sirach. IV. 1. — und aus dem neuen Bunde: Luk. III. 11. — XI. 41. — 1. Tim. VI. 17. 18. Wie strenge aber der Herr dieses Geboth wollte verstanden haben, dieß hat selbst Jesus Christus bey Matth. XXV. 41. ꝛc. auf die erschrecklichste Weise angekündiget, welches Urtheil der h. Apostel Jakobus in seinem katholischen Briefe noch ein Mahl kurz gefaßt wiederhohlet II. 13. Es kann also, schließt der h. Johannes Chrysostomus, das Almosen nicht bloß ein guter Rath seyn, weil dieser gerechteste Gesetzgeber nur wegen Uebertretung eines sehr großen Gebothes so entsetzliche Urtheile kann ergehen lassen. Ja, dieser heilige Vater kann die Größe jenes Gebothes nicht genug anstaunen, weil die Worte Christi es ihm wahrscheinlich machen, daß Gott das Verhalten der Menschen gegen die Armen gleichsam zum einzigen Hauptgegenstande seines furchtbaren Weltgerichtes, und zum Hauptgrunde ihrer ewigen Verwerfung oder Belohnung machen werde, wovon die Parabel vom reichen Manne im Evangelium, **) ja das in der Urwelt schon herein gebrochene wirkliche
Schick-

---

*) Matth. XXII. 39. 40.
**) Luk. XVI. 19 ꝛc.

zweyte Frage. 139

Schicksal Sodoms traurige Vorspiele sind: Sieh! dieß war Sodoms Sünde (und Gericht:) ... des Brodes Sättigung und Ueberfluß, und sein und seiner Töchter Müßiggang, und die Hand haben sie dem Dürftigen und Armen nicht gereichet. *)

Da aber dennoch die trockene Ankündigung dieses Gebothes vielleicht mehr auf der Oberfläche harter Herzen liegen bleiben, als in dieselbe eindringen möchte; so muß man ihnen auch die Hauptgründe, worauf das Gesetz beruhet, deutlich und einleuchtend vorstellen, welche alsdann eher Wurzel fassen werden. Es gründet sich aber der göttliche Befehl erstlich von Seiten Gottes auf seine göttliche Oberherrschaft, und auf seine vorsichtige Regierung dieser Welt, von Seiten der Armen aber auf das natürliche Recht der Menschheit, und vorzüglich auf das Naturgesetz der Nächstenliebe.

1) **Die göttliche Oberherrschaft**, vermöge welcher Gott allein der wahre Eigenthümer aller Güter, der Mensch aber nur der Verwalter derselben ist, kann a) mit Recht von uns fordern, was ihr beliebt, das Gut des Menschen, ganz, oder zum Theile, oder gar den Menschen selbst. Die ganz göttliche Einrichtung des ehemahligen jüdischen Staates gibt hierüber eine schöne Beleuchtung in seinen mannigfaltigen Auslösungsopfern, wodurch dieses Volk, um der obersten Alleinherrschaft seines Gottes nie zu vergessen, beynahe Alles, Feld- und Baumfrüchte, Mehl, Brod, Wein und Oehl, Vieh, u. s. w., und selbst den Erstgebornen der Familie von seinem Schöpfer, dem Geber und Erhalter alles Guten, gleichsam erkaufen mußte. Da nun dieser Herr seiner äußersten Güte gemäß von uns weiter nichts, als was nach allen nöthigen Auslagen

übrig

*) Ezech. XVI. 49.

übrig bleibt, zu seinem gewöhnlichen Tribute fordert, zu dessen Einnahme aber die Armen anstatt Seiner angewiesen hat; so kann hierdurch die Billigkeit des Almosengebothes nach dem Spruche des Weisen: **ehre den Herrn von deiner Habschaft** *) auch den rohesten Gemüthern fühlbar gemacht werden.

B) Hiernächst entwerfe man ihnen die Oekonomie der göttlichen Vorsehung, welche sehr ungerecht schiene, wenn sie nicht für die armen Menschen-Classe auf eine solche Art gesorget hätte, daß diese die Einnehmer der Gott schuldigen Abgaben seyn sollten. Man führe sie auf den Ursprung der Menschenwelt zurück, und lasse sie einsehen, daß die Ungleichheit der Stände und ihrer Güter nicht der Welt anerschaffen, sondern durch die Sünde und Leidenschaften der Menschen erst nachmahls eingeführet, und endlich ein nothwendiges Uebel geworden sey. Gott aber, der auf solche Weise die Adamssünde sich durch sich selbst strafen ließ, habe dieses Uebel zugelassen, um Gutes daraus zu ziehen: nicht damit Einige schmachten sollten, indeß die Anderen im Ueberflusse lebten; sondern damit Beyde, die Armen und Reichen, abhängig unter einander, und zu wechselseitigen Diensten verbindlich gemacht würden. Gleichwie nun der Herr die Menschen auf diese Art nicht durch sich unmittelbar, sondern durch sie selbst einander regieret, indem Jeder ein Werkzeug der göttlichen Vorsehung für den Andern ist; so haben sich die Begüterten nicht anders, als für Mitarbeiter der Vorsehung Gottes anzusehen, denen er nur darum von dem gemeinen Gute der Welt mehr hat zufließen lassen, damit sie sich der Ehre und des Verdienstes zu erfreuen haben, Gottes Gehülfen und Ausspender seiner Gaben in Verpflegung seiner Armen zu seyn. Die Armen hingegen müssen durch andere leibliche oder

geist-

*) Sprichw. III. 9.

zweyte Frage. 141

geistliche Dienste, die Werke der regierenden Vorsehung an den Reichen verrichten.*) Dieß ist der Plan der göttlichen Vorsehung, der im Ganzen so vollkommen zusammen hängt, daß er beyde Menschen-Classen unfehlbar zum Zwecke ihrer irdischen und ewigen Glückseligkeit führet. Weil aber die Eigenliebe, die Habsucht und Unbarmherzigkeit der Menschen diesen Plan indessen verkennet, die Vorsehung beschimpfet, und in den Augen der Armen mangelhaft gemacht haben; so mußte der Herr das strenge Geboth ausdrücklich über sie ergehen lassen.

2) In Ansehung der Armen beruhet das Gesetz des Almosens — a) erstlich auf den natürlichen **Rechten der Menschheit**, welches als ein neuer Grund dem Volke kann beygebracht werden. Es übersteigt keinesweges die Einsicht des gemeinen Mannes. Denn da die Ungleichheit der Güter nicht ursprünglich aus der Schöpfung herrühret; so muß ein unbefangenes Gemüth gar leicht begreifen, daß der Arme von Natur aus auf die Weltgüter mit dem Reichen gleiches Recht habe; und weil es nur Habsucht gewesen, welche dieselben anfänglich zu sich gerissen hat, so müsse von dem Besitze der Reicheren wenigstens so viel der Armen eigenthümliches Gut seyn, als diese zu ihrem Unterhalte vonnöthen haben. Wenn also gleichwohl der Herr der Natur nie geredet hätte, so würde die Natur selbst überlaut schreyen, daß die Armen weiter nichts empfangen, als was ihnen schon voraus zugehöret; daß hingegen die Unbarmherzigen nicht das Ihrige, sondern das rechtmäßige Eigenthum der Armen im Besitze behalten, weßwegen sie auch in der Bibel durchgängig mit ihrem eigentlichen Namen die Ungerechten genennet werden.

Indess-

*) 2 Kor. VIII. 14.

B) Indeſſen muß der Volkslehrer dieſe ſchweren, obgleich ganz wahren, Ausdrücke wieder etwas mildern, indem er ſeinen Leuten endlich den allervornehmſten und edelſten Grund des Almoſengebothes erkläret, welcher in dem ſanften Geſetze der Liebe beſteht. Gott, ſage er, will ſich zwar das Recht nicht nehmen laſſen, uns die Armenhülfe zu gebiethen; er will uns aber auch des edlen Verdienſtes nicht berauben, ſie aus freyem Antriebe der Liebe zu verrichten. Man lege ihnen alſo das allgemeine Geſetz der Nächſtenliebe zum Grunde, nicht nur in ſo weit das Gefühl davon in jedes Menſchen Natur liegt, ſondern vorzüglich in jener erhabenen Hinſicht, daß dieſe Liebe der Geiſt der alten und neuen göttlichen Religion, *) und in Verbindung mit der Liebe Gottes das erſte und größte Geboth im alten und neuen Geſetze, **) daß ſie der weſentlichſte Charakter eines Chriſten, ***) und eigentlich nur ſein einziges Geboth, ****) ja die Seele und der kurze Inbegriff des ganzen Chriſtenthumes ſey. *****) Welch ein unerſchöpflicher Stoff zum Reden! — Dann folge der Unterſatz: daß die Barmherzigkeit gegen die Armen den edelſten Zweig der Nächſtenliebe ausmache, indem Alles, was uns den Menſchen zu lieben verbindet, in Rückſicht auf die Armen ein doppeltes Gewicht erhält. Sie ſind, als unſer eigenes Fleiſch und Blut ******) in weit elenderen Umſtänden, als Andere: ſie ſind, als Gottes Ebenbilder, Jeſu Chriſto viel ähnlicher, und an der Armuth gleichförmiger: *******) als unſere Miterben ſind ſie zum Reiche Gottes

*) Matth. XXII. 40.
**) Ebendaſ. V. 38. 39.
***) Joh. XIII. 35.
****) Ebendaſ. XV. 12. 17.
*****) Röm. XIII. 8. 10.
******) Jeſai LVIII. 7.
*******) Zach IX. 9.

zweyte Frage. 143

Gottes weit berechtigter, *) u. ſ. w. Hieraus laſſe man den Zuhörer den Schluß ziehen: wer die Armuth nicht mit thätiger Hülfe unterſtütze, der habe nicht nur das erſte und größte Geboth, ſondern er habe es auch auf die höchſte Weiſe, d. i., an den Armen, übertreten: denn wer ſeinen Bruder Noth leiden ſieht, und verſchließt vor demſelben ſein Eingeweide, wie bleibt die Liebe Gottes in ihm? wer aber nicht liebet, der bleibt im Tode. **)

Dieß ſind alſo einige Hauptbeweiſe für den erſten Grundſatz, woraus das Volk die Schärfe des göttlichen Gebothes in Betreff der Armenhülfe, und zugleich die Strenge und Nothwendigkeit ſeiner Pflicht hinlänglich erkennen wird. Weil es aber außer den materiellen Gaben, welche man den Armen reichet, noch verſchiedene Gattungen von Almoſen gibt, welche beym fünften Grundſatze werden aufgezählet werden; ſo iſt zu bemerken, daß dieſe vier Gründe des Almoſengeſetzes ſich auch auf alle jene Gattungen des Almoſens erſtrecken, und im Vortrage auch auf dieſelben müſſen angewendet werden. Denn jede Gabe und Fähigkeit müſſen wir durch guten Gebrauch gegen hülfsdürftige Menſchen gleichſam an Gott abzinſen: — in jedem Stücke, worin er es zu ſeyn fähig iſt, hat Gott den Menſchen gegen Mitmenſchen zum Stellvertreter ſeiner regierenden Vorſehung beſtimmet: ***) auf jedes meiner Talente hat mein Nebenmenſch von der Schöpfung aus mit mir gleiche Anſprüche: — und Gottes Wille iſt es ohnehin, daß ſo, wie die Liebe ſelbſt keine Grenzen hat, auch ſein Geſetz der Liebe ſich auf jeden Fall der Möglichkeit erſtrecke.

Zweyter

---

*) Jak. II. 5.
**) 1. Joh. III. 14. 17.
***) Sirach XVII. 12.

§. III.

Zweyter Grundsatz: die Quantität des Almosens, welche in dem Maße des Ueberflusses besteht. Gründe dieser Bestimmung.

Der zweyte Grundsatz betrifft das Maß oder die Quantität des Almosens, wie viel nämlich ein Jeder zur Unterstützung der Armuth anwenden müsse. Denn auch Jene, die weder den Buchstaben des Gesetzes anfechten, noch die Pflicht des Almosens bestreiten, wollen jedoch willkührlich darin zu Werke gehen, und glauben, es sey ganz ihrer freywilligen Bestimmung überlassen, wie weit sie ihre Mildthätigkeit ausdehnen, und in welchem Maße sie ihre Gaben mittheilen möchten. Dieses Vorurtheil muß ein Lehrer des Gesetzes den Christen benehmen. Er kann es zugeben, Gott, der eine gewisse Almosen-Abgabe zur Armensteuer, — eben so, wie im alten Bunde die Zehenten, Erstlinge, und Opfer zur Priester — und Levitensteuer *) — hätte bestimmen können, habe es zwar dessen ungeachtet der christlichen Liebe auf Treue und Glauben heimgestellet; dieß sey aber nicht geschehen, um die Herzen einzuschläfern, und ihrer Eigenliebe zu schmeicheln, sondern ihnen ein desto unbeschränkteres Feld, und einen freyeren Lauf zur Erwerbung großer Verdienste einzuräumen. Allein diese Vorstellung ist noch lange nicht bestimmt genug, um über ein hartes und kriechendes Herz zu siegen: sie ist aber auf der andern Seite fähig, furchtsame Seelen in Unruhe zu setzen. Man gebe ihnen also jene, wiewohl auch noch ziemlich allgemeine Bestimmung ihrer Almosen-Quantität, welche im Gesetze Jesu Christi gegründet ist: was übrig ist, das gebet zum Almosen! **) Das Maß des Ueberflusses

---

*) 3. B. Mos. XVIII. 21. — 5. B. XVIII. 3. 4.
**) Luk. XI. 41.

zweyte Frage.

Auffes ist also für Jeden das **Maß seines Almosens**: den Fall ausgenommen, wo die Noth des Dürftigen nach seinem Stande größer, als meinem Stande gemäß die meinige ist; denn alsdann, wenn nicht Hülfe von einem Reicheren in der Nähe ist, muß ich auch das Nothwendige mit dem Leidenden theilen.

Dieses Maß des Almosens beruhet auf den vier Gründen des Almosen-Gebothes, welche im vorigen Absatze sind dargelegt worden. Denn wenn **erstlich** das Almosen eine Steuerabgabe an Gott den Oberherrn für die zeitlichen Güter ist; so muß es gegen eben diese Güter ein solches Verhältniß haben, daß der Herr durch seine Einnehmer, die Armen, **mehr von denen fordere, welchen er mehr Güter zugewendet hat**, *) und von Jedem so viel, als er ihm über das ganze Maß aller rechtmäßigen Bedürfnisse seines Standes zufließen läßt. Und hat **zweytens** der Arme mit dem Reichen gleiche Ansprüche auf die Güter dieser Welt; so ist alles das, was dem Wohlhabenden nach Abrechnung des erwähnten Maßes von Bedürfnissen übrig bleibt, ein Eigenthum der Armen, welches er ihnen abzutragen hat. Diese Stimme der Natur ist **drittens** eben auch die Stimme der Liebe. Sie befiehlt, den Armen mehr zu lieben, als unser Vermögen, folglich von diesem dasjenige ihm zu ertheilen, was eine wohl geordnete Selbstliebe für uns selbst nicht nöthig erachtet. Was endlich **viertens** die Bemittelten als Werkzeuge der göttlichen Vorsehung den Armen schuldig sind, kann gewiß dieser Vorsehung zu Folge weniger nicht seyn, als ihr ganzer Ueberfluß. Denn Gott, **der Alles mit Zahl, Gewicht, und Maß gemacht hat**, **) kann eigentlich in der Welt nichts

Ueber-

*) Luk. XII. 48.
**) Weish. XI. 21.

Ueberflüssiges gemacht haben. Der Ueberfluß des Reichen ist also nichts anders, als die Nothwendigkeit für den Armen; oder er ist ein Unwesen in der Schöpfung, und ein Schandflecken der göttlichen Vorsehung. Der Apostel Paulus, da er gleichfalls den Ueberfluß als das Maß der Mildthätigkeit fest setzet, spielet auf eben diese Vorsehung Gottes an, welcher zu Folge die Wohlhabenden dasjenige mit ihrem Ueberflusse gleich machen sollen, was wegen des Mangels der Armen ungleich ausgetheilet ist. *Euer Ueberfluß*, sagt er, *soll ihren Mangel ersetzen, damit Gleichheit werde, so wie von dem Manna geschrieben steht: wer mehr sammelte, hatte keinen Ueberfluß, und wer weniger, keinen Mangel* *)

Hierher gehöret aber auch wiederum die Schlußerinnerung des vorigen Absatzes. Denn wenn wir an bloß materiellen Almosengaben unseren Nebenmenschen dasjenige schuldig sind, was uns nach rechtmäßiger Bestreitung der gegenwärtigen, und nach vernünftiger Aufsparung für morgige Bedürfnisse übrig ist; so folget, daß wir auch in Betreff aller anderen Gattungen von geistlichem oder leiblichem Almosen so viel von unsrer Zeit, Vernunft, Wissenschaft, Gesundheit, und von allen unseren übrigen Gaben und Dienstfähigkeiten an dürftige Mitmenschen verwenden müssen, als wir für die Pflege unserer eigenen Wohlfahrt und Glückseligkeit entbehren können.

Man lasse also die Zuhörer schließen, daß das Maß des Almosens eben so wenig, als das Geboth desselben, frey gestellet, und nicht der Willkühr, sondern Theils der strengen Prüfung des Gewissens, Theils der unbegrenzten Liebe der Begüterten überlassen sey: einer Liebe, die zwar Klugheit genug habe, sich selbst

nicht

*) 2 Kor. VIII 14. 15 — 2 B. Mos. XVI. 18.

zweyte Frage.

nicht zu entschöpfen, *) die aber übrigens doch so viel Großmuth besitze, daß sie der unordentlichen Eigenliebe, welche nie genug, vielweniger etwas übrig hat, kein Gehör gebe, und ihre Augen fast mehr über das offen habe, was der Arme brauchet, als was sie selbst entbehren kann. Nicht allein die Pflicht des Almosens überhaupt, sondern auch das Verhältniß seiner Quantität gegen unser Vermögen wird also einst unser ewiges Schicksal bey Gerichte entscheiden: zumahl da die Menschen alles Andere nach ihren Einkünften abmessen, und nach dem Maße ihres Vermögensstandes essen, trinken, und wohnen, sich kleiden, und im Hausgeräthe eingerichtet seyn wollen. Ja wie oft übertreiben sie nicht alle diese, und was noch mehr ist, auch unerlaubte Dinge über das benannte Maß, und setzen durch eben solchen übermäßigen Gebrauch dessen, was nicht gebothen und oft gar verbothen ist, sich selbst außer Stand, das strengste aller Gebothe zu erfüllen?

Uebrigens kommt hierbey das Meiste noch darauf an, daß man dem Menschen noch weit bestimmter anzudeuten wisse, was er eigentlich für seinen Ueberfluß anzusehen habe; — daß Ueberfluß alles dasjenige zu nennen sey, was zur ehrbaren und ordentlichen Erhaltung seines Standes, und dessen rechtmäßiger Umstände nicht nothwendig erfordert wird. Denn die Eigenliebe, die Feindinn aller Nächstenliebe, ist allzu tückisch, als daß sie nicht, wie sie dem Almosen-Gebothe selbst zu entgehen trachtet, so noch vielmehr ein bestimmtes Maß des Almosens durch eine Menge Ausflüchte zu vereiteln suchte, indem sie ihrem Vorgeben nach, alles des Ihrigen stäts zu ihrer eigenen Noth bedürftig ist. Aber eben deßwegen verdienen solche Entschuldigungen hier ganz besonders beleuchtet zu werden.

*) 2 Kor. VIII. 13.

§. IV.

Dritter Grundsatz: Hebung der nichtigen Einwendungen und Ausflüchte gegen das Almosengeben.

Tausend Vorwände stehen, wie gesagt, dem lichtscheuen Geitze zu Gebothe, hinter denen er sich verbirgt, und immer vorgibt, daß er nie etwas übrig habe. Der Almosenprediger aber muß ihn bis in den letzten Winkel verfolgen, und ihn auch da noch ausrotten, indem er den Hinterhalt aufdecket, und die Entschuldigungen zernichtet, welches einer der nothwendigsten Artikel seines Unterrichtes von der Armenhülfe ist. Er setzet demnach seinen Pfarrkindern dieses zum dritten Grundsatze: **daß sie den heimlichen Entschuldigungen ihrer Eigenliebe nie trauen sollen,** weil sie jederzeit eine falsche Leidenschaft zum Grunde hätten, folglich in ihrem Ursprunge schon verdächtig wären. Und zur Probe stellet er die Falschheit der gewöhnlichsten Vorwände in ihrer Blöße dar.

Erstlich gibt man vor, **man brauche selbst Alles,** was man im Vermögen habe, um sich und die Seinigen standsmäßig zu unterhalten. Allein dieß ist ihre Sünde, und nicht ihre Entschuldigung. Denn untersuchet man, was es für ein Stand ist; so sieht man gar bald, daß eben diese Standsmäßigkeit von dem Evangelium verworfen wird. Es ist ein Stand des Wohllebens und der Verschwendung, der Spielsucht und der Ueppigkeit in Kleidern, die sich auch unter die Hütten des Landvolkes schon eingeschlichen hat. Da aber ein solcher Stand, auch ohne Daseyn eines Almosengesetzes, schon durch sich selbst verdammet ist; wie könnte er noch von einer so schweren Pflicht los sprechen? Man hat immer genug zur Unterhaltung der Sünde übrig, und sollte doch nie zur Unterstützung armer Menschen einigen Ueberfluß haben!

Ob nun gleich dieser Vorwurf die Wohlhabenden nicht alle trifft, so sind doch die **Reichsten** fast immer diejenigen, die am **meisten Bedürfnisse** vorschützen, und am wenigsten wollen entbehren können. Sie tragen beynahe kein Bedenken, sich selbst für arm zu erklären. Allein man frage sie, warum sie dessen ungeachtet sich selbst ihren Ueberfluß so überzeugend eingestehen, daß sie sich nicht enthalten können, von ihrem Reichthume öfters mit Ruhme zu sprechen? warum sie gemeiniglich von mittelmäßigeren Personen sich an Wohlthätigkeit übertreffen lassen, mit denen sie doch kaum die Hälfte ihrer Habschaft vertauschen würden? warum sie nur alsdann arm seyen, da sie umsonst mittheilen sollen? Ihre Armuth müsse entweder darin bestehen, daß sie aus Geitz nie genug bekommen, oder in dem, daß zur Befriedigung anderer Leidenschaften ihr ganzer Reichthum nicht ergiebig genug sey.

Eben so sehr irren sich Andere, die nicht zur Classe der Reichen gehören, die aber gerade aus dieser Ursache die Pflicht der **Wohlthätigkeit** für eine fremde **Schuldforderung** ansehen, welche bloß auf das **Vermögen der Reichen** geleget sey. Diesen enthülle man ihr Vorurtheil durch Anzeigung des Mittelweges zwischen Vielgeben und Nichtsgeben. Man erinnere sie an so viele unnöthige Ausgaben, an so manchen entbehrlichen Gebrauch und Genuß, den sie ohne Schaden — meistens mit größerem Vortheile — sich selbst versagen, und einem Dürftigen damit erfreuen könnten. Gott verlanget nicht, daß man, um die Armuth Anderer zu erleichtern, sich selbst in den Stand der Dürftigkeit versetze. *) Er ermahnet uns aber doch durch den Mund des **Tobias**, der im Gesetze des Herrn ergrauet war: Sey barmherzig, so viel du vermagst: hast du viel, so gib überflüssig: hast du

*) Ebendas.

du wenig, so befleiße dich, auch das Wenige gern mitzutheilen. *) Ein Geboth muß so weit erfüllet werden, als die Kräfte sich erstrecken. Erst dann höret die Verbindlichkeit des Gebothes auf, wenn zu dessen Erfüllung uns die Kräfte mangeln.

Ja nicht einmahl diejenigen, die weit unter dem Mittelstande, und von den Armen kaum noch zu unterscheiden sind, muß man von allem Almosengeben ganz frey sprechen. Denn gemäß dem, was beym fünften Grundsatze von der Qualität und verschiedenen Materie des Almosens noch vorkommt, ist kein Mensch, auch der Aermsten Keiner, der nicht irgend eine Gattung von Almosen geben, d. i., der nicht auf irgend eine Art die barmherzige Liebe gegen den Nächsten ausüben könnte. Es liegt nur einzig an dem, daß er hierzu den ernsten Willen, der sich seiner Redlichkeit selbst bewußt ist, oder mit einem Worte, daß er wirklich die wahre Liebe besitze; so wird er, Dürftigen zu helfen, an sich eine Menge Fähigkeiten, und außer sich unzählige Gelegenheiten wahrnehmen. Die Eigenliebe aber sieht nichts von allen dem. Wir müssen also der Vorstellung, daß wir für Arme Nichts vermögen, so lange nicht trauen, so lange uns ihr Leiden nicht zu Herzen geht. Für Leute, die man nicht liebet, vermag man freylich Nichts; und man dürfte auch reich, und noch so reich werden, so würde man nicht weniger unempfindlich, und dabey ruhig verbleiben. Ein barmherziger Mensch, der Nichts vermag, betrübet sich wenigstens, daß er Nichts vermöge, und je unvermöglicher sich seine Nächstenliebe fühlet, desto erfinderischer wird sie, durch kleine Hülfeleistungen ihr Unvermögen zu ersetzen. Niemand wird sich einst vor Gerichte entschuldigen dürfen, selbst der Bettler und der Bresthafte auf dem Krankenlager nicht: und eher können wir den

Abgang

*) Tob. IV. 8. 9.

Abgang an Menschen, die unserer Dienste beburft-
en als unsere gänzliche Unfähigkeit vorwenden solche
zu leisten.

Der gemeinste Vorwand ist, man habe **Kinder
zu versorgen**, eine zahlreiche Familie zu ernähren,
rc. — Hierauf kann man den heiligen Kirchenlehr-
er **Augustinus** antworten lassen, daß dieß nur eine
Maske von ihrer Gottseligkeit sey, die sich doch mit ihrem übrigen Leben nicht allerdings zusammen reime.
Hätten sie ein Kind mehr; so würden sie auch für dieses sorgen müssen, und es auch können. Der Hausvater
sehe also diesen oder jenen Armen für sein Kind an,
welches noch zu seiner Familie gehöre, und nehme in
demselben Jesum Christum unter die Seinigen auf, u. s. w.

Auf die Entschuldigung mit schlimmen Zeiten
muß ein Volkslehrer zu erkennen geben, sie sey so gewöhnlich, daß, wenn sie sich allezeit auf Wahrheit
gründete, es nie gute Zeiten geben könnte. Doch
möchte gleichwohl dieser Vorwand seinen wahrschein-
lichen Grund haben, so ist ja Gott selbst auch von den
übeln Zeiten der Urheber, *) der aber die Armen deßwegen doch nicht verhungern, sondern bey allen dem
unser Geboth, sie zu erhalten, bestehen lassen will.
Vielmehr sind schlechte Zeiten die Strafen der Unbarmherzigkeit gegen die Armen. **) Man lasse sie ferner
den treffenden Schluß fühlen, daß, wenn das allgemeine Leiden sich selbst bis zu den Reichen hinauf erstrecket, es eben darum noch weit betrübter um die
Armuth aussehen müsse: folglich sey nichts billiger, als
daß die, welche am wenigsten leiden, den meist Leidenden beystehen, und sich, so wie viele Andere, auch
an jenem nicht gar zu reichlichen Unterhalte einen Ab-
bruch gefallen lassen. Sparsamkeit ist zwar eine eben

*) Amos III. 6.
**) Ebendas. IV. 1. 7. 8. 9.

so nöthige, als löbliche Tugend; aber bey den Ausgaben für die Armen seine Sparsamkeit zuerst anfangen wollen, wäre lächerlich: unchristlich aber wäre es, bey unnöthigen oder gar sündlichen Auslagen die Sparsamkeit mißkennen, und sie nur allein auf Kosten der Armen geltend machen wollen. Nein: was die Bemittelten erweichen sollte, die üble Zeit, das darf sie nicht verhärten; und aus Besorgniß, auf unkluge Art allzu wohlthätig zu werden, muß man nicht auf noch grausamere Weise unbarmherzig seyn.

Die Ausflucht, man wolle sein Almosen auf Eine Masse bis zum Todesbette zusammen kommen lassen, läßt sich aus dem nachfolgenden sechsten Grundsatze, — und jene, daß man anstatt des Almosens fromme Vermächtnisse für Kirchen, u. dergl. stiften wolle, läßt sich aus der Erörterung der folgenden fünften Frage beantworten. *)

Endlich heißt es, es gebe der Armen zu viele: man könne nur Einigen beystehen, da indeß die Andern hülflos bleiben müßten: auch könne man den Würdigen nicht so leicht von dem Unwürdigen unterscheiden. Der Seelserger kann gar leicht beweisen, daß dieses die allertrieglichste Maske ist, unter welcher man seine Unbarmherzigkeit zu beschönigen suchet. Denn das Almosen, welches man Einem oder dem Andern zu geben im Stande ist, verliert seinen Werth keinesweges dadurch, daß es sich nicht auf alle erstrecken kann, folglich muß es darum dem Ersteren nicht vorenthalten werden. Können sie nicht Allen helfen; so gibt es doch selten eine Gemeinde, die nicht vermögend wäre, mit Ausschließung aller Fremden die Armen ihres Ortes zu unterhalten. Und eben diese Ortsarmen sind es auch, bey denen fast jeder Bürger zwischen Würdigen und Unwürdigen den richtigen Unterschied kennet.

Hier

*) S. die folgende fünfte Frage §. III. c)r.

zweyte Frage.

Hier fällt also der ganze Vorwand hinweg. Jedoch kann man, alles das bey Seite gesetzet, weiter antworten, wenn es ihnen doch bey dieser Ausrede nicht so wohl um die Bemäntelung ihrer Unempfindlichkeit, als um gute Anwendung ihrer Wohlthätigkeit zu thun sey; so könnten sie ja ihre Almosengaben, oder einen Theil davon ohne Zwang und stäts nach ihrem Belieben bey dem Seelsorger hinterlegen; sie können so gar, wenn sie wegen der zweckmäßigen Austheilung sicherer seyn, oder mehr Hand in der Sache haben wollten, gewisse Armen an ihn verweisen. Dieser würde am besten einem Jeden nach Bedürfniß, nach Ordnung, Zeit, und Umständen, nach Verdienst und Würdigkeit austheilen. Hierdurch würden sie weiter nichts Geringeres thun, als was gemeiniglich die gescheidtesten Menschen und größten Herren zu thun pflegen, wenn sie den Armen Gutes erzeigen wollen. Man kann ihnen endlich hinzu setzen, daß diese Art, ihr Almosen zu geben, viel unpartenlicher, demüthiger, ordentlicher, viel verdienstlicher, und für das Seelenheil des Gutthäters vortheilhafter sey. *)

Nach solchen Anleitungen muß ein Seelsorger über die mannigfaltigen Ausflüchte der Lieblosigkeit siegen, ihr die Maske vom Gesichte reißen, seine Zuhörer vor den Richterstuhl ihres eigenen Gewissens hinführen, und sie dann selbst auf die Zuverlässigkeit dieses gegenwärtigen dritten Grundsatzes schließen lassen: wie wenig sie nämlich ihrer Eigenliebe trauen dürfen, und wie verdächtig ihnen jede Eingebung derselben seyn müsse. Sie sollen nur mit einem recht einfältigen Auge diese zwey Stücke vor Gesichte behalten: den echten Gehorsam gegen Gott, der das Almosen auf das strengste gebiethet, und die echte Liebe gegen die Armen, die desselben bedürfen. Denn die Noth des

*) Ebendaselbst §. I, 3, d; s).

des Gehorsams lehret, wie man sagt, Alles.. und die Zärtlichkeit der Liebe lehret auch Alles. Das Erste können sie aus dem Zwange ihrer Schatzungsabgaben, das Andere aus den Werken, die sie an Ihren Kindern verrichten, abnehmen, weil Noth und Liebe ihnen alle Mahl für eine wie für die andere dieser Pflichterfüllungen, so hart sie auch seyn mag, Rath, Hülfe, und Mittel zu schaffen wissen.

§. V.

Vierter Grundsatz: die Ordnung des Almosens, gemäß welcher man 1) die Ortsarmen den fremden, 2) die würdigeren den minder würdigen vorzieht, und die unwürdigen ganz abweiset, jedoch 3) bey allen Gattungen von Armen eine Rücksicht auf das Uebergewicht ihrer Noth machet.

Sind nun einmahl diese Principien fest gesetzet, so geht man weiter, und stellet den Bürgern den persönlichen Gegenstand ihres Almosens vor, wem sie nämlich, und welchen Armen sie solches zu reichen haben. Es ist also der vierte Grundsatz die Ordnung des Almosens. Die Liebe, schreibt der h. Thomas von Aquin, diese Königinn der Tugenden, würde selbst nicht mehr Tugend seyn, wenn es ihr an Ordnung gebräche. Gottes Allmacht und Weisheit hat nach dem Zeugnisse der h. Schrift Alles mit Ordnung gemacht, und sein Apostel empfiehlt sie seinen Gläubigen in allen Stücken *) Bey dem Almosen, als einem so wesentlichen Theile der Liebe, muß also den Christen eine gewisse Ordnung gelehret werden.

1) Diese Ordnung erfordert erstlich, daß eine christliche Gemeinde ihre einheimischen Armen vor allen andern versorge. Ein Seelsorger würde

wahrhaft

*) I. Kor. XIV, 40.

zweyte Frage.

wahrhaft kein größeres Werk in der Armensache stiften können, als wenn er die Pfarrgenossen mit seiner Beredsamkeit dahin brächte, daß die fremden hereindringenden Armen, besonders die Bettler von Profession, so viel möglich, von der Thür abgewiesen, oder gar abgehalten würden. Dieses zu bewirken, muß er sie überführen, wie genau es mit der echten christlichen Liebe übereinstimme, indem es ganz sicher den größten Nutzen für die geistliche und leibliche Wohlfahrt der Armen und der ganzen Gemeinde verschaffet, welches ich unten *) ausführlich, wiewohl unter einem andern Gesichtspuncte, zeigen werde. Auf solche Art werden die Armen seiner Pfarrgemeinde in fremden Ortschaften gleichfalls abgewiesen werden, und in der Folge zu Hause bleiben müssen; die faulen Bettler hingegen, weil sie auswärts nichts empfangen, in ihrem Vaterorte aber weder betteln dürfen, noch mögen, werden sich von selbst zur Arbeit genöthiget sehen. Damit aber die ländliche Einfalt an einem solchen Grundsatze kein Aergerniß nehme, als wollte der Seelsorger Armuth und Almosen anfeinden, so muß er mit Klugheit sprechen: er muß den Vorzug der Ortsarmen mit allen Vernunft- und Religionsgründen der Gewissenhaftigkeit seines Volkes auf das nachdrücklichste empfehlen **) und demselben die Pflicht recht groß vorstellen, welche es verbindet, seine Ortsarmen um so zuverläßiger und hinlänglicher zu verpflegen, je weniger Hülfe sich diese von auswärtigen Orten her gemäß einer solchen Einrichtung zu versprechen haben.

2) Es ist aber noch eine andere eben so nothwendige Ordnung in Ansehung der Ortsarmen selbst vorzutragen. Denn gleichwie Viele das Geboth so, wie auch das Maß des Almosens, für eine von ihrer Will-

führ

---

*) Sieh fünfte Fr. §. I, 3.
**) Galat. VI. 10.

Ruhr abhangende Sache ansehen: also glauben gewiß noch weit Mehrere, es sey gänzlich ihrer Wahl frey gelassen, wen sie vor Anderen ihrer Gaben theilhaftig machen wollen. Allein man erkläre ihnen, daß ein solches Almosen meistens fehlerhaft, — oft gar kein Almosen, — und zuweilen auch ärger, als keines, d. i., ein böses, Sünden stiftendes Almosen sey, und daß vielmehr die würdigeren Armen den minder würdigen, und unter diesen der Dürftigere vorgezogen, die unwürdigen aber gänzlich abgewiesen werden müssen.

A) **Ein fehlerhaftes Almosen ist es erstlich,** wenn der Würdigere dem minder Würdigen nachgesetzet wird, welches nur gar zu oft, und nicht unverschuldeter Weise geschieht, indem gemeiniglich der wahre Arme, der demüthige und geduldige, welcher von Anderen verdränget wird, oder die dem geübten Bettler so natürliche Dreistigkeit nicht besitzt, selten das Glück hat, von seinen Mitbürgern hervor gesuchet, oder nur recht gekannt zu werden. Man zeige also dem Volke die würdigste Armuth durch gewisse physische und moralische Kennzeichen an, und bestehe darauf, daß ein Christ für diese zuerst zu sorgen verpflichtet sey. Unter den Würdigen selbst aber lehre man sie, einen billigen Unterschied zwischen der geringeren Noth des Einen, und zwischen der größeren des Andern zu machen, damit nicht jener, der zuerst vor die Augen kommt, das Beste oder Meiste empfange, welches er zur Zeit noch hätte entbehren, der Andere aber zur Nothdurft hätte brauchen können. Denn auch unter den würdigsten Armen gibt es Halbarme: und diese den völlig Verarmten unter ihres Gleichen vorzuziehen, liefe wider alle göttliche und menschliche Ordnung. Noch unordentlicher aber wäre es, dieselben so reichlich zu verpflegen, daß auf einer Seite der ganz Arme an seinem Antheile verkürzet, auf der andern
Seite

zweyte Frage.

Sollte aber der Halbarme selbst dadurch in Unthätigkeit und Vernachlässigung jener Selbsthülfe versetzet würde, wodurch er vielleicht die Hälfte seines Auskommens bestreiten kann.

Wer aus unverschuldeten Zufällen verarmet ist, wer einen besseren moralischen und christlichen Charakter besitzet, der hat ohne Zweifel gerechtere Ansprüche auf unseren Beystand, als ein Anderer, der aus eigener Schuld oder Lasterhaftigkeit in Armuth gerathen ist, — der weniger gesittet, weniger fleißig ꝛc. ist. Hier muß also der barmherzige Christ — nicht blindlings, sondern mit vernünftiger Würdigung des Verdienstes seine Gaben ausspenden. — Er muß ferner die in der Stille seufzenden Verlassenen selbst aufsuchen, weil sie ihn vielleicht nicht werden suchen oder finden können. Er muß den alten, den kranken, oder sonst unvermögenden Armen das Almosen, dem sie nicht selbst nachgehen können, zuschicken, und bey geschämigen Armen muß er ihrer Bitte zuvorkommen. Ihre Noth ist desto gewisser und größer, je weniger sie sich dieselbe zu offenbaren getrauen, ihre Scham aber redet desto vernehmlicher, je gewaltsamer sie ihre Klagen und Seufzer zurück hält. Vorzüglich empfiehlt uns das Wort Gottes die armen Witwen und Waisen. Ich hebe aus unzähligen Stellen nur die einzige aus bey Jakob. I. 27. Die reine und unbefleckte Religion bey Gott und dem Vater ist diese: die Witwen und Waisen in ihren Trübsalen zu besuchen: es versteht sich, nicht mit trockenen Worten und leerer Hand, ebendas. II. 15. 16. Unter den armen Witwen verdienen jene den Vorzug, die mit vielen Kindern beladen sind, denen sie nicht nur nicht Brod genug, sondern aus eben dieser Zerstreuung der Brodsorgen wenig Erziehung, und kein Lehrgeld zur Erlernung irgend einer Kunst oder Wissenschaft geben können.

können. Unter den Waisen aber ist vor dem männlichen Geschlechte das weibliche zu betrachten, Theils weil es an und für sich schon das schwächere Geschlecht ist, welches sich nicht so behend, wie das männliche, durch Welt und Schicksal hindurch schlagen kann, Theils auch in Rücksicht auf die Ausschweifungen, wozu es, eben als das schwächere Gefäß, schon von Natur und noch mehr durch Mangel verleitet werden kann. O welche Classe der Armen mag wohl so ganz schuldlos arm seyn, wie die armen Kinder? Bey welcher Gattung von Armen können wir unsere Wohlthätigkeit besser anwenden, und von der Unterstützung, die wir ihnen angedeihen lassen, so gewisse und reichliche Früchte versprechen? In der That! wenn sich wieder die Bedrücker dieser Gattung von Armen der göttliche Richter in verdoppeltem Grimme heraus läßt; so müssen wir auch für ihre Verpflegung eine doppelte Pflicht, und dafür doppelten Lohn zu gewarten haben. Aus dergleichen Vorstellungen des Seelsorgers muß sich der Zuhörer überzeugen, wie weit jene Almosengaben allen Zweck des göttlichen Gebothes verfehlen, welche nach Willkühr und ohne gehörige Auswahl und Ordnung der Armen ausgetheilet werden. Was nützet es, ein Geboth erfüllen, wenn es nicht auf die rechte Weise erfüllet wird? Umsonst nennet man dieß die Erfüllung, weil hierbey der Endzweck des Gebothes vereitelt wird, und im Grunde wirket die Unterlassung und schiefe Befolgung der Pflicht gleichen Ungehorsam. Wie kurz und treffend spricht also der Weise: Wenn du Gutes thust, so sieh darauf, wem du es thuest! *)

B) Zweytens ist das Almosen kein Almosen, wenn der Ausspender zwar nach Auswahl der Personen die Armen beschenket, aber eben diese Auswahl und den Unterschied nach seinen Leidenschaften abmißt. Ich sagt

*) Sirach XII, 1.

sage dieses deßwegen, weil dergleichen Arme gemeiniglich nicht die Würdigeren, wiewohl vielleicht auch nicht die Unwürdigsten sind, und nenne sie daher die **minder Würdigen**. Sie sind oft nur Halbarme, die, wie ich schon von den würdigeren erwähnet habe, durchaus nicht über ihre Nothdurft sollen verpfleget werden; und oft hebt man durch ihre Unterstützung allen Unterschied auf, der nach Vernunft und Religion nicht nur zwischen Nothdurft und Nothdurft, sondern auch zwischen Verdienst und Mißverdienst der Personen muß beobachtet werden. Einem Armen geben bloß wegen gewisser Eigenschaften, die unserer sinnlichen Neigung an ihm gefallen, wegen öfterer Frohndienstchen, womit er uns gleichsam die empfangenen Wohlthaten abzinset, wegen gewisser Schmeicheleyen, Lobsprüche, und anderer Einschleichungskünste, auf die er sich besser, als die Uebrigen, versteht; — einen Anderen hingegen, weil er das Unglück hat, uns von irgend einer Seite zu mißfallen, leer oder kärglich abspeisen, das heißt nicht, das **Geboth wegen des Gebothes** befolgen, und **den Armen seiner Armuth wegen aufnehmen**, wie **Sirachs** Vorschrift lautet; *) es heißt nicht, der christlichen Liebe, sondern sich selbst und seiner Eigenliebe Genüge leisten. Man lehre vielmehr die Christen den Spruch des Weisen: **Wenn dein Feind Hunger leidet, so speise ihn: plaget ihn der Durst, so gib ihm zu trinken.** **) Und bey Jesu ist nur jener selig, der seine Freygebigkeit an Leute verwendet, **die ihm solche nicht wieder vergelten können.** ***) Für was soll ich aber jene natürlichen Eigenschaften gewisser Armen, jene Schmeichelworte, jene Willfährigkeit u. s. f., für was soll ich sie

*) Ebendas. XXIX. 12.
**) Sprichw. XXV. 21.
***) Luc. VI. 33. 34. — XIV. 14.

sie ansehen, als für eine Art von Wiedervergeltung, die derjenige an ihnen zu finden glaubet, der solche Arme um deßwillen den übrigen vorzieht? So nothwendig also eine Auswahl unter den Armen ist, so muß uns doch dieselbe, so lange wir sie noch selbst machen, immer verdächtig seyn, weil wir gemeiniglich den Nächsten nach unseren Neigungen beurtheilen. Die unserem fleischlichen Auge des Beystandes am würdigsten scheinen, verdienen ihn oft am wenigsten; und gleichwie gar viele Liebesneigungen verdienstlos sind, so sind es auch viele Gutthaten. Entweder die Größe der Noth, oder des Verdienstes, oder Beydes zugleich muß, alles inneren Widerspruches ungeachtet, dem Armen bey uns den Vorzug geben, und unsere Ausspendung ordnen.

C) Drittens ist es sündhaftes Almosen, welches man jenen verstellten Armen reichet, die bloß dem Müßiggange fröhnen, und vielleicht auch jenen Ausschweifungen, wozu derselbe verleitet, ergeben sind. Denn da die Armuth die natürlichste Strafe der Faulheit und gewisser Laster ist; so arbeitet man durch Unterstützung derselben der Ordnung der göttlichen Vorsehung und den Gesetzen der Natur entgegen, und dieß kann man nicht thun, ohne sich zu versündigen. Ein Seelsorger kann es seiner Pfarrgemeinde kaum scharf genug einprägen, daß sie anstatt eines Verdienstes sich vielmehr der Laster solcher Bettler theilhaftig machen, und Fluch anstatt des Segens sich über den Hals ziehen würde: *) daß die Bürger hierdurch Müßiggänger unterhalten, Häuchler, Lügner, und Betrieger bilden, Bösewichte mästen, und Junge von dieser Art fortpflanzen. Sie müssen sogar Vorsicht brauchen, daß sie nicht unter dem Deckmantel von Frömmigkeit einen andächtigen Müßiggänger unterhalten. Hier läßt sich

von

*) Sirach XII. 4. 5. 6. 7.

von einem eifrigen Hirten mit unwiderstehlichem Nachdrucke sprechen. Er muß den Einfältigen ihre Furcht, sich hierdurch wider die Liebe zu versündigen, benehmen, indem selbst der Welt-Apostel solche Müßiggänger zu speisen verbothen hat: **Wer nicht arbeiten will, soll auch nicht essen,** schrieb er nach Thessalonicha, *) d. h., der soll nichts zu essen bekommen, und Niemand soll ihm geben. Eben dieses ist in den **Verordnungen**, welche man die **apostolischen** nennet, den alten Christen neuerdings eingeschärfet worden **) Vielmehr ist das Almosen, welches man solchen Leuten ertheilet, eine Versündigung wider die Liebe; denn diese erfordert, daß man dieselben durch Verweigerung aller Unterstützung zur Arbeitsamkeit und zu einem tugendhaften Leben nöthige. Und wäre auch das nicht; so müßte doch die Neigung für ein einzelnes Mitglied gewiß der der ganzen Gemeinde, und noch vielmehr der dem Vaterlande schuldigen Liebe weit nachstehen, und diese erfordert nun, daß ein für die Gemeinde so schädliches Glied von Niemanden gehäget, sondern im Gegentheile mit eigenem Wehe, weil es aus Seiner Schuld nicht anders seyn kann, geheilet werde.

3) Hiermit will ich jedoch keinesweges behaupten, daß ein Volkslehrer seinen Zuhörern gar keine Rücksicht auf die Noth der Unwürdigen oder minder Würdigen empfehlen sollte. Nein: er muß ihnen zur **Nacherinnerung** zu erkennen geben, daß auch der **Unwürdigste**, wenn er in der **äußersten Noth** sich befinden sollte, zwar darben, aber **nicht verderben** dürfe, und daß er, so fern seine Noth die äußerste ist, auch vor dem Würdigsten, der nicht in gleicher Noth stecket, müsse gespeiset werden, jedoch nicht

mehr,

*) 2 Br. III. 10.
**) II B. 63 Kap.

Klett's Preisschrift. L

mehr, als es seine höchste Nothdurft erfordert, damit er für seine gemeinen Nöthen selbst zu sorgen lerne. Auch zwischen den würdigen und **minder würdigen** Armen muß die Noth das Almosen für den letzteren entscheiden, wenn sie jene des Ersteren weit übersteiget: wiewohl wiederum mit der obigen Einschränkung, daß ihm dasjenige nicht gereichet werde, was er sich durch ein würdigeres Betragen verschaffen kann. Selbst was zu Anfange von der Abweisung **fremder Armen** ist gesagt worden, darf nicht alle **Rücksicht auf ihre Noth** aufheben, indem sich diese Noth bey manchem Fremdlinge als eine unverschuldete Noth durch Beglaubigungsschriften rechtfertiget: oder ist sie nicht schuldlos, so hat sie vielleicht schon den höchsten Grad erstiegen, wo sie nicht hülflos darf gelassen werden. — Die andere Nacherinnerung ist, daß die **Auswahl der Armen**, so lange man sie für sich selbst vornimmt, **nicht allzu weit getrieben, nicht allzu gesucht** seyn müsse. Der Geiz und die Eigenliebe finden sonst ihre Rechnung dabey, und das Almosen möchte vielleicht gar unterbleiben, weil man befürchten wollte, den Unterschied nicht so genau treffen zu können, oder weil man sich Unwürdigkeiten an den Armen einbildet, die keinen andern Grund haben, als daß man sie an ihnen zu finden wünschet. Denn nicht alle arbeitsfähige Arme sind Müßiggänger: sie arbeiten, können aber nicht genug für die Ihrigen erringen; oder sie arbeiten nicht, weil sie Nichts zu arbeiten bekommen. Es muß also die Klugheit in der Auswahl der Armen und ihrer Verpflegung immer noch mit einer gewissen **christlichen Einfalt** begleitet seyn. Durch dergleichen mildernde Nacherinnerungen wird ein Seelsorger nicht allein die Rechte der christlichen Liebe, so wie die Befugnisse der Armuth dem Volke deutlicher aus einander setzen, sondern er wird ihm auch

seine

zweyte Frage.

seine vorgetragene Almosenordnung, worüber es vielleicht anfänglich etwas unzufrieden seyn mag, desto glaublicher und beliebter machen.

Dieß ist also die Ordnung des Almosens, und dieser gemäß müßte nun der Seelsorger im öffentlichen und Privat=Unterrichte die Mildthätigkeit seiner Pfarrgenossen von den unwürdigen Armen, außer dem höchsten Nothfalle, gänzlich abwenden. Anstatt dessen müßte er sie zuerst auf die würdigeren, und unter diesen vorher auf die dürftigeren Armen hinlenken, — alsdann erst auf die minder würdigen, so weit sich diese in gleicher Noth mit den würdigen befinden, — auf beyde Classen aber nur in solchem Maße, daß die Halbarmen nicht über ihre Nothdurft unterstützet werden. Und diese Ordnung ist desto mehr zu empfehlen, da der göttliche Gesetzgeber überhaupt einen **vernünftigen Gottesdienst**,*) folglich auch ein so kluges und vernünftiges Almosen verlanget, wie es seine weise Vorsehung, deren treue Ausspender die Menschen seyn müssen, selbst austheilen würde.

§. VI.

Fünfter Grundsatz: die Materie und Qualität des Almosens. 1) **Von materiellen Gattungen des Almosens, als: Geld, Brod, Kleidung ꝛc. 2) von anderen vortrefflichen nicht materiellen Gattungen.**

Hierauf folget zum fünften Grundsatze die **Materie** oder die **Qualität** des Almosens, wodurch man dem Volke zu verstehen gibt, was unter dem Namen des Almosens begriffen sey. Man erinnere sie nur gleich Anfangs an die leiblichen und geistlichen Werke der Barmherzigkeit, die sie aus ihrem Katechismus wissen, und erkläre ihnen, daß nach dem biblischen Sinne,

---

*) Röm. XII. 1.

Sinne (welcher insgemein unter dem Namen Almosen die Tugend der **Barmherzigkeit** oder ein **barmherziges Gemüth** verstehet) eine jede thätige Hülfe der Armen (worin sie immer bestehen möge) ein wahres Almosen sey: die Arten der Hülfeleistung aber seyen desto verschiedener und fast unzählig. Hieraus müssen sie schon vorläufig erkennen, daß, wie schon oben bey Hebung des dritten Einwurfes berührt wurde, Jeder, der nur Mensch ist, die Fähigkeit habe, irgend ein Almosen zu geben, und daß auch der Aermste, der in der Welt Unbedeutendste nicht von allen Mitteln entblößet sey, an dem Nebenmenschen seine barmherzige Liebe thätig zu zeigen. Einer kann es unmittelbar, der Andere mittelbar; Einer mit der That, der Andere durch gute Räthe, Belehrungen und Ermahnungen; Dieser mit freygebiger Hand, Jener mit Kunst, Verstand und Wissenschaft: genug, wenn es eine Sache ist, die dem armen Nebenmenschen zur Beförderung seines geistlichen oder leiblichen Besten, oder wenigstens zur Verminderung, zur Verhüthung seines Uebels dienet. Selbst ein stummes Beyspiel in diesem Gesichtspuncte ist nicht so todt, daß es nicht durch Erbauung auf die Wohlfahrt eines dürftigen Nebenmenschen wirken, und eine Art von Almosen an ihm werden könnte. Ich gehe aber doch mit Erklärung der Almosengattungen ein wenig ins Besondere, und theile sie in materielle und nicht materielle ab.

1) Unter die *materiellen* gehöret

A) das **Geld**. Obschon das Almosen der Landleute selten in Geld bestehet; so ist es doch bey den Reicheren oft gebräuchlich: und es mag gut seyn, wenn sie hören, daß jene Pfennige, die sie durchgehends für ein vornehmeres Almosen halten, eben das geringste sind, indem der Arme solche kleine Gelder fast nie zu der Nothdurft, sondern zu entbehrlichen Dingen verwendet,

wendet, wodurch noch über dieß seine Bedürfnisse vervielfältiget werden. Besser wäre es, dergleichen vertröpfelte Münzen auf eine gewisse Zeit zusammen zu halten, und sie in einer Quantität einem bekannten Ortsarmen zu geben. Denn die Armuth, ohne alle Aussichten, sich zu erschwingen, weiß in kleinen Dingen nicht zu sparen. Damit aber der Ausspender, der sein Geldalmosen etwa nicht dem Seelsorger übergeben mag, sich von der guten Anwendung seiner Gabe auf Seiten des Armen versichere; so kann er ihm, nachdem er dessen Bedürfnisse ausgeforschet, die Vorschrift geben, was er sich für das gereichte Geld anzuschaffen, und ihm hernach, wenn er nicht allenfalls selbst der Anschaffer seyn will, vorzuweisen habe.

B) **Brod** ist das gewöhnlichste Almosen auf dem Lande, und ohne Zweifel das natürlichste: aber auch dasjenige, welches viele Arme schändlich mißbrauchen. Der Seelsorger darf sich nur bey seinen Pfarruntergebenen auf ihr eigenes Zeugniß berufen, ob sie nicht Bettler kennen, die einen solchen Vorrath von Brodstücken sammelten, daß sie ganze Päcke von verhärteten Brocken um ein Spottgeld an Reichere zur Fütterung des Federviehes verkaufet haben? Welch ein Mißbrauch! Dadurch ist nicht allein das kostbare Lebensmittel anderer hungernden Menschen zur Speise des Viehes, sondern auch das daraus gelöste Geld ist dem Bettler selbst zum Verderben geworden. Thäte man nicht weit besser, wenn ein Jeder seine wöchentliche Ausgabe an Brodstücken summarisch berechnete, und das Resultat davon unter einige Ortsarmen in einer ganzen Masse vertheilte? — Eben dieß muß auch von dem **Schmalze** und **Kochmehle** verstanden werden, welches in Orten, die vielen Getreidebau und gute Viehzucht haben, durch vielerley und eben deßwegen sehr geringe Portionen an Arme verschlaudert wird, ohne daß eigentlich einem Einzigen damit geholfen werde. — **Warme Speisen**, die in manchen christlichen Haushaltungen vom Tische weg an Arme abgeschicket, oder ihnen in der Küche gereichet werden, behalten ihren entschiedenen Werth: man muß sich nur hierbey an die oben beschriebene Ordnung und Auswahl der Armen halten.

C Da aber die Armuth nicht bloß in dem Mangel der Mundnahrung bestehet, so muß auch dem Volke bekannt werden, was für einen nothwendigen Theil des Almosens die **Kleidungsstücke**, die **Feuerung**, **die nächtliche Bedeckung** ausmachen; *) indem durch Blöße, Frost, kaltes Nachtlager, und überhaupt durch das gar zu üble Behelfen, wie man es nennet, der Arme mehr, als durch Hunger, abgezehret, und selbst seiner Lebensnahrung das Gedeihen benommen wird. Arme geschämige Kinder bleiben aus Mangel an Bedeckung von der Schule weg, und auch manchen Erwachsenen hält diese Noth von der Kirche ab. Wie oft aber ist in einer etwas zahlreicheren Familie von verschiedenem Alter auch die häusliche Blöße für unschuldige Augen und gute Sitten gefährlich? ja, was sage ich, für Augen? Dränget nicht die nächtliche Kälte zuweilen arme unbedeckte Personen ohne Unterschied des Geschlechtes auf eben dasselbe Lager hin, und entwöhnet sie wenigstens jener Schamhaftigkeit und wechselseitigen Schüchternheit, die sie in Zukunft bey gemächlicheren Jahreszeiten so nothwendig brauchen? Wer wollte die üblen Folgen alle zählen, welche aus Abgang der genannten Bedürfnisse nicht nur der Gesundheit und der leiblichen, sondern auch der geistlichen Wohlfahrt armer Leute zustoßen!

Man muß aber den Unwerth jener Gaben beym Volke nicht ungerüget lassen, welche gemeiniglich die Bemittelten nur dann den Armen reichen, wenn sie zu keinem

*) Sirach XXIX. 28. XXXIX. 31. Luk. III. 11.

keinem ehrbaren Menschengebrauche mehr tauglich sind, und die man gewiß noch nicht verschenken würde, wenn ein Jude noch einen halben Groschen oder der Lumpenhändler von der Papier-Fabrik eine Ehle leinener Schnüre dafür böthe, oder wenn man sich eines so schimpflichen Verkaufes nicht schämete. Man bedenke nur, daß das Almosen eine Abzinsung gegen Gott, und ein religiöses Opfer ist; und getrauet sich wohl Einer, vor Christo, den man in der Person des Armen zu verehren hat, mit so einem Schandopfer zu erscheinen? In diesem Stücke ist nichts besser gethan, als wenn der bemittelte, der reichere Bürger sich an eine bestimmte arme Person oder Familie hält, um sie das Jahr hindurch in dergleichen Bedürfnissen zu unterstützen. Man hat eben nicht vonnöthen, neuere und zarte Stücke Leinwand an Arme zu verschenken: viel leichter und rathsamer für den Geber wie für den Dürftigen ist es, man schenke ihm rohes Werk, welches der Arme in den Winternächten und Nebenstunden durch eigene oder durch seiner Kinder Hände sich zurichten kann. Er machet es sich gut und stark, so wie es ihm am besten dienet: die Hoffnung, etwas Neues zu bekommen, gibt ihm Muth, erwecket in ihm die Liebe zur Arbeitsamkeit, und vielleicht einen noch nie gekannten Fleiß, sein Gewand reinlich und unzerlumpet zu erhalten, und sich jene so gesundheitswidrige Liederlichkeit abzugewöhnen, die in ihm durch den beständig neuen Anzug alter Fetzen war erzeuget worden. — Was die andere Kleidung betrifft, so hat es erstlich mit der Wolle die nämliche Beschaffenheit, wie von dem Werke ist gesagt worden; besonders in Orten, wo die Bürgerschaft eine Schafherde in der Flur gehen hat. Zweytens können auch abgetragene Stücke, wenn sie nur noch zusammen zu setzen, und eines Stiches haltbar sind, dem Armen sehr wohl zu Statten kommen.

en. Ein menschenfreundlicher Seelsorger suche nur auch, den Lein- und Wollenweber, den Schuster und Schneider, und dergleichen Handwerksleute für das Almosen recht empfindsam zu machen, und ihnen ans Herz zu legen, in was für einem hohen Grade und Werthe sie ihre Tugend ausüben, wenn sie ein Stück Gewand für einen Armen unentgeldlich, oder doch um eine geringe Vergütung verfertigen; denn auch dieß heiße, die Nakten bekleiden.

Finden die obigen Vorschläge mit dem Werke und der Wolle kein Gehör, so könnte ihnen allenfalls der Seelsorger einen neuen Weg eröffnen, und im Winter für das Werk, im Sommer aber für die Wolle einen schicklichen Tag ausersehen, wo er als Armenvater die Pfarrgemeinde von der Kanzel herab ersuchete, sie möchte den meist entblößten Ortsarmen (die ein Jeder zu unterscheiden weiß) erlauben, von Hause zu Hause etwas Werk oder Wolle zu sammeln. Eine gleiche Sammlung ließe sich mit dem **Winterholze** veranstalten. Der Bürger wird doch an einem Scheit Holz, und an einem Büschel Rettig oder Weinreben nicht verarmen! Die Anzahl der Dürftigen, welche gar kein Holz haben, ist ohnehin auf den Landorten sehr geringe, weil einer Witwe oder einer Familie, worin das Bürgerrecht noch nicht abgestorben ist, ihre so genannte Holzlaube, wie jedem Bürger, im gemeinen Walde angewiesen wird. Und über dieß wie viele Winterstunden weiß nicht der an Feuerung leidende Arme in den warmen Stuben seiner Nachbarn und Bekannten abwechselnd zuzubringen?

Freylich wäre allen diesen Umschweifen in der Kürze durch Geldalmosen abzuhelfen. Aber erstlich können Viele gar kein Geld, Viele nur etwas Weniges im Jahre geben, womit sich dergleichen Bedürfnisse noch nicht bestreiten lassen: auch unter denen, die es

können,

zweyte Frage.

können, geben die Meisten lieber Geldes werthe Almosen, als das Geld selbst. Zweytens müssen wir nicht vergessen, daß wir uns bey Beantwortung dieser gegenwärtigen Frage noch außer dem Falle einer landesherrlichen Armen-Polizey befinden, und außer diesem ist es für den Seelsorger schlechterdings unmöglich, einem solchen Vorschlage von Geldalmosen, — wenn er sich auch der Gemeinde als einen Grundsatz vortragen ließe, — die zweckmäßige Richtung und eine feste zuverläßige Gründung zu geben. Ja der Leser wird in der Folge noch einsehen, daß selbst unter der Anleitung einer Polizey-Anstalt die obigen Umwege nicht ganz zu vermeiden sind.

D) Bey den materiellen Gattungen muß das Volk noch an ein besonderes Almosen erinnert werden, welches sich auf die kranken Armen bezieht, weil auch ihr Bedürfniß von besonderer Art ist. Ein Armer, der zugleich mit Krankheiten zu kämpfen hat, ist ein doppelt geschlagener Mensch, und man muß ihn unter dem Armenhaufen für das ansehen, was der gemeine gute Arme unter dem übrigen Volke ist. Es versteht sich aus dem vorigen Abschnitte von der Ordnung des Almosens, daß diese Unglücklichen der erste und vornehmste Gegenstand von den bisher angeführten Gattungen des Almosens seyn sollen, indem oft der Mangel an solchen Bedürfnissen die erste Quelle ihrer Krankheit, oft eine etwas menschlichere Verpflegung ihr bestes Arzneymittel ist. Das besondere Almosen aber, von dem hier der Seelsorger zu reden hat, bezieht sich dahin, daß man ihnen mit einem Arzte und mit Arzneyen zu Hülfe komme, und wie ihre Krankheit sie doppelt unseres Mitleidens würdig machet, so muß er auch dieses Almosen als doppelt verbindlich, *) doppelt belohnenswerth **) vorstellen. Es werden bereits

*) Matth. XXV. 36. 43.
**) Sirach VII. 39.

reits heutiges Tages, und sind schon zum Theile, wie in unserem Vaterlande, die besten Anstalten zur Befähigung der Land-Chirurgen und Dorfsbader getroffen. Ein solcher Mann ist die erste Person, die der Seelsorger auf die Art, wie ich vorhin von geringeren Personen, von gewissen Handwerkern gemeldet habe, für diese Angelegenheit des Armenstandes gewinnen muß. Findet auch der Chirurgus seine Kunst gegen manche Krankheit nicht gewachsen, so ist er doch immer der erste, der den Zustand sammt den Symptomen und übrigen Eigenschaften derselben an das Amts-Physicat erklären, und zugleich die Armuth des Patienten mit seinem und des Seelsorgers Zeugnisse glaublich machen kann. Die Arzneyen aber fordern Geld, und wenn es eine weltliche Obrigkeit nicht für gut findet, die Gemeinde-Cassen zur jährlichen Bestreitung der Arzneykösten für die kranke Ortsarmen gesetzmäßig zu verbinden; so kann hier ein Seelsorger, bey welchem besonders die Bürger das Jahr durch kein Almosen an Geld hinterlegen, weiter nichts thun, als daß er in solchen Umständen entweder öffentlich die Menschlichkeit zur Beysteuer aufrufe, oder das er einige wohl bemittelte und freygebige Hände besonders darum ersuche, und in jedem Falle seinen eigenen Beytrag zur Lockspeise für Mehrere darlege. Uebrigens gebe er zu verstehen, daß für kranke Arme Alles ein Almosen ist: einen Gang zum Arzte oder nach Arzney thun, den Kranken heben und legen, sein Bettlager zurecht machen, ihm die Wunde frisch verbinden, die Arzney in den Mund geben, oder auch nur Trost und Muth einsprechen, u. s. w. Auf diese Liebeswerke ist der gemeine und gesundere Armenhaufen vorzüglich aufmerksam zu machen, und ihnen die Gelegenheit zu zeigen, an diesen elendesten Personen ihres Standes die Pflicht und Tugend des Almosens durch ihren Beystand zu üben.

Es

zweyte Frage.

2) Es gibt noch andere Gattungen des Almosens, die ich nicht **materielle** nenne, die aber um so edler sind, je mehr sie ein großer Theil der Christen verkennet. Sie verdienen, außerordentlich empfohlen zu werden. Die erste Gattung hiervon bestehet darin, daß man

A) den Grund der **gegenwärtigen Armuth**, so viel möglich ist, **vermindere**, das ist, daß man die wirklich Verarmten vermöge ihrer eigenen Mitwirkung ganz oder zum Theile aus ihrem Armenstande heraus führe. Ein Seelsorger kann demnach für das Armenwesen nichts Nützlicheres thun, als wenn er seinen Pfarrgenossen zu erkennen gibt, wie manche Mittel hierzu eines Theils die Armen, und anderen Theils die übrigen Classen der Bürger besitzen. Diese Mittel aber ziehen sich fast alle nur auf **Moralität** und **Industrie**, oder auf folgende zwey Hauptmittel zusammen, daß die Armen an ihrem sittlichen Charakter gebessert, und daß sie zum Arbeiten und eigenem Nahrungsverdienste vermöget werden; denn gewisse Laster überhaupt, und Faulheit insbesondere sind der Grund der meisten Verarmungen. Welch ein vortreffliches Almosen ist es also schon, wenn Bürger nur mit guter Belehrung und Ermahnung, mit klugen Räthen und Anschlägen sich dahin verwenden, arme Mitbürger ihrer Gemeinde arbeitsamer und sittlicher zu machen! Der Werth dieses Almosens erhöhet sich, wenn man dem Armen auch wirklich Arbeit gibt, oder etwas zu verdienen ihm Gelegenheit verschaffet. Man nehme z. B. eine arme Person aus der Gemeinde in seine Dienste, oder zu seinen Taglöhnersarbeiten an. Man gebe dem Ortsarmen auch im Winter zu thun, oder bringe für ihn so etwas bey Anderen zuwege, damit er sein Winterbrod verdiene. Wenn sich aber Arbeitsfähige dagegen weigern, so ist für sie der vorher gehende Grundsatz.

satze gemäß *) die beste Gabe, wenn man ihnen als Müßiggängern das Almosen entziehet, damit die Noth dieselben zur Arbeit zwinge. Um dem Einwurfe, allen Armen könne man nicht immer Arbeit geben, zuvor zu kommen, so lasse sie der Seelsorger wissen, daß auch dieß nicht für Alle erfordert werde. Denn Mancher ist arm oder halb verarmet, weil er sein eigenes Feldgut, oder sein Handwerk liegen läßt. An diesem leget der Bürger sein Almosen viel zweckmäßiger und gewiß verdienstvoller an, wenn er ihn mit Rath und That so weit unterstützet, daß derselbe wieder anfängt, sich selbst zu arbeiten, und seine Nahrung aus eigener Quelle zu schöpfen.

Hierin muß wahrhaft ein Seelsorger ganz besonders das Gewissen der Reichen auffordern, und es bis zum Selbstgeständnisse überzeugen, wie ihre Nächstenliebe, wenn sie von dem wahren Geiste derselben beseelet wären, so scharfsinnig seyn würde, noch unzählig mehrere Arten zu entdecken, wodurch ihre armen Gemeindeglieder besser gesittet, mehr beschäftiget, und dadurch so wohl ihrer Armuth zum Theile entrissen, als auch insgemein ihrem Menschenberufe näher gebracht werden könnten: Er muß ihnen mit Nachdruck vorstellen, daß diese Gattungen des Almosens für eine eben so schwere, und oft noch für eine schwerere Pflicht, als bloß materielle Gaben, zu halten seyen. Wir sind nicht allein an Reichthum, sondern auch an Einsichten, Wissenschaften und Künsten, am Range und Ansehen, so wie an allen anderen Fähigkeiten und Vortheilen nur darum von unseren Brüdern unterschieden, damit wir uns aller dieser Vortheile zu ihrem Besten bedienen. Wenn der Herr im alten Gesetzbuche befiehlt, daß man vor dem Ochsen oder Esel seines Nächsten, den man auf Irrwegen erblicket, nicht vorbey gehen, sondern ihn

demselb-

---

*) S. 160, 161.

zweyte Frage.

demselben zurück führen solle; *) was wird man nicht erst der eigenen Person seines armen Mitmenschen schuldig seyn, der den ordentlichen Weg, sich zu nähren, wieder betreten würde, wenn ihm ein Wegweiser die Hand dazu böthe? Damit aber diese Pflicht angenehm gemacht werde, so hat ferner ein Seelsorger die Vorzüglichkeit solcher Gattungen des Almosens anzupreisen. Und in dieser Absicht muß er seinem Volke vorzüglich jenen Irrwahn benehmen, als sey das Bestreben, den Armen Verdienst und Arbeit zu verschaffen, weiter Nichts, als eine politische Tugend, und mehr ein Grundsatz menschlicher Staatsklugheit, als christlicher Nächstenliebe. Allein ist denn nicht auch die bloße Beförderung des zeitlichen Besten, wenn sie aus christlicher Nächsten- oder Vaterlandsliebe unternommen wird, schon eine wahre Tugend und Handlung der Religion? Nun wird aber durch die Beschäftigung der Armen nicht nur das Wohl dieser Menschen mehr, als durch materielle Almosengaben befördert, sondern auch die Wohlfahrt des ganzen Vaterlandes, welches hierdurch viele geschäftige Hände wieder gewinnet, nimmt hieran großen Antheil. Allein wer wird denn zweifeln können, daß die Arbeitsamkeit des Armenstandes nicht auch geistliche Vortheile, und zwar recht viele und große, hervor bringe? Man bedenke nur, was schon öfter vorgekommen ist, daß das müßige Leben armer Leute eine Pest für sie selbst, für ihre Nebenmenschen, und für den ganzen Staat sey; daß folglich mehr Sünde durch ihre Beschäftigung, als durch ihre unbescheidene Verpflegung, verhindert, und mehr Gutes gestiftet werde: ja, eher wird diese letztere ein Laster werden, als die erstere keine wahre Christentugend seyn können. Das positive Gesetz, daß der

Mensch

---

*) 5 Mos. XXII. 1. 2. 3.

Mensch sich selbst durch Arbeit nähre, *) ist weit älter, als jenes, daß der Nahrungslose verpfleget werde, und man befolget den Plan der Natur so wie der Vorsehung Gottes viel näher, wenn man dem Armen den Weg zum Erstern bahnet, als wenn man mit Uebergehung desselben ihm sogleich den zweyten eröffnet. Kurz: Arbeitsamkeit selbst ist Tugend: **) Tugend ist es also auch, ihr Beförderer, besonders an dem Armen, zu seyn. Vorzüglich aber auf die Kinder und jungen Leute aus dem Armenstande muß ein Seelsorger dieses vortreffliche Almosen seiner Pfarrgenossen, nämlich die Verminderung der Armuth durch Industrie und Moralität, hinweisen. Jedoch in Ansehung armer Kinder gehöret dieß mehr in die folgende Gattung.

B) Diese zweyte Gattung des nicht materiellen Almosens beziehet sich auf die **Verhüthung der künftigen** oder bevor stehenden **Armuth**, d. h., dahin, daß Familien, Personen, die mit oder ohne Schuld auf dem Wege zur Armuth und Vermögensabnahme sind, in einem nahrhaften Stande erhalten, oder doch wenigstens von dem Rande einer gänzlichen Verarmung zurück gehalten werden. Dieß erfordert von dem Seelsorger keine so weitläufige Erklärung mehr, weil fast Alles, was er für die Verminderung der gegenwärtigen Armuth zu sprechen hat, auch zur Verhüthung der künftigen dienet. Denn es ist eigentlich derselbe Grund, der schon wirkliche Verarmungen erzeuget hat, und der noch künftige veranlassen kann, folglich müssen auch beynahe nur eben dieselben Mittel dagegen, nämlich die Beförderung der Moralität und Industrie, dem Pfarrvolke angezeiget werden, um diese Gattung des Almosens mit Frucht auszuüben. Die Pflicht für dasselbe so wie seine **Vortrefflichkeit** erhellet
zwar

---
*) 1 Mos. III. 17. 18. 19.
**) 2 Thessal. III. 7... 12.

zwar aus dem erst Gesagten; zum Ueberflusse aber kann über Beydes §. II. S. 108. nachgelesen werden. Diese Pflicht läßt sich noch annehmlicher, als die vorige, dadurch vorstellen, daß es leichter und doch verdienstvoller ist, einen Menschen vom Sturze in die Armuth aufzuhalten, als ihn aus ihrem Abgrunde wieder heraus zu ziehen. Unzählig sind wiederum die einzelnen Wege, die die Liebe ausfündig machen kann, verarmenden Menschen Beschäftigung, Verdienst, Erwerbungsquellen, und Nahrungszweige zu verschaffen. Man gehe z. B. einer Familie mit Geld oder Bürgschaft an die Hand, *) wenn sie ohne diesen Beystand in Verfall gerathen würde, und will man ihr nicht die Zinsen auf eines und das andere Jahr ganz erlassen, so thue man wenigstens auf einige Procente Verzicht, und anstatt des Simultan-Abtrages verlange man nur geringe Partial-Zahlungen auf nachsichtliche Zeitfristen. Einem Ackermanne leihe man Samenkorn, damit nicht sein Feld unbesämt liegen bleibe, und ihn in Brodmangel versetze. Einem Handwerksmanne gebe und weise man Kundschaft zu, oder man verhelfe ihm zu den nöthigen Werkzeugen, ohne die er sein Gewerbe nicht treiben kann. Ja einem solchen ist es oft ein großer Dienst, wenn man mit ihm vom Kleinen wieder anfängt, und ihn knechts- oder gesellenweise annimmt, oder von einem Meister annehmen läßt. Man verpflege arme Kinder, damit sie von dem Reize der Verführung hinweg kommen, und ungehindert den Schulstunden beywohnen können. Man befördere oder nehme sie selbst zu einem Handwerke auf, oder in reiferen Jahren verschaffe man ihnen Knechts- und Mägdedienste. Man suche wenigstens einen weisen Rath und Vorschlag zur Umschaffung des moralischen Charakters und zeitlichen Wohlstandes, heilsame Ermahnungen,

---

*) Sirach XXIX. 1. 13. 19. — Luf. VI. 34. 35.

ungen, Empfehlungen, und andere dergleichen Verwendungen an Armwerdende anzubringen!

Hier aber bey Verhüthung der Armuth muß über dieß ein Seelsorger sich noch ganz besonders an gewisse schädliche Personen in der Gemeinde wenden, die nicht nur der Verarmung ihrer Mitbürger nicht vorbeugen, sondern dieselben noch beschleunigen helfen. Dieß sind vorzüglich die **Wucherer**, und hat ein Seelsorger einige in seiner Gemeinde, so ist freylich für solche die bisherige Sprache noch viel zu seicht. Dieser Gegenstand gibt ihm aber doch Gelegenheit, mit mehrerer Schärfe in sie zu dringen. Denn sie sind es in Wahrheit, die das Vermögen des geringeren Mittelstandes verschlingen, und die, anstatt den Verarmungen entgegen zu arbeiten, arme Leute machen. Christen von einerley Gemeinde sollten es nicht einmahl so weit kommen lassen, daß ein Mitglied von ihnen seine verzweifelnde Zuflucht zu einem Juden nehmen müsse, der nebst überzähligen Verzinsungen auch noch durch alle vier Jahreszeiten an seinem Schuldmanne zu saugen und zu nagen weiß. Welch ein Ungeheuer in der Gemeinde muß es also um einen wuchernden Mitchristen selbst seyn, dem für ein kleines Darleihen der geringe Mann das ganze Jahr hindurch Gefälligkeitsarbeiten, wofür er anderswo seinen Tagelohn bekäme, verrichten, und dem er doch am Ende noch seinen ganzen Ernte- oder Herbstertrag für Zins und Kapital zugleich abtreten muß? So nimmt der Mann von einem Jahre zum andern ab, und er weiß kaum, wodurch? zuletzt ist er arm, und wer hat sein Vermögen? Die Reichen im Orte. Sehr vielfältig sind die Kunstgriffe dieser Wucherer; aber noch weit zahlreicher und entsetzlich sind die Flüche und Vermaledeyungen Gottes über sie, und ein Seelsorger darf nur aufs Gerathewohl die Bibel aufschlagen, um ihnen dieselben mit Nachdruck

zweyte Frage.

druck ankünden zu können. Er darf aber hierbey nicht bloß im Allgemeinen sprechen; denn sie hören die Schilderungen des Geitzes und Wuchers an, und helfen ihn, wie der König David ein gewisses Laster, *) mit Abscheu verdammen, ohne ihr eigenes Bild darin zu sehen, bis man es ihnen durch Darstellung einzelner Fälle veranschaulichet, daß sie diejenigen sind, die nach den biblischen Ausdrücken die Witwenhäuser ausleeren, die Güter der Armen fressen, und die Waisenkinder verschlingen. Eben so schädlich sind auch gewisse Verführer in der Gemeinde, und üble Rathgeber, die einen zum Verderben eilenden Mitbürger in seiner Unthätigkeit, Verschwendung, dummen oder zweckwidrigen Wirthschaftsart, im schädlichen Kaufen und Verkaufen, und in hundert dergleichen Fehltritten geflissentlich unterhalten, um auf Unkosten seiner Schwachheiten und Irrthümer ihren Säckel zu füllen, oder Schmause, die sie nichts kosten, davon zu tragen. Schmeichelnd sprechen sie ihm unter der Maske der Freundschaft zu, reden ihm die Warnungen der Obrigkeit und wahrer Freunde aus dem Sinne, und begleiten ihn so bis an die Spitze des Abgrundes. Andere zechen mit dem Verschwender bis auf den letzten Häller, sparen dabey das Ihrige, und am Ende, wo der Unglückliche sinket, ziehen sie ihren Nacken davon. Wehe diesen Stiftern der Verarmung! Der Seelsorger lasse es nicht an sich ermangeln, ihnen dasselbe zu verkünden; denn sie sind Feinde der Menschheit und des Vaterlandes, und gehören, wie die Wucherer, in den Rang der großen Diebe. Verflucht sey, wer einen Blinden irre auf dem Wege führet, und alles Volk spreche: Amen! **)

Diese

---
*) 2 Kön. XII. 1 bis 10.
**) 5. Mos. XXVII. 18.

Kletts Preisschrift. M

C) Diese letztere Betrachtung führet mich auf das geistliche Almosen, welches die vornehmste so wie die unbekannteste Gattung ist, und von dem Seelsorger noch hauptsächlich eingepräget werden muß. Sie bestehet darin, daß christliche Bürger der Seele ihrer armen Mitchristen Nahrung geben und sie verpflegen, und den Geist und überhaupt den sittlichen Charakter derselben zu bilden suchen. Wahrlich! mit diesem edleren Theile sieht es oft mißlicher und erbärmlicher aus, als mit ihrem Leibe, und sie bedürfen nicht selten eines geistlichen Almosens mehr, als eines leiblichen. Um die Pfarrgenossen kurz und leicht zu überweisen, daß dieses Almosen keine neue Aufbürdung, sondern eine uralte nebst dem leiblichen Almosen verbindliche **Christenpflicht** sey, so führe man sie nur in ihrem Katechismus auf die geistlichen Werke der Barmherzigkeit. Und gewiß, wenn wir für den Leib unsers dürftigen Bruders zu sorgen verbunden sind, gewiß sind wir es um so vielmehr für seine Seele schuldig, als ihr Werth jenen des Leibes überwiegt. Und wie erhaben ist nicht diese Art, Almosen zu geben, welche sich mit der unsterblichen Seele eines armen Ebenbildes Gottes, mit seinem einzig wahren und wesentlichen Glücke hier nieden und für die Ewigkeit beschäftiget! Desto größer ist unstreitig diese Wohlthat, je höher und unschätzbarer das Gut ist, welches dem Armen dadurch verschaffet wird. Ich habe schon Vieles von den Lastern des Armenstandes, besonders S. 106. 121. fgg. gemeldet. Was ist nun leichter, als daß der Bürger oder die Bürgersfrau im gemeinen Umgange den Armen von dergleichen Ausschweifungen abmahne, und ihm zu den entgegen gesetzten Tugenden Lehre und Antrieb gebe? Und wie? wenn man erst dieses geistliche Almosen mit einem leiblichen, oder so lange es noch übel angewendet wäre, mit dem Versprechen eines leiblichen Almosens begleitete, um

seinen

seinen Worten die Thür in des Armen Herz zu öffnen? Niemand aber ist des geistlichen Almosens bedürftiger, Niemand empfänglicher und hierin fruchtbarer, als Kinder und junge Personen des Armenstandes. Dürfte ich dem Drange meines Herzens nachgeben, ich würde hier in einem unaufhörlichen Strome fortreden müssen: allein eben weil dieß ein bloß geistlicher, mithin für Seelsorger so ganz eigener Gegenstand des Unterrichtes ist, so wird es andern Seelsorgern gewiß noch weit weniger, als mir, an Stoffe und Eifer gebrechen.

Damit aber doch der Christ den obersten Vorrang dieses geistlichen Almosens doppelt schätze und lieb gewinne, so zeige man ihm, wie nahe es zugleich mit der Beförderung des zeitlichen Wohls der Armen verbunden sey. Denn da die Armuth großen Theils durch Laster und Unsittlichkeit entweder erzeuget oder unterhalten, durch bessere Sitten aber vermindert oder verhütet wird; so ist das geistliche Almosen, welches für verderbliche Sitten gute einpflanzet, in der That eines der zweckmäßigsten Mittel, der wirklichen so wie der bevorstehenden Armuth zu steuern. Ich habe daher schon oben, wo ich von Verminderung und Verhütung der Armuth redete, die moralische Besserung der Armen als ein Hauptmittel für Beydes angegeben; allein ich führte von ihr eben deßwegen nur sehr wenig an, weil sie hier eigentlich an ihrem Orte steht: denn was ist das geistliche Almosen anders, als die vollkommenste Beförderung der Moralität? Es warnet vor Verschwendung und Faulheit, verdammet Ungehorsam, Zwist, Untreue, Unwissenheit, und eine vernachläßigte Kinderzucht u. s. w. Dafür lehret es den Armen, emsig, sparsam, genügsam, ein guter Unterthan, Bürger und Hausvater, und überhaupt ein nützliches Glied der Kirche und des Staates zu seyn.

Aus dem allen mag ein Seelsorger die Nothwendigkeit erkennen, die nicht materiellen Gattungen des Almosens, und vorzüglich das geistliche Almosen seinem Pfarrvolke recht tief einzuprägen. Insgemein aber muß der Vortrag über das, was dieser fünfte Grundsatz von der Qualität des Almosens enthält, mehr nach der Lage der Gemeinde und ihrer Glieder, nach der Zeit und den übrigen Umständen, als nach einem unabänderlichen Formulare gestimmet werden. Und in dieser Rücksicht glaube ich kaum, für Seelsorger hier nur eine **platonische Republik** aufgestellet zu haben.

§. VII.

Sechster Grundsatz: die Zeit des Almosens, welche täglich der heutige Tag, nicht aber der Sterbe- oder Leichetag ist.

Man muß ferner den Christen, vorzüglich den Begüterten eine Regel in Ansehung der Zeit geben, wo sie der Armuth zu Hülfe kommen müssen. Sie sollen sich also dieß zu einem unverbrüchlichen Grundsatze machen, ihr Almosen zu einer Zeit auszutheilen, wo es noch ihre Seligkeit befördern kann, ohne bis an die Pforte des Todes, oder gar bis jenseits des Grabes damit zu zögern. Da nun aber der Mensch seines Todes nie sicher ist, so folget, daß er sein Almosen keinen Tag verschieben solle. *) Dieser Verschub ist zwar öfters nichts, als ein Kunstgriff harter und bösartiger Herzen, womit sie das Geschrey ihres Gewissens besänftigen: allein man kann nicht glauben, wie sehr auch Leute eines guten Willens hierin irren, und sich mit Vorsätzen der Zukunft täuschen, die oft gar nicht in ihre Erfüllung kommen. Dieß muß ihnen ein Seelsorger nicht verhehlen. Wie getrauet man sich
wohl

*) Sirach XXIX. 11.

wohl vor einem über die Almosenpflicht so strenge ur-
theilenden Richter zu erscheinen, wenn man deßwegen
im ganzen Leben Nichts gab, weil man im Tode Alles
geben wollte, und wenn dann aus irgend einem Zufalle
Tod und Leben ganz leer an Almosen dahin gehen?
Aber gesetzt auch, daß durch den Tod solcher Christen
eine wirkliche Hülfsquelle für die Armen aufgehe: so
zeige man ihnen, daß ein solches Almosen, wenn im
Leben keines voran gegangen ist, 1) nicht wahrhaft ver-
dienstlich sey. Denn ein gutes Werk erhält erst seinen
Werth aus der Liebe und dem freyen Antriebe des Herzens. Nun frage man sie, was doch dieß für eine Liebe
seyn könne, Gott und den Armen seine Güter zu einer
Zeit zu schenken, wo man sie nicht mehr besitzen, nicht
mehr die seinigen nennen kann? Geben sie nicht durch
ihr Sterbevermächtniß der Welt eine treue Urkunde
von sich, daß sie im Leben ihr zeitliches Gut mehr, als
Gott und seine Armen geliebt hatten? Es ist immer
versteckte Eigenliebe und Leidenschaft, die das Almosen,
das man im Leben ausspenden konnte, bis ans Ende,
wo es ihr keinen Abtrag mehr thut, zurück hält; allein
eben diese Gemüthsverfassung des inneren Menschen
wird bey Gericht in Rechenschaft kommen, und den
Werth und Lohn seines äußeren Liebeswerkes am meisten
verringern. Wenn daher die Welt gemeiniglich spricht:
dieser Mensch hat bey seinem Sterben den Armen viel
gegeben; so sage ich: nein, er hat, wenn er nicht
schon vorher Almosen gab, Nichts gegeben, sondern
er hat es aus Gewalt zurück lassen müssen, und konnte
er es mitnehmen, die Armen hätten noch immer Nichts,
vielleicht ewig Nichts von ihm bekommen. — Man
stelle ihnen 2) vor, daß dieses Almosen nicht die eigentliche Erfüllung des Gebothes sey. Will denn etwa
Gott, wir sollen auf dem Sterbelager erst anfangen,
gottselig, duldsam, demüthig, keusch, nüchtern,
und

und gerecht zu werden? Um so weniger kann er sich in Ansehung seines Hauptgebothes damit begnügen, daß dort erst am Ende sich unsere Barmherzigkeit und Mildthätigkeit zu zeigen beginne. Welch ein Widerspruch also! der Mensch weiß nicht anders, als daß er schon in jungen Jahren seinem Gott Gebeth, Dienst, Gehorsam schuldig sey: er zweifelt nicht, er müsse bey gesunden Tagen des Herrn Gebothe halten, seine Pflichten thuen, gute Werke üben... was noch mehr ist, er thut es auch: und den Kern des Gesetzes, die Nächstenliebe, — das Mark in diesem Kerne, die Liebe der Armen, — ist für ihn ein Gesetz der Sterbenden, eine Pflicht der Todten, ein Werk derer, die nicht mehr wirken! — Man versichere sie 3), obgleich das Almosen ein Versöhnopfer für die zeitlichen Sündenstrafen der Verstorbenen sey, so könne es dennoch von der ewigen Strafe seinen Stifter nach dem Tode nicht mehr erledigen; wohl aber vor dem Tode, indem es die Gnade der Bekehrung zuwege bringe, *) worüber die Apostel-Geschichte ein rührendes Beyspiel an dem Hauptmanne **Kornelius** liefert. **) — Christen sollen also zuerst für jene Armen, welche heute vorhanden sind, und nicht für die künftigen eher besorget seyn. Und zur Schlußfolge zeige man ihnen den Grundsatz des **Weisen**: **Vor dem Tode thu Gutes deinem Freunde, und reiche dem Armen nach Vermögen:** ***) — den Ausspruch des Apostels: **Lasset uns Gutes thuen, da wir Zeit haben:** ****) — und selbst den ausdrücklichen Befehl des Heilandes, sich, ehe man von dem Posten dieses Lebens

---

*) Ebendas. 15 V. — Tob. IV. 11. — Hebr. XII. 16... u. dergl. m.
**) K. X V. 4.
***) Syrach. XV. 13.
****) Galat. VI. 10.

Lebens entsetzet wird, von dem verführerischen Reichthume gute Freunde an den Armen zu machen.*)

Allein der Seelsorger erkläre sich hier mit aller Genauigkeit, daß er nur von Menschen rede, die deßwegen ihr Almosen bis zum Ende verschieben, weil sie in ihrem Leben keines geben mögen. Denn man siehet Christen sterben, welche im Leben stäts den Armen ihr Ueberflüssiges mitgetheilet haben, und dieselben doch noch im Tode zu Miterben ihres Nothpfenniges einsetzen. Ueberhaupt aber muß er sich hüthen, daß er die letzten Willensverordnungen für Arme nicht an sich selbst mißbillige, weil sie immer etwas Gutes auf sich haben; und er muß mit Bescheidenheit sprechen, damit er nicht, wo er das Bessere zu erlangen suchet, das Gute und Bessere zugleich verliere.

§. VIII.

Die geistlichen Eigenschaften des Almosengebers sind stäts zwischen dem Vortrage dieser Grundsätze mit einzuschalten.

Die geistlichen Eigenschaften des Almosens, oder vielmehr des Almosengebers sind zwar ein ganz nothwendiger Unterweisungsstoff der Seelsorger. Allein da sie sich nicht so wohl auf das Almosen und die Armen, als auf den Helfer der Armen und Ausspender des Almosens, und auf dessen **inneres und geistliches Verdienst** beziehen, so kann ich hier eine weitere Ausführung derselben wohl übergehen. Doch erforderte es Billigkeit und Ordnung, ihnen unter diesen Grundsätzen einigen Platz einzuräumen: denn sie sind für die Person des Ausspenders unentbehrliche Bedingnisse, ohne die seine Almosengaben zwar Frucht für Andere, aber nicht für ihn bringen. Indessen sind sie ein

---

*) Luk. XVI. 9.

ein Gegenstand der inneren Geisteslehre, dessen Behandlung ohnehin für Seelsorger ein geläufiges Werk ist, und also hier mit doppeltem Rechte von mir übergangen wird.

Ein weiser Seelenhirt wird demnach leicht wissen, diese Eigenschaften in die inneren und äußeren abzutheilen, und sie unter den übrigen Belehrungen vom Almosen mit einfließen zu lassen. Denn in Ansehung der inneren Eigenschaften liegt allerdings viel daran, daß mildthätige Menschen ihre Absichten reinigen, und ihnen sogar über die natürliche Regung des Mitleides einen beynahe göttlichen Schwung geben; daß sie mit kluger Einfalt *) und ohne Ruhmsucht und Prahlerey vor der Welt **) mittheilen ohne Stolz über des Armen beschämende Demüthigung, und ohne Unwillen, wenn er grob, undankbar, und nicht unser Lobredner wird; ohne stille Selbstgefälligkeit, ***) ohne Zwang; ohne heimliches Wehe des Geitzes, ohne Nachreue, ****) u. s. w. sondern daß sie ihr Almosen, wie Christo selbst, in der Unterwerfung eines Schuldners geben, im demüthigen Geiste der Buße, der, mit dem Geiste der Liebe Gottes und des Armen gemischet, ein süßes Rauchwerk vor Gottes Angesicht, und eine tief erquickende Salbung für die menschliche Seele ist.

Eben so veredeln auch die äußeren Eigenschaften des Ausspenders, die eigentlich nur Ausdrücke von der inneren sind, den Werth seines Werkes, und erhöhen sein Verdienst. Sie erfordern ein freundliches Gesicht, eine leutselige Ansprache, *****) eine fertige Hand,

---

*) Röm. XII, 8.
**) Matth. VI, 1. 2.
***) Luk. XVII, 10.
****) Tob. IV, 9. Sir. IV, 8. — 2 Kor. IX, 7.
*****) Ebendas. — u. Sir. XVIII, 15. 16. 17.

Hand, ꝛc. *) und dahin rechne ich auch, daß die Bemittelten in der Gemeinde, die Ansehnlicheren besonders, ihr Almosen, obgleich mit der lautersten Absicht, jedoch um der Erbauung willen öffentlich, wo es sich schicket, abgeben sollen: denn der das Almosen gebothen, hat auch die Auferbauung durch das Beyspiel guter Werke befohlen. **) Dieß alles, sage ich, wird ein kluger und eifriger Seelsorger bey seinen Unterweisungen vom Almosen öfters mit einzuschalten wissen.

§. IX.

Siebenter Grundsatz: übernatürliche Beweggründe zum Almosengeben.

Da ich also bloß die in Ansehung der Armen einzuprägenden Grundsätze behandle, so habe ich nur noch den siebenten Grundsatz vorzutragen, daß nämlich die Gläubigen jene großen Beweggründe der christlichen Barmherzigkeit, die Nachtheile des unbarmherzigen, und die Vortheile des barmherzigen Menschen, stäts vor Augen haben sollen. Diese muß denn der geistliche Lehrer, wenn nicht sein ganzer bisheriger Unterricht eine bloße Uebung des Verstandes seyn soll, dem Volke nachdrücklich vorstellen. Es ist eben nicht nöthig, sich hierzu besonderer Kunstgriffe der Ueberredung zu bedienen: die größte Kunst ist, nur dem Wege nachzugehen, den Gott selbst eingeschlagen hat, um die Menschen zur Wohlthätigkeit zu bewegen. Denn da er am besten weiß, was in dem Menschen ist, so bediente er sich selbst der mannigfaltigen Stimmungen des menschlichen Herzens. Auch der Seelsorger hat es mit Leuten von verschiedener Gemüthsart zu thun: auf Einige machet die Furcht vor der Strafe, auf Andere die Hoffnung zeitlicher Vergeltungen

*) Ebendas. IV, 3.
**) Matth. V, 16.

geltungen mehr Eindruck: manche Herzen laſſen ſich durch die Verheißung eines ewigen Lohnes, manche auch durch noch edlere und ganz uneigennützige Triebe, von Dank, Liebe, Gottes-Nachahmung ſich beleben. Auch er muß ſich alſo, eben ſo wie Gott, bald dieſes bald jenes Beweggrundes mit Nachdruck bedienen, um ſich zum Beſten der Armuth ſo wohl, als ihrer Wohlthäter, eines allgemeinen Sieges zu verſichern.

A) Zum **erſten** und erhabenſten Beweggrunde ſtellet ſich durch ſeinen Sohn der himmliſche Vater ſelbſt als das Muſter der Barmherzigkeit vor, und gibt zu verſtehen, daß wir ihm durch die Ausübung derſelben in ſeinen **göttlichen Eigenſchaften** und **Vollkommenheiten ähnlich werden können**, beſonders aber in ſeiner erbarmnißvollen Güte und Freygebigkeit, — einer Eigenſchaft, in welcher ſich nicht allein Gott, ſo zu ſagen, ſelbſt vorzüglich wohl gefällt, da er ſie mehr, als alle andere, mit Worten und Werken gegen uns offenbaret, ſondern welche auch wir Menſchen an Gott vor allen ſeinen übrigen Vollkommenheiten lieb und werth haben. Schon der Name, Gottes Barmherzigkeit, durchſtrömet das innerſte Gefühl, und hat eine ſüße Macht, all unſer Empfindungsvermögen vom Grunde aus rege zu machen. Welch eine Seligkeit, an dieſem reitzendſten aller Züge Gottes Ebenbild zu werden! **Seyd barmherzig, wie auch euer Vater barmherzig iſt.** *) Welches Glück, einem irdiſchen Geſchenke, einer geringen Handlung das Gepräge der Gottheit aufdrücken zu können! Wie werth muß uns hierdurch das Almoſen werden! Wo iſt ein Chriſt, der nicht ſeinen irdiſchen Vorrath hierher bringen ſollte, um ihn zu Golde zu machen? Und wo wird ein Seelſorger ſeyn, dem es nicht mehr an Zeit und Ausdrücken, als an Stoffe gebrechen

ſollte,

*) Luk. VI, 36.

zweyte Frage.

sollte, diesen edelsten aller Beweggründe seinen Pfarrkindern so nahe an die Herzen zu legen, daß sie ihn in ihrem Innersten fühlen, und nie wieder daraus verlieren können?

B) Zum zweyten Beweggrunde stellet Jesus Christus seine eigene Person auf: er will durch die Armen seine allerhöchste Person vorstellen lassen, und jede ihnen erzeigte Wohlthat will er für eine selbstempfangene annehmen. **Wahrlich sage ich euch: was ihr Einem aus diesen meinen mindesten Brüdern gethan habet, das habet ihr mir gethan.** *) Wird dieser Beweggrund recht anziehend vorgetragen, so ist er nicht allein für Verstand und Gedächtniß gemeiner Leute einfach genug, sondern er hat auch ungemein viel Einnehmendes für ihr Herz, um es in einer gewissen Spannung zur Wohlthätigkeit zu erhalten. Denn wer weiß nicht, daß Gaben und Geschenke die natürlichste Art sind, Freundschaft zu werben, oder zu unterhalten? Wer wünschet aber nicht, Jesum, er mag ihn lieben oder bloß fürchten, zum Freunde zu haben! und wie oft scheint ihn unser Herz fragen zu wollen, was es ihm doch zum Wohlgefallen oder wenigstens zur Wiederaussöhnung thun solle?

C) Der dritte Beweggrund ist die **Dankbarkeit für die Erbarmnisse Gottes und seines göttlichen Sohnes gegen uns.** Hier kommt es auf eine treffende Schilderung jenes äußerst elenden Zustandes an, in welchem Leib und Seele des Menschen versunken war, und noch wäre, wenn sich Gott nicht erbarmet hätte, ja, wenn er sich nicht stündlich erbarmete. Welches Menschenherz kann hier so abgehärtet seyn, daß es nicht innigst gerührt sich selbst zur Frage stellete, **was es dem Herrn für alle seine Vergeltungen wieder vergelt-**

---
*) Matth. XXV, 10.

vergelten solle: *) Und was können wir zur Dankbarkeit Geringeres thun, als uns barmherzig gegen diejenigen zu beweisen, die Gott unsrer Erbarmniß ausdrücklich anbefiehlt, und fast gänzlich überläßt? Aber so groß und weit umfassend sich auch diese göttliche Barmherzigkeit in Ansehung verunglückter Menschen zeiget, so kann man sie doch in einem noch viel erhabneren Gesichtspuncte — in Rücksicht auf die Person Gottes selbst entwerfen, und zwar hauptsächlich in Ansehung der Person **Jesu Christi**, weil dieser, **da er Gott gleich war, aus eigenem Antriebe sich selbst zernichtet, und den Stand der Armuth aus Liebe für uns gewählet hat.** **) Dieses Beweggrundes bediente sich der große **Paulus** in gleicher Absicht und Gelegenheit gegen seine Korinther: **erzeiget den armen Brüdern eure Liebe,** sagt er, **denn ihr wisset, daß Jesus Christus, da er reich war, euertwegen arm geworden ist, auf daß ihr durch seine Armuth reich werden möchtet.** ***) Hierdurch hat also dieser erbarmungsvolle Gottmensch nicht nur unser Dankgefühl gegen sich erwecket, sondern er gab uns auch die Richtung desselben gegen den Armenstand, den er in seiner Person vorgestellet, mit seinem Beyspiele geheiliget, und aus dem Stande des Ekels und der Verachtung zum Gegenstande unsrer wahren Schätzung gemacht hat. Nichts kann aber für Christen rührender seyn, als der Anblick des Bildes der göttlichen Barmherzigkeit gegen sie, welches ihnen der Lehrer dadurch anschaulich machen kann, daß er sie auf die einzelnen Schicksale und geistlichen und zeitlichen Privat-Angelegenheiten ihrer durchlebten Tage zurück führt. In der That, wenn wir nach alter Patriarchen Weise,

nach

---

*) Ps. CXV, 12.
**) Philip. II, 6. folg.
***) 2 Kor. VIII, 9.

nach eines Abrahams oder Jakobs Art, bey allen jenen Auftritten, wo uns Gottes Huld erschien, einen Stein zum Altare des Dankopfers hätten errichten wollen, müßte nicht so dicht, wie eine Landstraße mit Meilensteinen, eines Jeden Wanderschaft mit den individuellesten Denkmahlen der göttlichen Erbarmniß bezeichnet seyn? Welcher Beweggrund zum Dankopfer des Almosens und der Barmherzigkeit gegen Gottes Kinder und Christi Brüder, gegen die Armen!

D) Weil aber diese erhabenen Beweggründe auf verschiedene Gemüther nicht gleichen Eindruck machen; so griff Gott, der das eigennützige Menschenherz kennet, es bey seiner Eigenliebe an, und stellte zwey andere Beweggründe vor: **fürchterliche Strafen, und unermeßliche Belohnungen.** Die Rache der göttlichen Gerechtigkeit, und der Grimm des Richters gegen die Hartherzigen läßt sich ohne Uebertreibung aus dessen eigenen Worten, die oben schon im ersten Grundsatze erkläret wurden, und aus den eben daselbst angezeigten Beyspielen der Stadt Sodom und des reichen Mannes, auf die schrecklichste Art vortragen. Die Armen, für welche der Mensch keine Ohren hat, werden Gehör bey Gott finden, *) und da es gewiß ist, daß der Tag des Gerichtes Alles, was auf der Welt ungleich ist, eben machen wird; so werden auch ohne Zweifel die Armen daselbst über die reichen Geizhälse triumphiren; ja sie werden ihre Richter seyn. Da werden keine neuntägigen Andachten, keine Bruderschaften oder Wallfahrten, und selbst die gebothenen besten Werke werden nicht retten können, nachdem dieß einzige höchste Geboth der Barmherzigkeit unterblieben ist. Zeitliche Uebel, und vor allem ein mitten in zeitlichen Gütern unruhiges Gemüth, werden die Vorbothen jenes entsetzlichen Gerichtes seyn, und dessen Verzweif-
lungs-

---

*) Sirach IV, 6. — XXXV, 17. 18. 19.

hungsvolles Endurtheil wird schon jetzt in seinem gefolterten Gewissen der Unbarmherzige herum tragen: in einem Gewissen, welches voll von solchen Sünden ist, von denen es durch Uebungen der Barmherzigkeit entweder vorher bewahret, oder doch gewiß wiederum geheilet werden könnte: in einem Gewissen, welches eben so wenig Zutrauen gegen seinen Gott schöpfen kann, als es sich um das Vertrauen der Armen verdient machet, und welches sich immer nur desto unglücklicher fühlet, je mehr es sein Glück allein genießen will, ohne einen unglücklichen Mitmenschen daran Theil nehmen zu lassen.

E) Desto reißender hingegen kann ein Seelsorger auch die zeitliche Vergeltung unserer Wohlthätigkeit vorstellen. Schon die Psychologie und philosophische Moral zeigen uns mancherley Arten derselben. Ist es nicht die seligkeitsvollste Empfindung hier nieden, Menschen glücklich gemacht zu haben, und lohnet sich irgend eine andere Tugend selbst auf der Stelle in einem so hohen Grade, als wie die Wohlthätigkeit? Allein noch weit häufiger, und für gemeines Volk anlockender strömen die Verheißungen des Lohnes aus den Quellen der götlichen Offenbarung, und man kann sie überhaupt nach der Weise Jesaiä LVIII. 7 bis 12. — oder Tob. IV. 7 bis 12., und dergl., ankündigen. Dieß sind z. B. Sicherheit vor eigener Verarmung, und im Gegentheile häufiger Segen, *) Nachlaß der Sünden, und Versöhnung mit Gott, **) Schutz wider feindliche Anfechtungen, und Rettung aus allen Gefahren und Uebeln, ***) Verlängerung des Lebens, und desselben Friede und Segen, Beystand in der Krankheit, und Zuflucht für den entscheidenden Zeitpunct

*) Ps. XXXVI. 25. 26. — Sprichw. XIX, 17. — XXVIII, 27. — Luk. VI, 38. — 2 Kor. IX, 8.
**) Sirach III, 33. Luk. III, 8... II. Hebr. XIII, 16.
***) Sir. XXIX, 15... 18.

zweyte Frage.

punct des bösen Tages, *) u. dgl. m. Alles dieses wird zuletzt auf nichts Geringeres hinaus gehen, als auf die ewige Belohnung eines unendlich glückseligen Lebens, welches der Sohn Gottes in eben dem Maße den Barmherzigen zusichert, als er den Unbarmherzigen ihre Strafen androhet. **)

Solche Beweggründe, unterstützet mit biblischen Beyspielen, ***) und mit neueren Mustern aus der Kirchengeschichte, muß ein Seelsorger seinen Pfarrgenossen nicht nur mit allem Nachdrucke einprägen, sondern er muß es ihnen auch als einen besondern Grundsatz empfehlen, sich dieselben öfters selbst vorzustellen, um dadurch die Widersprüche der Eigenliebe zu besiegen, die thätige Armenliebe aber in stäter Uebung zu erhalten.

Dieses sind überhaupt die vornehmsten Grundsätze, durch deren feste Einprägung und gewissenhafte Befolgung das Armenwesen einer Pfarrgemeinde in einen besseren Stand kommen kann. Und diese Hoffnung ist schon genug, jeden Seelsorger von neuem an seine Pflicht zu erinnern, mit welcher er zur Verpflegung der Armen und zur Verhüthung der Armuth die erwähnten Grundsätze in Gang bringen, und darin erhalten müsse. Erscheinen alsdann gewisse Polizey-Anstalten, oder gar eine vollständige, zu diesem Ende ganz besonders errichtete Armen-Polizey; so ist hiermit sein Volk schon ziemlich darauf vorbereitet: der Seelsorger selbst aber hat schon halb gewonnene Arbeit, und kann mit desto mehrerem Nachdrucke und Vergnügen die Armenanstalten zum Besten der Religion, des Staates, und der Armen befördern helfen.

Dritte

---

*) Pf. XL, 2. 3. 4. — Matth. V, 7.
**) Ebend. XXV, 34. folg.
***) 3 Kön. XVII. — 4 Kön. IV, 8. folg. — Tob. XI, 14. 15. XII, 8. folg. — Daniel IV, 24. — Apost. Gesch. IX, 36. folg — X. 4. — Tob. XII, 9.

Dritte Frage.

Durch welche Mittel und Wege kann' der Seelsorger, wenn in einem Staate besondere Polizey-Anstalten zur Besorgung der Armen getroffen worden sind, seinerseits zu dem guten Fortgange dieses wichtigen und gemeinnützigen Geschäftes am besten mitwirken?

(§. I.) Vorläufige Mittel sind: 1) den Plan der Armen-Polizey durchstudieren, 2) sich sogleich für denselben öffentlich und thätig erklären. (§. II.) Der Entwurf der würzburger Landarmen-Polizey wird zum Grunde gelegt, bey welcher die Beförderungsmittel eines Seelsorgers hauptsächlich in der geschickten Art bestehen, die Glieder der in der Pfarrgemeinde aufgestellten Armen-Commission zu behandeln. 1) Zur vorläufigen Behandlung der Commissions-Glieder gehöret a) Ueberzeugung derselben von dem Nutzen der Armenanstalt, b) Beweggründe zu ihrer Befolgung und Beförderung, c) nähere Erklärung ihres Planes, d) scheinbare Ueberlassung des ganzen Planes in die freyen Hände dieser Mitglieder, e Qualificirung ihres Armenamtes zu bürgerlichen Ehrenämtern. 2) Ihre fernere Behandlung erfordert, daß ein Seelsorger a) dieselben in ihrem Eifer so fort durch Muth, Trost, u. dgl. zu erhalten, und b) sie zu den ihrem Amte so nöthigen Eigenschaften zu befähigen fortfahre. (§. III.) Der Seelsorger muß die dreyfache Grundlage der Armen-Poli-

dritte Frage.

zey mit den Commissions-Gliedern bearbeiten, und sie darin regieren helfen: 1) Bearbeitung der ersten Grundlage, welche die Tabelle der Seelenbeschreibung ist. Dieß geschiehet a) durch gewisses Benehmen mit ihnen bey Verfertigung der Tabelle, b) durch kluge Beobachtungen aus derselben, c) durch Mittheilung solcher Bemerkungen an die Commissions-Glieder, d) besonders in Rücksicht auf nicht einheimische Seelen. 2) Praktische Vortheile aus einem solchen Gebrauche der Seelen-Tabelle. (§. IV.) Bearbeitung der zweyten Grundlage, d. i., der Conscriptions-Tabelle der Armen: und zwar 1) bey Verfertigung der Armen-Conscription; damit a) kein unwürdiger Armer aufgenommen, und b) kein würdiger ausgeschlossen werde. 2) Bey Regulirung des Almosens; damit a. keinem Armen zu viel, und keinem zu wenig angewiesen, b) und bey den während des Jahres sich ändernden Umständen des Armen auch die Regulirung seines Almosens geändert werde: c) damit bey der zweyten Classe der Armen insbesondere die sämmtlichen Umstände eines jeden für die Regulirung seines Almosens abgewogen werden: damit ferner d) für die Arbeitsfähigen die Hindernisse ihrer wirklichen Beschäftigung gehoben, und e) für die, denen noch jetzt, oder von neuem wieder aufzuhelfen ist, verhältnißmäßige Unterstützung reguliret werde. 3) Durch Erklärung des praktischen Gebrauches der Conscriptions-Tabelle an die Districts-Deputirten, a) in Ansehung der nicht conscribirten falschen Armen, b) in Ansehung der zwey conscribirten Armen-Classen, c) in Ansehung einer bevorstehenden Verarmung, und ihrer Ursachen. 4) Durch des Seelsorgers eigene praktische Benutzung der Conscriptions-Tabelle, da er a) solche Beobachtungen, wie er den Mitgliedern erkläret, selbst anstellet,

Klett's Preisschrift. N b)

b) gewisse Fälle an das weltliche Amt melden läßt, c) mit demselben in gutem Benehmen steht, d) die Mängel der Deputirten ergänzet, e) die monathlichen Sitzungen genau halten läßt, und ihre Vortheile benutzet. (§. V.) Bearbeitung der dritten Grundlage, nämlich der Verpflegungsmittel. 1) Bey Anschaffung solcher Mittel: er muß a) die milden Stiftungen handhaben, b) die Umschickung und Anhäftung der verschiedenen Armenbüchsen besorgen, c) die Beysteuer, Einsammlung und Vertheilung der für das Jahr gewöhnlichen Mundnahrung befördern helfen, d) ingleichen die Vorsehung mit Bettung, Kleidung, Feuerung, Arzney. 2) Bey Anwendung der Verpflegungsmittel muß der Seelsorger a) auf die Anlegung einer Armen=Casse bringen, b) den Armenpfleger mit der ungewöhnlichen Einnahme und Ausgabe Nichts ohne die Commission vornehmen, mit deren Beystimmung aber auch die ungewöhnlichen Bedürfnisse der Armen durch ihn anschaffen lassen. Er muß ferner c) dem Pfleger gewisse Aufsichts- und Beobachtungspuncte übertragen, d) über diese Puncte so, wie über den Pfleger selbst die Oberaufsicht tragen, e) in Betreff der Ausgaben für Wanderer ihm einen Gegenschreiber zur Seite stellen, f) ihm zur Führung einer Pflege- und Casse=Rechnung an die Hand gehen: g) Er muß endlich seine, wie auch der Deputirten und des Pflegers angestellten Beobachtungen bey jeder Session zum Vortrage kommen lassen, und die Anstellung so, wie den Vortrag solcher Beobachtungen durch gewisse Mittel erleichtern.

Vorläufige

§. L.

Vorläufige Mittel des Seelsorgers für die Armen-Polizey überhaupt.

Da bisher von der Verpflichtung des Seelsorgers zur thätigen Theilnehmung an dem Armenwesen ohne alle Rücksicht auf Polizey-Anstalten gehandelt wurde; so wäre nun nichts Ungereimters, als zu denken, so bald in Betreff des Armenwesens besondere Einrichtungen von der weltlichen Polizey getroffen sind, so werde eben dadurch der Seelsorger seiner Pflicht entlediget. Das Gegentheil erhellet schon aus den vorigen Untersuchungen. Und wahrlich! eine landesfürstliche Armenanstalt ist für einen die Armen liebenden Hirten jene lange erwünschte Gelegenheit, wo sein Eifer erst recht ins Große wirken, und die zuverläßigsten Früchte einernten kann. Auch setzet der Regent in den Seelsorgern nebst dem erforderlichen Eifer eine Wissenschaft und Art voraus, wodurch sie in ihren Pfarrspielen die Armen-Polizey in Aufnahme bringen können, und dieß desto mehr, da sie, wie ich oben gezeiget habe, *) gleichsam ein Monopolium von vielen solchen Mitteln zur Verbesserung des Armenstandes besitzen, ohne welche die Polizey-Verordnung, wenigstens in den Städtchen und Dörfern auf dem Lande, nie in einen vollkommenen Stand kommen würde. Ich habe also noch etwas praktischer zu untersuchen, wie auf dem Lande der Seelsorger zu einem so wichtigen und gemeinnützigen Werke, als eine Armen-Polizey ist, nicht nur vermittelst seiner Pfarrgemeinde im Ganzen, sondern wie er für seine Person selbst dazu beywirken könne. Die Mittel und Wege, wie er für seine Person dazu mitwirken könne, sind noch allein der Gegenstand meiner gegenwärtigen Betrachtung.

N 2   1)

---

*) S. 112. f§§.

1) Vor allem muß ein Seelsorger den ganzen Plan der Armen-Polizey vor sich legen, ihn mit Eifer durchdenken, und so studieren, daß er sich mit den Grundsätzen und Absichten desselben bekannt, und den ganzen Geist desselben sich auch völlig eigen mache. Die gedruckten Verordnungen durchlesen, und sie sodann in dem Staube der Registratur begraben, ist keinesweges hinlänglich. Denn es ist nicht darum zu thuen, daß der Buchstab eines solchen Entwurfes verstanden werde: man muß darin den ausgebreiteten Geist des Landesfürsten ausspähen, und allen seinen Spuren nachgehen, bis unser Forschungsgeist mit ihm einverstanden ist, und gleiche Grundsätze und Gesinnungen angenommen hat. Ohne dieß kann man nur wenig in der Sache, oder ja gewiß Vieles unzweckmäßig mitarbeiten. Wir werden bald einsehen, wie nothwendig diese Hauptregel voraus zu setzen war.

2) Ferner muß der Seelsorger gleich Anfangs öffentlich von sich merken lassen, wie willkommen ihm eine so heilsame Anstalt, und wie sehr er dafür eingenommen sey. Denn auf ihn siehet der gemeine Mann zuerst hin, wenn im Falle des Armenwesens und Almosens, welches ihn ein bloß geistliches Werk zu seyn daucht, eine weltliche Verordnung über ihn ergehet. Zeiget er auch nicht öffentlich, daß ihm dieß auffallend sey; so forschet er doch stillschweigend nach, was sein Seelsorger darüber denke, daß eine in seiner Religion alt hergebrachte Gewohnheit nun abgeändert werden solle. Zur Widerlegung dieses der Armen-Polizey im Grunde schädlichen Vorurtheiles muß der Seelsorger einen besondern Unterricht ertheilen. Weil aber dieser Unterricht zugleich die Absicht und Folge hat, die Pfarrgemeinde im Ganzen zur wirklichen Beförderung der Armenanstalten thätig zu machen; so wird man denselben unten bey der Beantwortung der fünften Frage,

Frage, wo die Beförderungsmittel von Seiten der Pfarrgemeinde aufgezählet werden, noch vorlegen. Indessen muß die thätige Theilnehmung des Seelsorgers auf seiner Seite gleich anfänglich der beste Unterricht für seine Gemeinde, und die erste Widerlegung ihres Vorurtheiles seyn. Denn wenn sie ihren Seelsorger so vorzüglich in dieß Geschäft verflochten sehen, so wird dieß der neuen Armen-Polizey in ihren Augen immer den alten Anstrich der Religion wieder geben: sie werden zu wundern aufhören, und werden den alten christlichen Gebrauch, das geistliche Werk, für die Armuth zu sorgen, nur in einer neuen Gestalt zu erblicken glauben, welches auch wirklich der wahre Gesichtspunct ist, unter dem diese Sache muß betrachtet werden. Wenigstens wird der Seelsorger hierdurch diejenigen für die neue Anstalt voraus gewinnen, die er, wie wir gleich hören werden, zur Begründung derselben in seinem Pfarrspiele am vorzüglichsten brauchet. Der Seelsorger sey also in seiner Gemeinde der Erste, der sich durch seine Geschäftigkeit öffentlich für den Beförderer des Werkes erkläret: und dieß sey sein erstes und allgemeinstes Beförderungsmittel.

§. II.

Entwurf der würzburger Land-Armen-Polizey.
1) Allgemeine und vorläufige Benehmung des Seelsorgers mit den dazu aufgestellten Commissions-Gliedern in der Gemeinde. 2) Fernere Behandlung derselben in der Folge.

Aber um nun praktisch darzuthun, wie der Seelsorger seinerseits auch in der That sich als den Beförderer der Armenanstalten zeigen könne, darf ich nicht mehr so im Allgemeinen fortsprechen, sondern ich will, um meine Meinung faßlich und umständlich darlegen zu können, irgend

end einen Grundriß von einer bestimmten Land-Armen-Polizey zum Grunde legen. Dieß soll nun die von unserem gnädigsten Fürsten für die würzburgischen Landesunterthanen neu angeordnete Armen-Polizey seyn.

Die Grundlage der würzburger Land-Armen-Polizey beruhet auf drey Hauptpuncten: der erste ist eine allgemeine Seelenbeschreibung in jedem Landorte: der andere eine genaue Conscription der wahrhaft Dürftigen: der dritte enthält ihre Verpflegungsmittel. Aus dem Seelen-Register ergibt sich das Verhältniß der Anzahl der Armen gegen die der Bemittelten, ... ferner der Auszug unberechtigter Einwohner von den einheimischen, ... so wie auch der Nahrungsstand, die Kinderzahl, und andere Privat-Umstände der Haushaltungen, woraus die mannigfaltigsten Bemerkungen für die Armen-Polizey, und besonders viele Ursachen der wirklichen oder bevorstehenden Armuth zu entnehmen sind. Die Conscriptions-Tabelle sondert die verstellten Armen, die aus dem Seelen-Register schon erkannt sind, von den wahrhaften, und weiset die Ersteren von Betteley und Müßiggang zur Arbeit, ... die Letzteren aber theilet sie in ganz und halb Arme, deren sämmtliche individuelle Umstände von Alter, Gesundheit, Kinderzahl, u. s. f. zugleich darin aufgezeichnet sind, und dem für sie zu regulirenden Almosen das Maß bestimmen. Der dritte Hauptpunct, welcher nicht tabellarisch kann entworfen werden, enthält die Aufsuchung, Verwaltung, und wirkliche Vertheilung der Verpflegungsmittel. Jenen ersten zwey Tabellen zu Folge ist jede Ortschaft in gewisse Districte, deren einer etwa zwanzig oder mehrere Haushaltungen begreift, eingetheilet, und die Aufsicht über die Armen eines Districtes, wie auch über die das Armenwesen betreffende Polizey ist einem darin wohnenden Rathsverwandten, oder einem andern ansehnlichen

I. Entwurf einer Seelenbeschreibungs-Tabelle.

Nro. der Häuser.	Namen der Mann- Weibs- er.	Söhne. Töchter. er.	Alter von	Summe		Aufenthalt derselben.	Stand.	Hand- werksge- sellen.	Knechte.	Mägde.	Nahr- ungs- stand.
			Vater. Mutter. Sohn. Tochter.	Mann u. Weibs Personen.	Wie lange? Wo? um?						

II. Entwurf einer Conscriptions=Tabelle.

N.	Namen	Kinder		Alter der Aeltern	Kinder		Stand.	Gewerbe.	Verdienen hiebisvon.	Wer mögen.	Ursache der Armuth.	Was der Arme zur Unterstützung selbst begehre.	Gesundheitsumstände.	Aufführung.	Commissions=Vorschläge, wie viel dem Armen auszuwerfen sich — und warum?
		männlich	weiblich		männlich	weiblich								NB. Hier soll der Arme abtreten.	
	des Hausvaters.			Hausvater.											
	der Hausmutter.			Hausmutter.											

dritte Frage.

lichen Bürger übertragen, den man einen Districts-Deputirten nennet. Zur Ausführung und Aufrechthaltung dieses Planes ist aber eine beständige Armen-Commission in jeder Landstadt, Ort, und Dorfschaft ernennet, welche nebst dem Pfarrer und Beamten (wofern dieser von seinem Amtssitze abkommen kann) in dem Schuldheißen oder einem höheren Gerichtsvorsteher, in zwey Gerichtspersonen, zwey Bürgern oder Ortsnachbarn, und in den sämmtlichen Districts-Deputirten bestehet. Alle diese müssen sich als Commissions-Glieder wenigstens alle vier Wochen Ein Mahl versammeln. Einer von ihnen ist zugleich der Armenpfleger, der die Armen-Casse, die Verwaltung und Austheilung der Verpflegungsmittel unter sich hat, die Einnahme und Ausgabe besorget, und über die ganze Verpflegung überhaupt und insbesondere Rechnung führet. — Diesen Plan muß der Leser wohl zu Gesichte fassen, und im Verfolge der gegenwärtigen Abhandlung bis zum Ende stäts vor Augen behalten, wenn er die noch übrigen vier Erörterungen mit Nutzen lesen will.

Dieß also zum Grunde geleget, ist jetzt leicht zu erachten, daß von den Commissions-Gliedern der Erfolg des ganzen Werkes abhange. Da nun in Gegenwart des Beamten der Pfarrer mit ihm concurrenten Vorsitz hat, in dessen Abwesenheit aber (wie es in den meisten Ortschaften der Fall ist) das Ruder allein führen muß; so liegt Alles an dem, wie sich der Pfarrer mit den Commissions-Personen, vorzüglich aber mit den Districts-Deputirten und dem Pfleger, in und außer den Commissions-Sitzungen benehme, und wie er dieselben recht zweckmäßig in diesem Geschäfte zu regieren wisse. Sieh da den Univerſal=Weg des Seelsorgers, zur Beförderung der Armen-Polizey mitzuwirken! Ich lege ihn jetzt umständlich vor.

1) Der Seelsorger muß zuerst die **Commissions-Glieder**, welche, wie unter dem Beamten, so auch unter ihm stehen, vorläufig für das Armen-Institut zu gewinnen suchen, damit sie ihr aufgetragenes Geschäft aus einem freyen großmüthigen Willen, keinesweges aber mit Zwang und Verdruß verrichten. Hierin kann er weit mehr, als der Beamte zu Stande bringen.

A) Er **überzeuget** sie also anfänglich von den großen Vortheilen der Armenanstalt, und zwar Theils aus dem innerer Gehalte des Institutes selbst, welches ihnen zugleich zu dessen kläreren Erkenntniß dienet, — Theils aus dessen heilsamen Folgen auf die Kirche, das Vaterland, und ihre Gemeinde, auf das geistliche und leibliche Wohl der Armen und Bemittelten, und ihrer eigenen Privat-Personen. Materialien hierzu werde ich zu Anfange meiner Beantwortung der folgenden fünften Frage geben.

B) Zum **Beweggrunde** stellet er ihnen vor, wie sie von ihrer höchsten und hohen Obrigkeit, von dem lieben Vaterlande, von Gott und der Kirche selbst aufgefordert werden, zu diesem gemeinnützigen Werke ihre Hand zu biethen; daß man sich hierin fast einzig auf sie verlasse, und auf ihren Verstand und Eifer vertraue, gleichwie auch beynahe das Meiste von ihrer Mitwirkung abhange; was für ein überaus großes Werk der christlichen Liebe und Barmherzigkeit sie dadurch unausgesetzt, und zwar auf die zweckmäßigste und Gott gefälligste Weise, verrichten; welche Verdienste sie also sammeln, und welch einen vielfältigen Lohn sie sich versprechen können. Der Stoff hierzu liegt in dem §. VI. der vorigen Beantwortung, besonders von S. 171 an, verglichen mit §. IX.

C)

dritte Frage.

C) Er suchet ihnen, so weit es möglich ist, von dem ganzen Plane, vorzüglich von dessen innerem Geiste und Wesen, die anschaulichste und über die kleinsten Bestandtheile sich erstreckende, kurz, die nämliche Kenntniß beyzubringen, die er sich selbst nach der obigen Anleitung davon erworben hat, und einem jeden den Begriff seines besondern Armenamtes, welches ihm dabey zu verwalten obliegt, mit eben solcher Deutlichkeit zu erklären. Uebrigens stellet er ihnen das Geschäft in seiner Folge nicht nur leicht vor, sondern er biethet sich ihnen auch sehr freymüthig zu ihrem Mithelfer an, und er sucht sie, wofern sie Etwas nicht verstehen oder nur bezweifeln würden, ohne Scheu, wenn und so oft sie immer wollten, bey ihm Rath und Unterricht darüber zu hohlen; denn er werde nicht nur selbst mit allen seinen Kräften thätigen Antheil an dem Werke nehmen, sondern auch einem Jeden von ihnen seine Geschäfte dabey zu erleichtern suchen.

D) Obgleich der Seelsorger, besonders in Ortschaften, wo kein Beamter wohnet, sich als einen thätigen Commissions-Vorsteher zeigen muß; so läßt er dieses doch weder die Deputirten, noch die übrigen Commissions-Glieder empfinden; sondern um sie in Lust und Eifer zu erhalten, so scheint er sie Alles ungebunden thun zu lassen, gerade als wäre er nur die Nebenperson und sie die Hauptpersonen: da er indessen doch immer die Maschine sammt ihren kleinsten Triebfedern insgeheim lenket, und dadurch die Mitglieder ohne ihr Wissen an sich gezogen hält. Er fraget sie also stäts um ihre Meinungen, läßt sich jeden Vorschlag in seinem ersten Anblicke gefallen, bringt ihnen — sein Gutachten nie mit dictatorischem Ansehen auf, u. s. w. Denn solche Leute müssen durchaus nur bloß gewonnen werden, weil sie ohne Lohn, und ohne nahe Aussicht eines zeitlichen Privat-Vor-

theils

theils mitarbeiten müssen, welches bey ihnen etwas Ungewöhnliches, und immer etwas Widerwärtiges ist. Denn sie wissen alle ihre Arbeiten, Gänge, Versäumnisse für die Gemeinde gar wohl aufzurechnen, und sie vom gemeinen Beutel sich bezahlen zu lassen. Aus eben dieser Ursache kann ein Seelsorger nicht genug in sie bringen, einen Geist religiöser Absichten, und einen gewissen Funken von Patriotismus in ihnen rege zu machen, der stäts wieder neu muß angefachet werden.

Manche sagen freylich, bey Einführung herrschaftlicher Neuerungen dürfe man dem gemeinen Manne kein Votum lassen, d. h., man müsse ihn mit kurzen Befehlen abfertigen: so soll es, so muß es seyn. Aber dieß ist der geistliche Hirtenton nicht, und wohl könnte es noch einiger Maßen bey solchen Verordnungen angehen, die von dem gemeinen Manne eine nur ganz einfache, bestimmte, bloß äußere Folgeleistung erfordern, wobey also der Erfolg einerley ist, ob man sich gern oder mit Widerwillen darein ergibt. Und nicht einmahl dieß kann ich ganz zugeben: denn die Frohnarbeiten des Unterthanes sind unter allen die schlechtesten, ungeachtet sie so einfach, bestimmt, bloß äußerlich, und nichts weniger, als Neuerungen sind. Allein in unserer Armen-Polizey besteht die vorzügliche Mitwirkung der Commissions-Glieder, von welcher der meiste Erfolg solcher Anstalten abhängt, in den mannigfaltigsten, unzubestimmenden, freyen, und von einem herrschaftlichen Fiat unabhängigen Handlungen, wozu man ihnen weder einzelne Vorschriften, und noch vielweniger Machtsprüche ertheilen kann: in Handlungen, bey denen es, wie man noch sehen wird, nicht auf eine mechanische Kraft des Bürgers, noch auf sein mündliches Ja, sondern auf die willkührliche Bewirkung seines Verstandes und guten Herzens ankommt. Es bleibt also dabey, daß die Commissions-

Glieder

dritte Frage.

Glieder auf eine geschickte Art, worunter ich jedoch keine gar zu politische Geschmeidigkeit ohne Würde und Ansehen verstehe, von dem Seelsorger müssen gewonnen werden.

E) Und in dieser Rücksicht, däucht es mich ferner, soll man solchen Mitgliedern ein gewisses Ziel von *bürgerlicher Ehre* ausstecken. Es wäre vielleicht gut, wenn ein Seelsorger den Beamten mit dem Vorschlage und dem Ersuche anginge, einen Amtsschluß ergehen zu lassen, oder diesen Schluß, wofern es nöthig wäre, von höherer Obrigkeit zu bewirken, daß nach Verlauf einer gewissen Zeit, z. B. einiger Jahre, kein Rathsverwandter mehr zum Schuldheißenamte, kein Bürger und Ortsnachbar aber zu einem Rathsverwandten, vielweniger zum Schuldheißen, oder zu einem andern bürgerlichen Ehrenamte könne ernennet werden, er habe denn zuvor eine Stelle in der Armen-Commission, oder unter den Deputirten, eine Zeit lang mit Treue und Fleiße versehen. Wo dieser Vorschlag nicht ganz anwendbar ist, da kann man wenigstens öffentlich merken lassen, daß künftighin bey dergleichen Ernennungen auf diesen Umstand Rücksicht werde gemacht werden. In Kirchen aber, wo kein anderes Hinderniß im Wege steht, kann der Seelsorger, mit vorgängiger Berathung des Beamten und Schuldheißen, jenen Commissions-Gliedern und Deputirten, die keine Rathsverwandten sind, den ersten Stuhl nach den sogenannten Gerichtsstühlen, auch bey Processionen, Opfergängen, bey Darreichung der Wachskerzen, Palmen, ꝛc. kann er ihnen den ersten Rang nach den Gerichtsmännern auszeichnen. So etwas wird, nebst einer Aneiferung, auch diesen Vortheil bringen, daß man in Zukunft bey Abgang eines Commissions- oder Deputations-Gliedes öfters einen der ansehnlicheren Männer, ohne erst um ihn werben zu müssen, bekommen

kann:

kann: ja vielleicht wird dieß insgeheim freywillige Nebenbuhler erwecken, da sonst jene, die am meisten Zeit und Fähigkeit zu solchen Geschäften haben, sich gemeiniglich entweder aus Bequemlichkeit oder aus Verachtung denselben nicht unterziehen mögen.

2) Gleichwie aber der gute Erfolg einer Armenanstalt nicht so wohl von einem gut ausgedachten Plane, als von dessen genauer Befolgung abhängt; so kann man auch noch viel sicherer behaupten, daß die zuverläßige Dauer des guten Erfolges keinesweges an jenem anfänglichen Eifer, sondern an der Treue und Behartlichkeit in der Ausführung und Fortsetzung des Planes gelegen sey. Es müssen also die Seelsorger, nebst der **eigenen Erhaltung ihres ersten Eifers**, vorzüglich dahin Bedacht nehmen,

A) auch die **Commissions-Glieder**, besonders die **Deputirten, darin zu erhalten**. So bald dieser erkaltet, gerathen die besten Anstalten ins Stecken, und zuletzt sinken sie gar wieder in ihr altes Unwesen zurück. Dieses kann sich sehr leicht ereignen. Allerhand Leidenschaften erwachen in der Folge auch in den großmüthigsten Herzen: allerhand Hindernisse und Beschwerlichkeiten stoßen auf. Solchen Männern wandelt gar oft die Ungeduld an, wenn sie eine oder die andere Stunde versäumen, und manche Gänge thun sollen, die Nichts eintragen. Es fehlet auch nicht an Leuten, die von den Deputirten und Pflegern nachtheilig reden, Argwohn und üble Urtheile verbreiten. Es entstehen Verdrießlichkeiten unter den Armen, unter denjenigen, deren heran nahender Verarmung man bisweilen gegen ihren Willen vorbeugen muß, und so gar unter den Bemittelten. Selbst die Wandelbarkeit des menschlichen Willens, und die Gewohnheit eines Geschäftes, mit dem man schon eine Zeit lang umgeht, sind dem Eifer gefährlich. Und wenn da den
Mitglied-

Mitgliedern nicht von Zeit zu Zeit Rath, Muth, Unterstützung beygebracht wird; so mag übrigens der Seelsorger noch so geschäftig mitarbeiten, er wird das Stocken nicht hindern: denn auf die Commissions-Glieder, Deputirten, und auf den Pfleger kommt nun einmahl ganz gewiß das Meiste an. Hier ist also Treue, Standhaftigkeit, eine ausharrende Geduld, und überhaupt sind großmüthige Tugenden vonnöthen: und nur der Seelsorger allein kann ihnen diese Mittel am besten beybringen, durch dieselben ihren Eifer, und durch den Eifer das ganze Werk im Gange erhalten.

B) Er muß demnach ihr beständiger Schulmeister seyn, und ihnen nebst einer öfteren Aufmunterung auch gewisse andere Eigenschaften und Tugenden einprägen, ohne die ihre gleichwohl eifrige Armenpflege nicht bestehen könnte, z. B. Uneigennützigkeit, Unparteylichkeit der Personen, Treue und Gewissenhaftigkeit, Fleiß und Sorgfalt in der Aufsicht über die Moralität und Industrie, und über die ganze Polizey der Armen, ferner eine gewisse Vorsicht und Klugheit, ein Forschungsgeist auf gute Mittel und Wege, eine Freymüthigkeit und Offenherzigkeit bey der monathlichen Versammlung, u. dgl. m. lauter Eigenschaften, die nebst ihrem ganz eigenen Werthe für das Armenwesen auch noch den unschätzbaren Vortheil verschaffen, daß sie der Armen-Commission das Vertrauen des Publicums zuwege bringen, welches, wie wir unten noch sehen werden, eines der besten Beförderungsmittel für Armenanstalten ist, indem es die Pfarrgemeinde zur vereinten Mitwirkung näher und trauter beyzutreten veranlasset. Und eben dieses öffentlichen Vertrauens wegen muß auch bey jeder Ernennung eines neuen Committirten oder Districts-Deputirten der Seelsorger, der immer der schärfste Kenner seiner Gemeindeglieder seyn kann, einen Mann von unbescholtenem redlichen Charakter in Vorschlag bringen. Der

§. III.

Der Seelsorger muß mit den Commiſſions-Gliedern die dreyfache Grundlage der Armen-Polizey bearbeiten. 1) Arten, die erſte Grundlage, d. i., die **Seelenbeſchreibungs-Tabelle zu bearbeiten**: 2) **Praktiſche Vortheile aus dem Gebrauche dieſer Tabelle.**

Tiefer in das innere Weſen der Armenanſtalt, und ſelbſt ihrem Zwecke näher führet den Seelsorger ſeine unmittelbare Mitwirkung bey der Begründung und Erhaltung der Armen-Polizey. Hier trägt er als ein berechtigter Aufſeher derſelben, über ihre ganze Verfaſſung d i., über ihre dreyfache Grundlage eine genaue Obſicht, und hat überall eine geſchäftige Hand mit darin, damit Alles ſo wohl im Allgemeinen, als nach den beſonderen Local-Perſonal-und anderen Umſtänden pünctlich beobachtet, und immer vollkommener und dauerhafter gemacht werde. Doch iſt dieſes wiederum mehr von jenen Ortſchaften, wo kein weltlicher Beamter ſeinen Wohnſitz hat, als von anderen, zu verſtehen. Er muß demnach die oben benannten drey Fundamental-Puncte der Armen-Polizey, die **Beſchreibung der Seelen, die Conſcription der Armen, und die Verpflegungsmittel** fleißig ſo wohl für ſich, als mit den Commiſſions-Gliedern bearbeiten, und ſie darin ſtäts ſo fort regieren. Denn wie will er ſonſt Vorſchläge machen, und die Vorſchläge Anderer beurtheilen? wie will er in Abweſenheit des Beamten das ganze Armenamt in und außer den Commiſſions-Sitzungen regieren? Deputirten und Pflegern die Hand führen? wie will er Rath, Vermittelung, Entſcheidung geben und einhohlen? wenn er die Seelen-und Armenliſte, wie auch die Einnahme und Ausgabe der Pflegemittel,

den

dritte Frage.

den Zustand der Armen-Casse und ihrer Berechnung, weder selbst vollkommen kennet, noch den Grad und die Beschaffenheit der Kenntnisse seiner Mitglieder hierin, und ihre Art, dabey zu Werke zu gehen, prüfet? Dieß sind für den Seelsorger gleichsam drey besondere **Hauptwege** zur Armenanstalt mitzuwirken, in die sich der oben angegebene Universal-Weg, das ist, die allgemeine vorläufige Behandlung der Commissions-Glieder, austheilet.

1) Nun wird zwar die erste Grundlage, die **Seelenbeschreibung**, nicht von dem Ortsgeistlichen, sondern von bestimmten Männern aus dem Orte verfertiget: aber darum darf er doch seine Aufsicht derselben nicht entziehen, weil er dieses Seelen-Register selbst bey seiner Armenpflege sehr nöthig hat, und weil man sich auf die Fähigkeit und Genauigkeit der Verfasser desselben nicht sicher verlassen kann. Die Seelsorger bey uns haben ohnehin schon lange die sehr nützliche Gewohnheit, nebst ihren übrigen Pfarr-Matrikeln auch eine über die einzelnen Haushaltungen, und deren eingehörige Seelen zu führen: jedoch wird dieselbe nicht tabellarisch, nicht so ganz vollständig und umständlich, wie hier dieses Seelen-Register, entworfen seyn.

A) Der Seelsorger lasse also außer dem, daß er die bestimmten Personen an die jährliche Erneuerung der Seelen-Tabelle zu rechter Zeit erinnert, sich auch jedes Mahl dieselbe freundschaftlich vorlegen. Sehr nützlich wird er handeln, besonders wo der Beamte abgeht, wenn er in Gegenwart der Verfertiger das Richtige darin belobet, Fehler aber nach seiner besseren Einsicht berichtiget, und sie durch diese Zurechtweisung auf die nächstjährige Seelenbeschreibung aufmerksam machet. Die Hauptabsicht von einer solchen Vorlegung der Seelen-Tabelle ist, daß der Geistliche für sich so wohl, als für seine Commissions-Verwandten einen gründlichere Einsicht von dem Orteszustande im Ganzen und Einzelnen gewinne, Beobachtungen darüber anstelle, praktische Schlußfolgen und Benutzungen daraus ziehe, und seinen Mitgliedern dieses alles getreulich mittheile. Daher scheint jener Seelsorger den besten Weg zu wählen, der sich zu seinem eigenen Gebrauche diese Tabelle abschreibt, welches ich auch nachher für die Conscriptions-Tabelle will verstanden haben. In dieser sieht er sich bisweilen um, denket und forschet nach, vergleicht die Zahl der bemittelten Einwohner gegen die Armen, um daraus zu berechnen, wie weit die Beyträge der Ersteren zur Unterhaltung der Anderen möchten zulangen können, oder nicht.

B) Da ihm ferner durch die verschiedenen Fächer dieser Tabelle auch der Nahrungsstand einzelner Haushaltungen, sammt der Anzahl ihrer Kinder, Dienstbothen, und mehrere Umstände entdecket werden; so wird er hieraus leicht die Bemerkung machen, wie eines Theils mancher Wohlbegüterter freygebiger, als bisher seyn könnte; was eine Haushaltung ihren Umständen gemäß mehr an Brod, eine andere mehr an Geld geben, was diese oder jene an anderen Verpflegungsmitteln füglicher abreichen, und wie man eine jede mit guter Art dazu bereden könne: andern Theils wird er einsehen, wie unschicklich manche Haushaltungen wirthschaften, die mit einer nur etwas veränderten Art sich weit vortheilhafter und doch leichter ernähren könnten: er wird Quellen von Verarmung aufspüren, drohende Gefahren hierzu entdecken, und zugleich zweckmäßige Mittel finden, denselben zu begegnen.

C) Damit nun der Seelsorger solche **Bemerkungen** auch anwendbar mache, so **theilet er sie seinen Commissions-Verwandten mit**, und dieß nicht nur bey den öffentlichen Sessionen, sondern auch bey Privat-Unterredungen im gemeinen Umgange.

Er

dritte Frage.

Er leget ihnen die Tabelle vor, und führet sie selbst auf die Fußstapfen seiner gemachten Beobachtungen. Auf solche Art werden diese Männer in den Tabellen und deren unterschiedlichen Fächern bewandert: sie lernen selbst darüber nachzudenken und Folgerungen zu machen. Dieß thut ihnen in der Aufsicht der Districte, in dem Pflegeamte, und in mehreren Verrichtungen unvergleichliche Dienste, und machet sie geschickt, an den in ihrem Districte wohnenden Armen, und vorzüglich an Personen, die den Weg zur Verarmung betreten, oder ihrem Umsturze schon nahe sind, den persönlichen Charakter, die Haushaltungsumstände, die Quellen und Folgen zu beurtheilen, und Mittel dagegen aufzufinden.

D) Daher soll sich ein Seelsorger die Mühe nicht verdrießen lassen, ihnen hauptsächlich die zwey Doppelfächer, die von den **fremden Seelen** in einer Haushaltung handeln, und die drey vorletzten Fächer von den **Handwerksgesellen, Knechten**, und **Mägden** zu erklären, und ihnen den wichtigen Bezug dieser Fächer auf einzelne Haushaltungen und auf die ganze Armen-Polizey, wie auch die Absicht und praktische Benutzung derselben zu zeigen. Es ergibt sich nämlich aus solchen Fächern das Ab- und Zugehen der Handwerksgesellen, Dienstbothen, und fremden Ankömmlinge. Wenn man aber diese Leute mit dem Nahrungsstande, mit der Anzahl und dem Alter der Kinder, und mit mehreren Umständen des Hauses, worin sie sich aufhalten, in Verhältniß stellet; so läßt sich's bald schließen, ob nicht dergleichen fremde Personen in einem Hause überflüssig sind, die in einem andern nützlich wären: ob nicht erwachsene Kinder, die ihren Aeltern zur Last fallen, sich viel räthlicher in Dienste verdingen, und vielleicht in ihrem Orte selbst die Stelle fremder Dienstbothen vertreten könnten.

Sie wären alsdann unter dem Joche einer mehr, als daheim, eingeschränkten Dienstbarkeit zu einem strengeren Fleiße und besseren Betragen genöthiget, die Armen-Polizey aber könnte sich von der Moralität und Industrie solcher Personen, worüber sie zu wachen hat, desto ruhiger versichern.

2) Das Resultat von dem allen ist erstlich jener unschätzbare **praktische Vortheil**, daß durch solche Untersuchungen ein Ortsgeistlicher mit seinen Commissions-Gliedern auf allerley Ursachen der Armuth stoßen wird: — auf Ursachen, deren einige bey der ersten Forschung ins Auge fallen, andere aber verborgen lagen: er wird auch solche Umstände entdecken, die bald Ursachen einer neuen Verarmung werden können. Und was das Beste ist, so geben dergleichen Entdeckungen gemeiniglich auch zugleich ein Vorkehrungs- oder schon ein wirkliches Gegenmittel an die Hand, die gegenwärtige Armuth zu vermindern, oder die künftige voraus zu verhüthen, weil die Quelle des Uebels aufgefunden wird. Ferner wenn die Deputirten und übrigen Glieder also in das Seelen-Register, und in ihr das hin einschlagendes Armenamt eingewiesen werden; so wird es gewiß keine monathliche Sitzung geben, wo man nur zum Scheine sich versammelt, und nicht weiß, was man reden soll. Denn darauf eben zwecket zunächst das Amt der sämmtlichen Collegen ab, daß sie, ohne einzeln für sich etwas eigenmächtig zu unternehmen, ihre **Bemerkungen**, und ihre darüber gefaßten **Urtheile** und **Entschließungen** bey der ganzen **Versammlung vortragen**, nie aber als stumme Zeugen, oder als blödsinnige Bejaher da sitzen: und besonders der Vorsteher darf nie ohne Stoff zu reden und zur Berathschlagung dabey erscheinen. Gewiß wird Jeder etwas vorzubringen haben: Jeder wird aber auch über den Vortrag des Anderen ein vernünftiges Gutachten

zu

dritte Frage. 213

zu geben wissen. Leichter will man zwar die Sache nicht vormahlen, als sie ist: sie hat ihre Schwierigkeiten. Sollte sie aber auch wirklich so gar viel Beschwerniß für den Seelsorger haben, als sie vielleicht nur zu haben scheint; so haftet dieselbe mehr auf der ersten Gründung des Werkes, als auf dessen nachmahliger Fortsetzung.

§. IV.

Bearbeitung der zweyten Grundlage, d. i., der Conscriptions-Tabelle: 1) bey Verfertigung der Armen-Conscription: 2) bey Regulirung des Almosens: 3) durch Erklärung des praktischen Gebrauches der Conscriptions-Tabelle an die Districts-Deputirten: 4) durch des Seelsorgers eigene praktische Benutzung dieser Tabelle.

Was für ein vortreffliches Beförderungsmittel der Landarmen-Polizey können also die Seelsorger aus der ersten Grundlage derselben, nämlich aus der Seelen-Tabelle, ziehen! Dessen ungeachtet ist doch die andere Tafel, welche die **Conscription der Armen** in sich fasset, an Beförderungsmitteln noch viel reichhaltiger. Ich lege sie also gleich als ein neues Mittel vor. Die Conscriptions-Tabelle gewinnet schon durch die vorher gehende Seelenbeschreibung Vieles für ihre Richtigkeit. Denn da die Seelen-Liste den Zustand einer jeden Haushaltung deutlich enthüllet; so kann denen, die nun einmahl in dieser Liste bewandert sind, nicht mehr unbekannt bleiben, welche Familien oder Personen arm, und welche nicht arm seyen; wer als ein wahrhaft Armer in die Conscription aufzunehmen, oder als ein verstellter und unwürdiger davon auszuschließen sey; wer endlich als

O 3 ganz

ganz verarmt in die erste Classe, oder nur als ein halb Armer in die zweyte müsse gesetzt werden. Dieß alles, sage ich, ergibt sich aus der Seelen-Tabelle, und eben dieß ist ganz der Begriff der Conscriptions-Tabelle, welche die falschen Armen ausschließt, unter den wahrhaften aber die ganz Armen in die erste, und die zum Theile Verarmten in die zweyte Classe aufzeichnet. Indessen müssen doch die Seelsorger für diese Tabelle, für ihre jährliche Erneuerung und genaue Berichtigung, u. s. f. das nämliche sowohl in Ansehung Ihrer als ihrer Commissions-Mitglieder beobachten, was bisher von der Seelen-Tabelle ist gesagt worden. Dieß kann aber hier weit leichter und auch vollständiger geschehen, da die Conscription im Beyseyn des Seelsorgers von der ganzen Commission zugleich muß vorgenommen werden.

1) Schon bey **Verfertigung der Conscription** muß also der Seelsorger, sie mag in Gegenwart oder in Abwesenheit des Beamten geschehen, beynahe das Meiste dazu beytragen, daß

A) das wahre **Bedürfniß** allein zum **einzigen Gesichtspuncte** der Classification der Armen genommen werde, Theils weil der Beamte die Armen, besonders von jenen Ortschaften, wo er seinen Sitz nicht hat, gemeiniglich nicht so ganz genau, wie der Seelsorger, nach ihrem persönlichen Charakter und ihren individuellen Umständen kennet, und Theils weil hier die übrigen Mitglieder etwa nicht so ganz ohne Leidenschaft zu Werke gehen möchten. Der Geistliche muß besonders sich selbst hüthen, daß er keiner Privat-Neigung gegen einen Armen aus irgend einer Ursache Platz gebe, und hier bey der Classification nicht einmahl die Andacht und Frömmigkeit mit in Anschlag nehme, sondern nichts Anderes, als das bloße Bedürfniß, auf die Wagschale lege. Den Mitgliedern aber soll er mit Nachdruck

ins

dritte Frage.

ins Gewissen reden, daß sie gleichfalls mit der Classification ohne alle Nebenrücksicht strenge verfahren, damit Niemand, der sich im Jahre noch einigen Unterhalt erwerben kann, in die erste Armen-Classe gesetzt werde, und damit jene hingegen, welche sich ihren Unterhalt noch ganz verschaffen könnten, auch von der zweyten Classe ohne alle Barmherzigkeit ausgeschlossen bleiben. Denn es könnte leicht Einer von den Beysitzern für einen Armen, der sein Anverwandter, Gevatter oder Nachbar, sein Tagelöhner, Beyläufer, u. s. w. ist, vorzüglich eingenommen seyn. *) Solchen Fehlern ist mit klugem Ernste zu begegnen. Der geistliche Vorsteher erkundige sich nämlich genau er über die ganze Lage eines solchen Supplicanten, und mache bey den übrigen Deputations-Gliedern seine bescheidenen Gegenvorstellungen. Er warne sie sogar vor unzeitigem Mitleiden, und vor aller übertriebenen Barmherzigkeit. Am meisten aber muß er es zu verhüthen suchen, daß sich keiner aus ihnen durch Verstellung und Kunstgriffe gewisser Armen irre führen lasse. Er muß es endlich dahin bringen, daß auch in der Zukunft bey der Armen-Polizey diese Grundsätze strenge beobachtet werden. Er kann dieselben durch Vorstellung der bedenklichen Folgen bekräftigen, welche für die Gemeinde und das ganze Vaterland, ja für jeden Bürger und für die Armen selbst nothwendig entstehen müßten. Denn wenn man nicht einen eben so strengen als klugen Unterschied in der Aufnahme beobachten würde; so müßte die Anzahl der Armen, anstatt sich zu vermindern, nur immer mehr heran wachsen, und sich durch Müßiggang verschlimmern, die Betriegereyen würden kein Ende nehmen, und zuletzt würde Armuth und Sittenlosigkeit den Staat überschwemmen.

O 4   B)

*) S. 158 fgg.

B) So wie nun der Seelsorger es verhüthen muß, daß kein unwürdiger Armer durch die Begünstigung eines Beysitzers oder durch eigene Schleichwege sich der Commission aufdringe, so soll er auch auf der Gegenseite wachen, daß kein wahrhaft Bedürftiger durch die Commissions-Verwandten abgewiesen werde. Denn wir sind nur allzu sehr Menschen. Einige können das Grundgesetz der Armen-Polizey, die Rücksicht auf das bloße Bedürfniß, in übertriebener Strenge verstehen: Andere können einem gewissen Ortsarmen abgeneigt seyn: die Meisten aber, ja die ganzen Gemeinden hägen noch den Eigensinn, oder soll ichs Geitz nennen, daß sie fast durchgängig, so bald sie ihre Armen selbst versorgen sollen, keine oder kaum einige Arme unter ihnen wissen wollen. In dieser schiefen Absicht werden manchem Supplicanten mehrere Leibeskräfte oder andere Mittel, sich und die Seinigen zu ernähren, zugedacht: und um manchen aus der Armenliste zu verdrängen, übertreibet man die Vorstellung von seiner Unwürdigkeit auf das unbilligste; ja es gibt zuweilen so unbescheidene Menschen, die einem, der aus eigener Schuld verarmet ist, auch das, was er zur äußersten Noth brauchet, *) nicht wollen zuschreiben lassen. Einen andern, der seinen Umständen gemäß zur ersten Classe geeigenschaftet ist, wird man in die zweyte setzen wollen: man wird bey armen Witwen nur allein auf ihre einzelne Person, nicht aber auch zugleich auf ihre noch unerwachsenen Kinder Rücksicht zu nehmen suchen, und verlassene Waisen wird man, ehe sie noch ihre Schul- oder Lehrjahr zurück geleget haben, gern in Dienste geben mögen, um ihrer in der Armenpflege los zu werden. Von Leuten, die durch Unglücksfälle verarmet sind, denen aber durch einige Unterstützung aus der Armen-Casse wieder aufzuhelfen wäre, wird

man

*) S. 161.

man nichts wissen wollen, weil entweder das Unglück ihnen selbst zur Schuld geleget wird, oder weil man ihr Wiederauffommen ihren eigenen, obgleich nicht ganz hinlänglichen Kräften zu überlassen gedenket. Um so mehr muß alsdann der geistliche Vorsteher die Rechte und Ansprüche der schuldlosen Armuth vertheidigen, und die Lieblosigkeit durch ihren eigenen Schaden zurecht weisen. Denn da die Gemeinde doch einmahl ihre Armen ernähren muß, so würden ihr ihre aller Hülfe entblößten halb Armen endlich in die Classe der ganz Armen herab sinken, und also zuletzt der lieblosen Gemeinde ganz zur Last heimfallen. Dieses ist es, was bey der jährlichen Armen-Conscription und bey jedesmahliger Aufnahme eines Armen der Seelsorger besonders beytragen kann.

2) Eben diese Unparteylichkeit kann er auch am besten bey der **Regulirung des Almosens** handhaben, welche gleichfalls von der ganzen Commission vorgenommen, und nach gewissen Fächern der Conscriptions-Tabelle bestimmt wird, in denen die Privat-Umstände der einmahl conscribirten und classificirten Armen aufgezeichnet sind. Solche Fächer, worin Gunst oder Abneigung Statt finden kann, sind die sechs vorletzten: das **Verdienst** von dem Gewerbe, das **Vermögen**, die Ursache der Armuth, die **Portion** des Armen, die er selbst begehret, seine **Gesundheitsumstände**, seine **Aufführung**. Diese Rubriken, mit den vorher gehenden des Geschlechtes, Alters, Standes, und der Kinderanzahl verglichen, sind bey jedem einzelnen Armen die Grundlage des für ihn zu bestimmenden Almosens: und nicht die geringste Leidenschaft für oder wider denselben darf also hier mit unterlaufen. Dieß muß man den Mitgliedern wohl erklären, indem die Regulirung des Almosens der eigentliche Endzweck der Conscriptions-Tabelle ist. Und

hier

hier kann der Geistliche seinen Eifer wieder vorzüglich wirken lassen.

A) Er präge demnach seinen Mitgenossen diesen Grundsatz der Armen-Polizey für allezeit ein: jeder wahrhaft Arme müsse verpfleget werden, aber das Maß des einem Jeden abzureichenden Unterhaltes müsse nach dem strengsten Verhältnisse seiner Unfähigkeit, denselben sich durch Arbeit selbst zu gewinnen, bestimmet werden, und keiner dürfe nur im geringsten Grade müßig ernähret werden   Dieß letztere betrifft nur allein die zweyte Classe, die keine ganz Verarmten in sich fasset. Es ist aber für eine wie für die andere Classe nöthig, daß der Seelsorger alle oben benannte Privat-Umstände der einzelnen Armen von den Commissions-Verwandten gründlich überlegen lasse, damit keinem zu wenig, und keinem zu viel zum Unterhalte angewiesen werde: nicht zu wenig, wie von sich schon klar ist; und nicht zu viel, damit der Armenstand nicht den Reiz der Bequemlichkeiten eines ruhigen unthätigen Lebens für die Armen, für Andere aber, die aus eigener Schuld ihrer Verarmung zueilen, mehr Abschreckendes, als im Verarmungsfalle Tröstliches an sich habe.

B) Eben diese Ueberlegung ist auch in Ansehung gewisser **schwankenden** Umstände nothwendig, die sich in eben demselben Jahre öfters ändern können, und daher nicht auf die Tabelle bringen lassen. So kann z. B. der Gesunde krank, und dann wieder gesund werden; bey dem Gebrechlichen können die Krankheitsumstände öfters ab- und zunehmen; der Preis der Bedürfnisse fällt und steigt, und fällt wieder; ein nicht vermutheter Unfall versetzet das ganze Ort in klägliche Umstände, und ändert eine Zeit lang auch die Lage des Armen; ein Anderer kann das Glück haben, ein kleines Vermächtniß zu erben, oder einen lebenden Freund zu

finden,

finden, der ihm an bestimmten Tagen oder Zeiten einen beträchtlichen Unterhalt benleget; selbst der Wechsel der Jahreszeiten bringt Veränderungen und Umstände mit sich, die dem Armen seine Nahrung bald erleichtern, bald erschweren. Ich sage nicht, daß man die jährliche und feste Regulirung des Almosens nach diesen wandelbaren Umständen bestimmen müsse; denn wie wäre das möglich? wer kann sie vorsehen? wer ihren Anfang, ihre Dauer, ihr Ende errathen? Ich will nur sagen: der Seelsorger soll zur Zeit, da die Commission das Almosen reguliret, dergleichen Umstände nicht unberührt lassen: er soll die Mitglieder darauf führen, daß bey Entstehung derselben die erste Regulirung des Almosens nothwendiger Weise abgeändert, und nach neuen Umständen eines Armen sein Almosen neu regulirt werden müsse. Diesem zu Folge empfehle er es dem Pfleger und den Districts-Deputirten, bey den Armen ihres Districtes auf dergleichen Veränderungen Acht zu haben, und dieselben jederzeit bey der nächsten monathlichen Sitzung vorzubringen, damit man dem Armen entweder eine Zulage oder einen Abzug mache, und dem Grundsaße: **keinem zu wenig, keinem zu viel,** stäts treu bleibe.

C) Wegen der Wichtigkeit dieser Sache kann ich nicht umhin, die besondere Erinnerung zu machen, der Seelsorger müsse ganz vorzüglich bey der **zweyten Classe** darauf sehen, daß alle obige **Umstände, bleibende und wandelbare,** mit weit mehrerer Genauigkeit, wenn noch eine größere möglich ist, **abgewogen** werden. Denn es soll durchaus kein Armer dasjenige aus dem Institute bekommen, was er noch selbst verdienen kann: ja auch das, was ihm durch irgend eine andere Quelle zufließt, darf ihm nicht aus dem Armen-Fonde angewiesen werden. Bey dieser Classe kommt es also wirklich mit der Regulirung des Almosens

ens ganz auf das an, was ein Armer vermöge seines jungen, mittleren, oder hohen Alters, seines männlichen oder weiblichen Geschlechtes, seines ledigen oder verehelichten Standes, was er vermittelst seines Gewerbes, Gesundheits-Zustandes, Ehegatten, seiner vielen oder wenigen, arbeitsfähigen oder unfähigen Kinder verdienen kann: was er, sage ich, nach der Lage des Ortes, nach Verschiedenheit der Jahreszeiten, selbst nach den mannigfaltigen Gattungen von Arbeit, an jedem Tage, oder nur überhaupt in der Woche zu erwerben im Stande ist. Denn diese Umstände bestimmen für ihn den Beyschuß, den er zu seiner Nahrung noch vonnöthen hat, und geben also der Commission das Maß des Almosens an die Hand, welches sie für ihn reguliren soll. Treten zwischen dem Jahre veränderte Umstände des Armen ein, so findet hier desto mehr dasjenige Platz, was erst oben von den schwankenden Umständen gesagt wurde.

D) Allein so allgemein richtig der bisher erörterte Satz ist, so muß man doch eine gewisse Rücksicht auf Nebenbedingungen nicht so sehr vergessen, daß man der zwenten Armen-Classe nach dem Maße ihrer Arbeitsfähigkeit die Nahrung aus dem Armen-Institute vorenthalten möchte. Der Hauptumstand, der alle vorige überwiegen muß, ist dieser: ob der Arme, der gleichwohl zu arbeiten bereit ist, auch **wirklich zu arbeiten habe**. Der Seelsorger muß also seine Mitglieder bey Regulirung des Almosens nicht bloß darauf sehen lassen, was der Arme verdienen könnte, wenn er Arbeit bekäme; sondern was er in seiner gegenwärtigen Lage wirklich zu arbeiten und zu verdienen habe. Aber auch diese bloße Forschung, ob der Arme zu arbeiten habe, ist noch nicht hinlänglich: man muß ihm auch wirkliche Arbeit zu verschaffen suchen. Denn die **wirkliche Beschäftigung der Armen** ist der wichtigste,

dritte Frage.

taste, aber auch der schwierigste Punct in der ganzen Armen-Polizey. Er hängt zwar mehr von Veranstaltungen einer höheren Obrigkeit, und von der Verfügung des weltlichen Amtes ab: und was ein Seelsorger vermittelst seiner Pfarrgemeinde überhaupt, und vermittelst des Armen-Unterrichtes insbesondere dazu beytragen könne, werde ich Alles noch unten zeigen: was er aber hier schon bey Gelegenheit der Regulirung des Almosens, und in der Folge bey den monathlichen Sitzungen für die Industrie der Armen bewirken kann, ist ungefähr Folgendes. Er muß erstens nach Anleitung des fünften Grundsatzes, den ich bey Beantwortung der vorher gehenden Frage (S. 171 bis 177) angegeben habe, den Commissions-Gliedern die Wichtigkeit dieses Punctes für die Armenpflege vorstellen. Alsbann lasse er sie darüber berathschlagen, wie man in Zukunft den Ortsarmen Beschäftigung und Nahrungsverdienst werde verschaffen können. Der erste Fehler kann schon in dem Mangel an Arbeits-Werkzeugen liegen: und hier müßte sogleich darauf angetragen werden, ob und wie zum wenigsten Anfangs die nothwendigsten Werkzeuge neu oder alt aufzubringen wären. Der Fehler bestehet ferner in dem Abgange an Kundschaft oder Bestellung zur Arbeit, an Aufdingung, und kurz, an Gelegenheiten zum Dienste und Verdienste. Weil aber doch die Rathschläge der Commission allein hierzu nicht hinreichend sind, so suche drittens der Seelsorger in den sämmtlichen Mitgliedern den verdienstvollen Eifer zu erwecken, sie möchten doch ihre Mitbürger beym gemeinen Umgange und Gespräche dahin bereden, daß dieselben, anstatt fremden Arbeitern, das Handverdienst ihren Ortsarmen vergönnen, und überhaupt zu deren Beschäftigung und erwerbsamen Selbsternährung das Ihrige beytragen. Bey manchem Sonderlingskopfe, deren es in jeder Gemeinde

meinde gibt, richten dergleichen Vorstellungen von einem Mitbürger oft mehr aus, als wenn sie ihm der Seelsorger machet. Die Gründe und andere Materialien, die der geistliche Vorsteher seinen Mitgliedern zu solchen Ueberredungen in den Mund leget, nimmt er aus der erst angezogenen Stelle der vorigen, und hauptsächlich aus der unten noch folgenden fünften Beantwortung (§. II, 1, B.). Uebrigens, sage er ihnen, möchten sie mit ihren Mitbürgern da und dort noch über andere Mittel und Wege für diese Angelegenheit der Ortsarmen sich berathschlagen, und diese sollen von den Mitgliedern jedes Mahl bey der monathlichen Sitzung vorgebracht werden. Wirft sich aber viertens aus den Berathschlagungen der Commission für die Industrie der Ortsarmen ein solcher Vorschlag heraus, der eine höhere Bestätigung erfordert; so läßt ihn der geistliche Vorsteher dem weltlichen, zu einem weiteren Berichte an seine Oberen, durch die Commission zu wissen thuen.

E) Es gibt aber auch Arme in dieser zweyten Classe, denen es nicht so wohl an Anstellung zu fremder Arbeit fehlet, als an einem **Beystande, ihr eigenes Gut und Hauswesen wieder aus dem Schutte hervor zu arbeiten.** Auf diese muß abermahls der Seelsorger mit seinen Commissions-Verwandten sein vorzügliches Augenmerk richten, weil es diejenigen sind, von denen die Armen-Casse durch ihre Aushülfe bald wieder und gänzlich erlediget werden kann. Er wird das Seinige dazu beytragen, wenn er mit den Beysitzern überleget, wie sich ein solcher Mensch noch nähret, oder nähren könnte; ob er nicht zweckwidrig, und fahrläßig wirthschafte und haushalte; wie er die ihm noch eigenthümlichen Feldstückchen baue; was er für Vieh halte, oder noch zu halten im Stande wäre, ob er nicht fressende Kapitalzinsen auf sich habe, u. s. w. Ist er ein Handwerks-

Handwerksmann, so werden andere Unterſuchungen angeſtellet, die auf ſein Gewerbe, auf ſeine Kundſchaften, Werkzeuge, ꝛc einen Bezug haben, und deren Reſultat manches Mahl gar wohl ſeyn möchte, ihn wieder im Kleinen, und von vorne an oder geſellenweiſe arbeiten zu laſſen. Dergleichen ſchickliche Rathſchlüſſe abzufaſſen, verſtehen / die Commiſſions-Glieder als Mitbürger oder ſelbſt als Mitgenoſſen deſſelben Gewerbes gar wohl; und durch ſolche Berathſchlagungen findet man die Hinderniſſe, die dem Auffommen des Armen im Wege ſtehen, und die Mittel dagegen, ferner was für Unterſtützung oder beſondere Aufſicht der Arme vonnöthen habe; was man ihm für einen guten Gebrauch von der empfangenen Beyſteuer vorſchreiben müſſe, damit er ein nützliches Glied des Staates noch ſeyn, und immer wieder nützlicher werden möge. Ihren Vorſchlag oder ihr Gutachten befördert die Commiſſion alle Mahl an den etwa anderwärts wohnenden Beamten, um zur Vollziehung deſſelben deſto ſicherer und kräftiger ſchreiten zu können.

3 Endlich liegt Vieles daran, was auch außer den Commiſſions-Sitzungen jeder einzelne Diſtricts-Deputirte für einen **praktiſchen Gebrauch** aus der **Conſcriptions-Tabelle** ziehe. Wer wird ihnen aber denſelben ſammt ihren daraus entſpringenden Amtsverrichtungen erklären? Denn einmahl müſſen doch die Commiſſions-Glieder wiſſen, worüber ſie ſich berathſchlagen ſollen, die Deputirten, über was ſie in ihren angewieſenen Diſtricten Aufſicht halten, und der Pfleger, wie er ſein Pflegeamt verwalten ſolle: Alle aber müſſen wiſſen, was ſie bey der Deputation zu berichten und anzubringen haben. Von ſolchen gemeinen Männern kann man nun nicht fordern, daß ſie dergleichen Polizey-Kenntniſſe und Geſchäfte von ſich ſelbſt lernen: es ſteht alſo dem geiſtlichen Commiſſions-

Vorſteher

Vorsteher eben so, wie dem weltlichen zu, ihnen hierin beständig an die Hand zu gehen, und auch darauf
zu sehen, wie ein Jeder diesem Amte nachkomme: Erst-
erem noch mehr, wenn in seinem Orte kein Beamter
wohnet.

A) Zuerst empfehle man den Districts-Deputirt-
en die Aufsicht über die nicht conscribirten verstellten Armen ihres Bezirkes: z. B. ob sich dieselb-
en in Dienste verdinget haben, oder zu sonstigen Arbeiten bequemen, und ihrem gewohnten Müßiggange
nicht mehr nachhangen, oder ob sie nicht gar durch ihre
Künste und Verstellungen heimliches Almosen bey Pri-
vat-Leuten erschleichen: ferner ob der Wächter und
Polizey-Knecht besonders gegen fremde Bettler seine
Schuldigkeit thue, und bey Handwerksgesellen, Reisenden, und anderen Fremdlingen den billigen Unterschied im Einlassen oder Ausweisen aus dem Orte beobachte. Dergleichen Fälle, wenn es Uebertretungen
sind, wären sogleich an einen Deputations-Vorsteher
zu berichten.

B) Die classificirten Armen dürfen der Aufsicht des Deputirten in seinem Districte noch weniger
entgehen. Er soll sich bis zur nächsten Sitzung anmerken, oder es ohne Verschub anzeigen, wenn Einer der conscribirten Armen durch Schleichwege noch
unter der Decke fortbettelt, und soll auch diejenigen
angeben, die demselben ein Almosen auf verbothene
Weise reichen. Denn man hat beobachtet, daß Manch a
seit dem Verbothe des Bettelgehens Hafnergeschirre,
oder einige Ellen Leinwand in fremden Dörfern lange
Zeit herumgetragen haben: nachdem sie aber die Bett-
elware so hoch gebothen, daß sie Niemand, wie sie
wohl voraus wußten, darum abnehmen konnte; so ford-
erten sie zuletzt zwischen vier Wänden ein Almosen.
Solche Schleichwege gibt es noch mancherley, die nur

ein

dritte Frage.

ein wachsames Auge ausspähen kann.... Vielleicht entdecken auch die Districts-Deputirten einen Verstoß, mit dem die Commission bey der Armen-Conscription, oder in der Regulirung des Almosens sich geirret hat: vielleicht einen Betrug, mit dem sie damahls ist hintergangen worden. Nebst einem erkrankenden Armen müßte also in dieser Absicht besonders derjenige angezeiget werden, der ohne Erben von auf- und absteigender geraden Linie stürbe, und einiges bey seiner Lebenszeit unbekanntes Vermögen hinterließe. Denn der Polizey-Verordnung zu Folge muß hiervon die Armen-Casse für den Unterhalt entschädiget werden, welchen ein Unwürdiger von ihr gezogen hat. — Der Districts-Deputirte soll ferner die **Industrie** der Armen von der zweyten Classe beobachten, d. i. er soll nachforschen, ob sie auch wirklich so viel arbeiten, als ihnen nach ihren Kräften noch möglich ist: und wofern nicht, so soll er untersuchen, was Schuld daran sey, die Trägheit, oder der Mangel an Arbeitsbestellung, an Werkzeugen, Materialien, rc. Er muß sich auch in seinem Districte erkundigen, wie Einer, welchem man aus dem Armen-Fonde zum neuen Aufkommen verhilft, den ihm zugeschossenen Beytrag zu seinem Besten anlege: ferner, was besonders die Bürger in der Gemeinde bey ihren gewöhnlichen Gesprächen wider das Armen-Institut einwenden, oder was sie an irgend einem Puncte desselben auszustellen haben, den man etwa nach ihrem Wunsche und Gefallen abändern, und hiermit das Institut ihnen immer beliebter machen könnte: noch mehr, was sie von den Armen sagen: ob sie nicht über einen klagen, daß er um die Arbeit wolle gebethen seyn, dieselbe schlechter, als andere Leute, verrichte, keine Lehre und Weisung annehme, oder daß er auf andere Art grob, undankbar, und gegen Niemand gefällig sey. Dieses greift zugleich in die

Moralität der Armen, und auch sie ist in der That ein wichtiger Gegenstand für jeden Districts-Aufseher. Er muß bemerken, ob sie mit Abänderung der Bettelen auch ihre Sitten ändern; wie sie ihre Kinder erziehen, ihr Almosen verwenden; ob sie sparsam und genügsam, oder unmäßig und schlemmend zu Hause wirthschaften, und dann wieder eine Woche dafür darben; was sie in Rücksicht auf strengere Moralität, d. i., auf die Heiligkeit oder Unheiligkeit der Sitten, für einen Ruf in der Gemeinde haben: u. dergl. Doch in Betreff der Aufsicht über die Moralität der Armen wird noch eine besondere Behandlung der Districts-Deputirten im III §en der nächst folgenden Beantwortung gegeben werden. Noch dieß ist hauptsächlich zu erinnern, daß sie in allen hier benannten Gegenständen ihrer Aufsicht, und vorderfamst in der Moralität immer ein ganz besonderes Augenmerk auf die armen Kinder, auf die in Werkstätte oder Hausdienste gestellten Knaben und Mädchen, und auch auf die schon erwachsene arme Jugend richten sollen, weil nur an diesen der zuverläßigste Grund zur Verbesserung des Armenstandes und Armenwesens geleget wird.

C) Ferner muß der Seelsorger die Deputirten auch auf die Ursachen neuer Verarmungen in ihrem Districte aufmerksam machen. Sie haben insgemein ihren Grund, wie schon in dem VI. §en der vorigen Frage gesagt worden, in der Vernachläßigung der Industrie und Moralität: insbesondere aber sind sie beynahe so verschieden, als die Menschen selbst, welche verarmen. Bey Einem ist es bloß allein der unthätige Müßiggang, bey dem Anderen hingegen Verschwendung: die Mittelgattung zwischen Beyden machen jene aus, welche nicht mehr zu verdienen suchen, als sie täglich oder wöchentlich zur Nothdurft brauchen, und bey denen man also, weil sie nie etwas aufsparen, die wirkliche Verarmung

nicht

dritte Frage.

nicht eher wahrnimmt, als bis die Tage der Krankheit oder eines hohen und für ferneres Verdienst unfähigen Alters herein brechen. Hier sieht man Einen aus lauter Dummheit ins Abwesen sinken, dort Einen aus übertriebenem Witze und aus Vermessenheit, indem er große Dinge waget, vielerley treibt, und bey aller seiner zweckwidrigen Geschäftigkeit das Sprichwort, **neunerley Handwerke, zehenerley Unglücke,** an sich erwahrt findet. Mancher wird unvermerkt von den Juden ausgesauget, indem er von ihnen betrogen wird, Geld, Vieh, und Waren borget, wofür er ihnen, über die mehr als landläufigen Zinsen, noch durchs ganze Jahr mehrere Opfer an Getreide, Küchenwaren, und Victualien liefern muß. Manche gerathen in die tiefeste Armuth besonders durch das so genannte Halbvieh-halten, welches, da es meistens die schon an sich selbst schwachen Haushaltungen betrifft, ein verderblicher Handel für Landleute ist. Wie viele verarmen endlich nicht durch unchristliche Wucherer in dem Orte? durch verschmitzte, eigennützige, und gewissenlose Unterhändler beym Kaufen und Verkaufen der Güter, beym Zechen in den Wirthshäusern? wie ich schon oben (S. 174 bis 177.) ein Mahl erkläret habe. Der Weinkauf, d. h. das beym Güterverkaufen versoffene Geld, beträgt zuweilen den Drittheil von dem, was das angekaufte Feldgut in seinem ganzen Werthe hat. Der Unweise, durch Ueberredungen hingehalten, kauft, und am Ende, wo nebst dem Kauf-Protokolle auch des Wirthes Zechbuch aufgeschlagen wird, siehet er erst, daß er an den drey Morgen Feldes, die er gekaufet, Einen schon wieder verloren, ehe er sie besessen hat. Mancher muß durch zu viele Güter, weil mehrere abzehrende Kapital-Zinsen darauf haften, ins Verderben kommen, da er, wenn er durch Verkaufung einiger Grundstücke die stärksten Kapitale abstieße, bey wenigeren Gütern empor kommen könnte. Einen andern ruiniren die Simultan-Abträge seiner aufgekündeten Kapital-Schulden; er wäre bey Kräften geblieben, hätte man von ihm nur Partial-Zahlungen von Zeit zu Zeit gefordert. Nicht Wenige richtet die gar zu leichte Ausfertigung der Güter-Obligationen zu Grunde, wobey etwa der Mann nicht gefraget wird, wozu er sein aufzunehmendes Kapital verwenden werde. Einige verarmen auch dadurch, daß sie endlich aus Kleinmuth oder Verzweiflung ihr Feldgütchen liegen lassen, weil sie solches nicht mehr so gut, oder so ganz anbauen können: und ein Gleiches geschiehet nicht selten in Werkstätten. Unter allen diesen Gattungen, deren Aufzählung noch ins Unendliche anwachsen könnte, sind jene noch immer nicht gerechnet, welche durch Krankheit und andere schuldlose Unglücksfälle in Armuth gerathen. Mit dergleichen Veranlassungen zur Armuth muß man die Deputirten voraus bekannt machen, nicht als wenn sie demselben immer vorbeugen könnten, sondern damit sie nur ihre Aufmerksamkeit darauf richten, und davon die Anzeige machen.

Bey allen bisherigen Beobachtungspuncten ist also den District-Deputirten die unverbrüchliche Vorschrift zu geben, daß sie über das, was ein Jeder in seinem Districte bemerket, weiter nichts eigenmächtig unternehmen, sondern es nur an die Commission berichten sollen. Daher müssen sie sichs entweder für die nächste Sitzung aufzeichnen, oder es auf der Stelle einem Commissions-Vorsteher hinterbringen.

4) Wenn aber von dem Seelsorger gefordert wird, daß er die Deputirten in diesem Geschäfte lenke und führe, so spricht ihn dieß nicht von der Pflicht frey, auch selbst, wo er kann, dergleichen Beobachtungen anzustellen.

A)

A) So wohl was er wahrnimmt, als was ihm von den Deputirten von Zeit zu Zeit angezeiget wird, muß er sich fleißig zu **Papiere anmerken**, um es bey der nächsten Deputations-Versammlung nicht nur in keine Vergessenheit kommen zu lassen, sondern auch um recht umständlich darüber sprechen zu können, damit bey wirklicher oder bevorstehender Verarmung durch gemeinsamen Rath auf zweckmäßige Gegenmittel gedacht werde.

B) Da aber sehr Vieles nur durch die bloße Macht **des weltlichen Beamten** kann bewirket werden, so hat es sich ein Seelsorger zur beständigen Regel zu machen, daß er von dringenden Umständen durch die allernächste Gelegenheit, von anderen minder gefährlichen aber nach gehaltener monathlichen Deputation demselben einen **Bericht abstatten** lasse. Wohnet der Beamte im Orte, so muß in Dingen, wofür schleunige Hülfe nöthig ist, der Seelsorger einen Jeden, der sie ihm hinterbringt, sogleich an denselben verweisen.

C) Ueberhaupt muß der Ortsgeistliche, wenn er zum Fortgange der Armenanstalten nicht ohne Frucht mitwirken will, stäts mit dem in oder außer dem Pfarrorte wohnenden **Beamten in guter Harmonie**, besonders in Betreff der Armen-Polizey stehen, und dabey jene von mir oben (S. 95. fgg.) angegebenen Regeln der Klugheit und Vorsichtigkeit beobachten. Denn es gibt hundert Ursachen, warum der Deputations-Verwandte nicht alle Mahl der Mann ist, der manchen wider die Armen-Polizey streitenden Vorfall seinem Beamten anzeigen mag, oder ihm denselben mit Umständen auslegen kann. Was kann hier nicht der Seelsorger nutzen, wenn er da spricht, wo Andere nicht reden können, oder nicht wollen?

D)

D) Und kurz: was wird aus der Armenanstalt werden, wenn er nicht immer fähig, und zugleich bereit ist, den Deputirten auf den Fuß nachzugehen, und ihre Lücken auszufüllen? Aus dieser Ursache muß er sie bey den monathlichen Versammlungen, so oft sie Nichts anzeigen, jedes Mahl selbst ausforschen, ob sie nicht Etwas vorzubringen haben: und wenn nicht; so stelle er einzelne Fragen an sie, wie es mit diesem und jenem Puncte in der Armen-Polizey stehe, oder was es da mit diesem Districte, dort mit jener Haushaltung, und was es anderswo mit selbiger armen Person für eine Beschaffenheit habe, u. dergl. Von dem Nutzen, und von einem Mittel, die Sitzungen sammt den Beysitzern auf diese Weise zu dirigiren, werde ich unten beym Schlusse dieser Beantwortung noch etwas beyfügen.

E) Weil doch hier der Ort ist, von den **monathlichen Zusammentretungen** zu reden, so muß ich die Polizey-Verordnung, daß diese Sitzungen alle Monathe pünctlich gehalten werden sollen, hier zum Hauptgrundsatze aufstellen. Hierüber aber muß besonders alsdann der Seelsorger wachen, wenn er es meisten Theils im Jahre allein ist, der dabey als Vorsteher erscheint. Er bestimme dann für dieselben mit allgemeiner Einwilligung einen bequemen Tag, so zwar, daß keinem Mitgliede, — etwa sogar bey Vermeldung einer Geldbuße, die sie unter einander selbst fest setzen, und der Armen-Casse widmen, — davon auszubleiben erlaubt sey. Es widerspricht unserer h. Religion nicht, daß ein mit ihr so innig verflochtenes Werk an einem Sonntage vorgenommen werde: wenigstens ist es für sie viel angemessener, als daß ehedem die Armen den Sonntag mit einer, Gott weiß, wie unheiligen Betteley zubrachten. An Werktagen, besonders im Sommer, würde man vielleicht selten die

ganze

ganze Deputation zusammen bringen, und meiner Meinung nach wird der Sonntag für Manchen eine profane Stunde weniger haben, wenn derselbe nach vollendetem Nachmittags-Gottesdienste sich eine Zeit lang zur Armen-Commission begibt. Mich däucht auch, daß dieser Umstand der Sache auf dem Lande eine gewisse Feyerlichkeit beylege, ihren Werth über die gemeinen Weltgeschäfte erhebe, und den gemeinen Mann in seiner Ehrfurcht und religiösen Zuneigung gegen das Armenwesen mehr bestärke, als wenn Alles nur so ganz politisch verhandelt wird. Ich habe deßwegen in eben dieser Absicht schon oben angemerket, daß eine hervorstechende Mitwirkung des Seelsorgers, mit dessen geistlicher Person, uud Kleidung sogar, der gemeine Mann immer einen, wiewohl irrigen, Begriff von Religion verbindet, das Armen-Institut beym Volke in guten Credit setze. Man kann insgemein einen gewissen Sonntag bestimmen, z. B. den ersten, dritten, letzten Sonntag in jedem Monathe: tritt eine Ausnahme dazwischen, dann wird erst der besondere Deputations-Tag von der Kanzel verkündet, nicht aber den Mitgliedern in der Stille angesaget, damit das Werk im Angesichte des Publicums etwas Feyerliches und Religiöses behalte.

Uebrigens ist die Commissions-Versammlung das eigentliche Hauptmittel, für den Seelsorger besonders, die einmahl in Gang gebrachte Armen-Polizey in gutem Fortgange zu erhalten. Hier werden die Grundsätze des Institutes immer wieder erneuert, und mehr befestiget, damit kein Armer unverpfleget, kein Arbeitsfähiger müßig gelassen, damit der Armenstand vermindert, und die künftige Armuth verhüthet werde. Bis auf die kleinsten locale, personale, Zeit- und andere Umstände wird hier die Sache zergliedert. Jeder bringt seine in der Gemeinde und in den Districten gemachten

machten Beobachtungen, von denen erst kurz vorher gehandelt wurde, und bald mehr wird gehandelt werden; wie auch seinen hierüber gefaßten Rath und Entschluß vor. Hier wird den aufsteigenden Hindernissen auf den Grund gesehen, und über Gegenmittel berathschlaget. Es werden mißlungene Versuche abgeändert, gangbare Vorschläge vervollkommenet, neu gemachte geprüfet. Hier endlich werden die Commissions-Glieder in gleicher Thätigkeit erhalten, die ganze Gemeinde aber, Arme und Reiche, sehen immer mehr, daß das Armen-Institut nicht eine vorüber fliegende Erscheinung ist, die entsteht und vergeht. Gewiß! wenn hier ein Seelsorger geschäftig seyn will, er kann seinen Eifer für die Fortsetzung und die immer steigende Verbesserung der Armenanstalten nirgends mehr bewähren, als auf den monathlichen Deputations-Sitzungen. Gleichwie er aber Andere nichts eigenmächtig darauf entscheiden oder vollziehen läßt: also muß auch Er den Schein vermeiden, als wolle er das Ruder allein führen. Den Armen endlich und den übrigen Gliedern der Gemeinde soll stäts ein freyer Zutritt zu der Commission verstattet werden, um daselbst ihre Angelegenheiten vorbringen zu können.

§. V.

Dritte Grundlage, die Verpflegungsmittel betreffend, wie sie von dem Seelsorger zu bearbeiten sey; 1) bey Anschaffung dieser Mittel: 2) bey Anwendung derselben für die Armen.

Die dritte Grundlage unserer Landarmen-Polizey besteht in den Verpflegungsmitteln der Armen. Es mag nun darum zu thun seyn, wo diese Mittel gewöhnlich hergenommen, oder wie sie an und für die Armen angewendet werden sollen; so kann hier abermahls der Ortsgeistliche sich sehr verdient machen.

1)

dritte Frage.

1) Was die **Anschaffung** der Verpflegungsmittel betrifft, so

A) werden sich vermuthlich, wenn **milde Stiftungen** für Arme vorhanden sind, in und außer der Armen-Deputation Rathgeber darstellen, die eher den ganzen Armenhaufen von solchen Stiftungen, ohne Rücksicht auf den Sinn derselben, verpfleget wissen möchten, als daß die Gemeinde sich eigene Beyträge gefallen ließe. Der Seelsorger aber muß nie dergleichen etwas zugeben, sondern sich und die Commission genau an den Willen des Stifters binden, damit von dergleichen Quellen keine Arme, als nur solche, unterhalten werden, die etwa in dem Stiftungsbriefe ausdrücklich benennet, oder durch eine gewissenhafte Interpretation leicht daraus zu erkennen sind.

B) Die Armen-Polizey schreibt vor, daß bey Hochzeiten, Kindestaufen, und anderen freudigen Vorfällen eine **Sammelbüchse** zu freywilligen Beyträgen in das Haus geschickt werde. Und für diese Umschickung scheint der Geistliche am besten sorgen zu können, indem dergleichen Ereignisse ihm zu erst angezeiget werden. Wenigstens soll er öfters nachfragen, ob es von dem Pfleger allezeit bestellet, und richtig von einem Armen vollzogen werde. — In Betreff jener **Büchsen** aber, die in den **Wirthshäusern** aufgehänget sind, suche er den Wirth und die Wirthinn zu überzeugen, wie leicht sie durch mancherley kluge Art, *) auch durch unschuldigen Scherz, sich der Laune ihrer Gäste zum Besten der Armen bedienen, und sich selbst dadurch eines Almosenverdienstes mit guten Absichten theilhaftig machen könnten.

C) Die **gewöhnlichen Nahrungsmittel** werden das Jahr hindurch als eine Beysteuer von der Pfarrgemeinde gesammelt. Wie der Seelsorger seine Gemeinde

---

*) Philipp. I, 18.

Gemeinde zu solchen Beyträgen vermögen solle, das werde ich, nebst dem, was schon in der vorigen Beantwortung hierüber vorgekommen ist, auch noch durchgehends in der Antwort auf die folgende fünfte Frage zeigen. Ueber die Art, diese Beyträge in dem Orte sammeln zu lassen, wünschte ich mich umständlicher erklären zu können. Doch ich schreibe ja nur von den Mitteln, wodurch der Seelsorger für seine Person zur Beförderung der Beysteuer solcher Nahrungsmittel mitwirken soll. Da nun die Art, dieselben zu sammeln, in allen Ortschaften eines Amtes dieselbe seyn muß; so wartet er die in dem Amte getroffene Einrichtung ab, und diese dienet ihm dann zur Richtschnur in der Anwendung seiner Beförderungsmittel. Geschieht es, daß wechselweise vier Ortsarmen unter einem Bettelauffseher von Hause zu Hause sammeln; so wende sich der Seelsorger an den Pfleger, damit das eingebrachte Almosen jederzeit unter dessen Aufsicht, und nicht über die für jeden Armen regulirte Quantität ausgetheilet werde. Aber so wohl wegen des wöchentlichen in mancher Ortschaft sehr beträchtlichen Ueberschusses an Brodstücken, als auch aus andern Ursachen scheinet diese Sammlungs-Art nicht allerdings dem Geiste und Endzwecke unserer Armen-Polizey zu entsprechen.

Es gibt aber einen andern Weg, vermöge dessen die Gemeinde bey der jährlichen Armen-Conscription von Mann zu Mann bey der Session gefraget wird, was ein Jeder an Brod, Geld, Getreide oder Mehl, Hülsenfrüchten, ꝛc. für das ganze Jahr nach und nach geben wolle — ein Weg, dessen Vorzüglichkeit vor dem ersteren ich von mehr als einer Seite zeigen könnte. Wo dieser getroffen ist, da muß bey der nämlichen Sitzung der Seelsorger im Angesichte der Gemeinde sogleich das Wort nehmen, und mißtrauischen Köpfen ihre Furcht aus dem Sinne reden, als wenn endlich eine

dritte Frage.

eine gesetzmäßige Armensteuer und ein passives Recht zur jährlichen Abgabe hieraus erwachsen könnte. Im Gegentheile, sage man, sey diese wahrhaft väterliche Gesinnung, daß der Landesfürst seine Unterthanen um freywillige Beyträge fragen lasse, der gnädigste und anschaulichste Beweis, wie wenig derselbe auf eine Armen-Taxe denke, ja wie geflissentlich er seine Landeskinder damit verschonen wolle, ob er gleich vermöge seiner fürstlichen Macht sie damit belegen könnte, und sich vielleicht auch dazu genöthiget finden würde, wenn sie die freywilligen Beyträge verweigerten. — Stutzet aber der Mann darüber, eine gewisse Quantität auf Ein Mahl zu versprechen, so frage man ihn: ob jene Brodstücke, die er vormahls für die Menge der Bettelleute durch ein ganzes Jahr an den Leiben herab geschnitten, alle auf eine Masse gerechnet nicht eine solche Quantität ausmachen würden, von der er zu Anfange des Jahres auch nur die Hälfte zu versprechen sich gewiß geweigert hätte? Und sollte es über dieß während des Jahres sich mit Grunde heraus werfen, er könne ohne Schaden sein Wort nicht erfüllen; so werde man solches auch nicht begehren, indem man nicht gesonnen sey, arme Leute zu machen, sondern den Armen zu helfen. Aehnliche Vorstellungen sind in Betreff des Geldalmosens vonnöthen. Der Mann lege nach dem Verhältnisse seines Vermögens nur Einen, zwen Kreuzer, oder einen halben auf Seite, und sehe, ob er bey des Jahres Ende diese Ausgabe, oder sonst einen Mangel verspüre! Wie viele dergleichen Kreuzer kommen im Jahre auf andere Art bey Seite, und man fürchtet sich nicht vor Mangel: man langet auch wirklich aus, weil man seine Haushaltung darnach einrichtet, u. s. w.

Hiernächst muß bey eben dieser Sitzung der Pfleger die Almosen-Tabelle, wozu ihm schon voraus der Seelsorger

Seelsorger die Anleitung gegeben hat, gleich bey Handen haben. Auf derselben steht vorne an allezeit der |Name eines Bürgers| alsdann folgen die Fächer für dessen verschiedenen Almosengaben, für | Pf. Brod, | |Kr. Geld,| |Metz. Korn,| ꝛc. Unter der Aufsicht des Seelsorgers schreibt also der Pfleger bey dieser Session sogleich die Quantität, die jeder Bürger bestimmt, in dessen Fach, und unter die gehörigen Rubriken, summirt unten am Ende die ganze Almosenrechnung, und vergleicht die Summe gegen das aus der Conscriptions-Tabelle summirte Almosen-Deputat der sämmtlichen Ortsarmen. Hier weiß man also zu Anfange schon, ob für das ganze Jahr die Mundnahrung auslange, oder nicht: und wenn nicht; so kann der Seelsorger gleich, wo die Gemeinde noch gegenwärtig ist, durch Vorstellung der Unzulänglichkeit und durch andere neue Beweggründe nochmahls an sie bringen, daß Einige ihre Almosenangabe noch um etwas bessern mögen.

Die Art, dieß Almosen zu sammeln, ist folgende. Die Armen werden durch den Pfleger von Sonntage zu Sonntage einzeln an gewisse Haushaltungen angewiesen, um daselbst so viele Pfunde Brodes oder andere Lebensmittel in ganzer Masse zu hohlen, als dem Armenstande für die Woche regulirt ist. Von dem versprochenen Geldalmosen kann hierbey der Ausspender dem Armen mitgeben, wenn, und so wenig oder so viel er will: denn zur Sicherheit weiset der Arme von dem Pfleger einen Schein auf, der mit dem Namen dieser Haushaltung bezeichnet ist, und mehrere Jahre hindurch dauern kann, worauf der Hausvater in die gehörige Rubrike so viele Striche machet, als er für dieß Mahl |Pfunde an Brod| Kreuzer oder Batzen an Geld| ꝛc. abreichet. Dieß Alles wird durch jeden Armen

dritte Frage.

Armen dem Pfleger ins Haus gebracht, und von ihm vertheilet. Was aber ein Hausvater dem Scheine zu Folge für diese Woche ausgespendet hat, das zeichnet sogleich der Pfleger auf der Almosen-Tabelle in dessen Fache auf, welches nur mit Strichen oder Ziffern, wodurch die Pfunde oder Kzr., ꝛc. angedeutet werden, geschehen kann. Endlich wenn sich entweder zu Anfange gleich, oder am Ende ein Ueberschuß an Mundnahrung, die noch abzuhohlen wäre, vorfindet (denn das Bedürfniß, folglich auch das wöchentliche Deputat eines Armen kann sich während des Jahres verringern); so wird derselbe entweder gar nicht abgehohlet, oder die Schuldner davon werden bescheiden gefraget, ob sie nicht anstatt des noch übrigen Brodes den Werth davon an Geld oder Getreide in die Casse für andere Armenauslagen widmen möchten.

D) Was nun die anderen Bedürfnisse der Armen, die **Kleidung, Bettung, Feuerung, Arzney** betrifft, so berufe ich mich für den Seelsorger hier ganz und mit Wärme auf das, was ich hierüber S. 166-170 vorzüglich in Rücksicht auf eine Sammlung von **Spinnwerk, Wolle,** und **Brennholz,** dargeleget habe. Dieß muß da nothwendig nachgelesen, und hierher angewendet werden. Ich setze nur das Einzige hinzu: wenn der Seelsorger die Gemeinde entweder öffentlich auf der Kanzel und insgesammt, oder zum Theile auch noch einzeln um die Erlaubniß zum Sammeln ersuchet; so mag er sich besonders auf die guten Christenherzen der Hausfrauen berufen, weil gemeiniglich die Männer über die Spinne, so wie über die Küchenwaren ihre Frauen fast unbedingt schalten lassen. Eben da könnte der Seelsorger auf eine ähnliche Art auch in der Herbstzeit um eine Sammlung für **Kraut, Rüben, Kartoffeln,** und andere **Gemüsewaren** ansuchen. Ich zweifle sogar nicht, daß die

Umstände

Umstände mancher Ortschaften noch einige andere Sammlungen an Handen geben könnten. Und was würde vielleicht den Bäckern oder Müllern im Orte daran liegen, wenn sie anstatt ihrer versprochenen Quantität Brodes so viel **Rochmehl** an den Armenpfleger verabfolgen ließen? Es kommt hierbey immer das Meiste auf den Eifer und die geschickte Art eines Seelsorgers an, wie auch auf sein Benehmen mit dem Pfleger, der bey der ganzen dritten Grundlage die Hauptperson, und von allen diesen Sammlungen der Einnehmer, Verwalter, und Ausspender ist. Aber wenn für jene Bedürfnisse, die nicht zur Mundnahrung gehören, die Sammlungen nicht hinreichend, oder gar nicht anzustellen sind; so muß sie der Seelsorger von dem Geldalmosen und aus der Armen-Casse, so weit es thunlich ist, durch den Pfleger bestreiten lassen. Von dieser Casse aber wird jetzt geredet werden.

2) Ich habe nun noch von der **Anwendung** der Verpflegungsmittel zu sprechen. Und da hat es der Seelsorger, um auch in diesem Puncte die Armenanstalt zu befördern, nur allein mit seinen Commissions-Gliedern, besonders aber mit dem Pfleger zu thuen.

A) Das Erste, worauf er bey der Commission für den gegenwärtigen Punct bringen muß, ist dieses, daß gleich anfänglich von dem Geldalmosen eine **Armen=Casse** angeleget, und ihr Fond nach und nach erhöhet werde. Denn erstlich können die Bett-, Kleidungs- und Holzbedürfnisse ganz oder zum Theile, wie auch die Krankenkosten, vielleicht nicht anders, als nur aus einer Art von Casse bestritten werden. Zweytens wer weiß, ob nicht in folgenden Jahren wegen eines Mißwachses, Wetterschlages, Brandes, und anderer dergleichen Unglücksfälle der freywillige Beytrag der Ortesbürger geringer ausfallen, und über dieß

dritte Frage.

dieß noch in eben dem Maße die Anzahl der Armen, die Menge und der Preis der Bedürfnisse steigen werde? ob nicht einreißende Krankheiten für mehrere Arme eine größere Ausgabe erheischen? u. s. f. Bey solchen Zufällen würde eine längst getroffene Vorsorge das einzige Hülfsmittel seyn. Dem h. Augustinus kommt Joseph in Aegypten viel größer vor, da er das Getreide in Vorrathshäusern aufsammelt, als dort, wo er es nach sieben Jahren unter die Noth leidenden vertheilet. Nebst dem kann man oft weder der Verarmung eines nützlichen Bürgers anders zuvor kommen, noch dem Verfalle eines Anderen durch sonst eine Art wieder aufhelfen, als wenn ihm, in Abgang gutherziger Reichen, ein Beytrag aus der Armen-Casse vorgeschossen wird. Es ist unglaublich, was dieß für einen neu belebenden Eindruck von Muth und Thätigkeit auf einen gut denkenden Armen mache, wenn er sich auf Ein Mahl in eine Total-Verbesserung seiner Umstände versetzt siehet. . . . In Erwägung dieser Gründe muß ein Seelsorger bey der Armen-Commission auf die Entschließung hinarbeiten, daß Alles, was immer an Geld, und an gewöhnlichen so wohl als an außerordentlichen Beyträgen eingehet, gleich der Casse einverleibet, und daß hiervon jährlich, ohne jedoch einen Armen darunter leiden zu lassen, ein Theil sparsam zurück geleget, und von dem Pfleger treu verwaltet werde. Doch darf dieses dem Volke, nachdem es von der Nothwendigkeit und Gemeinnützigkeit einer Casse unterrichtet ist, kein Geheimniß seyn, wie man unten sehen wird.

B) Dem Pfleger lasse es der Seelsorger durch einen Deputations-Schluß anbefehlen, daß er die *ungewöhnlichen* Einnahmen an Geldalmosen nie für sich allein, sondern nur auf der Commission in die Rechnung setze: gleichwie denn auch die Armenbüchs-

en

en nur bey diesen öffentlichen Sitzungen dürfen aufgeschlossen werden. Ferner soll er **keinem Armen** für äussere Bedürfnisse des Körpers bares **Geld in die Hand geben** — die Ursache ist oben (S. 164. 165.) angezeiget worden — sondern so bald die Mundnahrung hinreichet, soll der Pfleger die **gewöhnlichen** Geldbeyträge zu seiner Casse legen, und hieraus den Armen die übrigen Bedürfnisse mit Beystimmung der Commission verschaffen, und in die Ausgaberechnung bringen. Erheischen es jedoch die Umstände, einem Armen bares Geld einzuhändigen, so soll es nie ohne Vorwissen der Commission geschehen. Aber desto mehr muß nun der Seelsorger die Commission dahin Bedacht nehmen lassen, daß, wenn einmahl für die Mundnahrung gesorget ist, manchem Armen, um ihn aus seinem Elende heraus zu ziehen, auch Kleider, Bette, und Holz zur Feuerung verschaffet werden, und zwar aus dem Armen-Fonde, wenn etwa die Sammlungsquellen nicht reichlich genug fließen sollten. Auch lasse er durch die Districts-Deputirten über die Erhaltung solcher angeschafften Leibs- oder Hausbedürfnisse, und über die selbsteigene Vorsorge des Armen zuweilen eine unvermuthete Visitation halten.

C) Mit dem **Pfleger** muß sich der Seelsorger hier so, wie oben für die zweyte Grundlage mit den Districts-Deputirten, **ganz besonders abgeben:** denn dieser bekleidet in der That unter allen Deputirten das verdienstvolleste, aber auch beschwerlichste Amt, und hat also, um treu und thätig genug zu seyn, sehr vorzügliche Eigenschaften nöthig. Nebst jenen Verrichtungen, die bisher in dieser dritten Grundlage für ihn vorgekommen sind, muß ihn der Seelsorger auch noch zu mancher Beobachtung und Aufsicht die Anleitung geben: z. B. ob bey den verschiedenen Sammlungen kein Unterschleif von einem oder mehreren Armen geschehe,

dritte Frage.

schehe, ob das Bedürfniß des Armen, der um ein Kleidungsſtück, ꝛc. anſuchet, ſich auf Wahrheit gründe: ob das Getreide und andere Victualien, die man in mancher Gemeinde zur Armenpflege gibt, gegen Verderbniß geſchützet, und überhaupt gut aufbewahret werden: ob für das Getreide, welches vielleicht vom Pflegeamte an Müller und Bäcker angewieſen wird, den Armen genießbare Portionen von Mehl oder Brob ausgeliefert werden. Auch jene, welche für die Pflege anvertrauter Armenkinder Geld aus dem Armen Fonde und Nahrungsmittel empfangen, benutzen nicht ſelten dieſes Almoſen zu ihrem eigenen Gebrauche, und laſſen die guten Kinder darben. Bey einem kranken Armen muß hier und da der Pfleger nachfragen, ob die vorgeſchriebene Warte, Koſt und Arzney auch wirklich an ihn verwendet werde.

D) Man kann ſich leicht einbilden, daß dieſe Aufſicht und die übrigen Verrichtungen des Pflegers nicht nur einen vorläufigen Unterricht, ſondern auch in der Folge eine **Oberaufſicht** erfordern, wozu der Seelſorger die ſchicklichſte, in Abweſenheit des weltlichen Vorſtehers aber die nothwendigſte Perſon iſt. Er wird alſo ſelbſt nicht allein nach den bisher genannten Puncten, ſondern auch nach des Pflegers wirklicher Erfüllung und Aufſicht über dieſelben ſich öfters erkundigen: er wird bisweilen auch bey den Armen hierüber nachforſchen; jedoch nur wie von ungefähr, und ohne gegen den Pfleger irgend einen Verdacht zu erwecken: ja er wird perſönlich nachviſitiren, um ſich von der Richtigkeit zu überzeugen. Wird er nicht vielleicht auf eine Spur kommen, daß der Pfleger einen Armen, deſſen Umſtände ſich geändert haben, ohne Vorwiſſen der Commiſſion an ſeinem Deputate etwas zulege oder abziehe? daß er aus unzeitigem Mitleiden oder aus irgend einer Leidenſchaft einen Armen heimlich begünſtige?

Klett's Preisſchrift.   Q   daß

daß er jenen Fremdlingen, die entweder gerade hin aus dem Orte, oder an die Geschwornen ihres Handwerkes zu verweisen wären, aus Unvorsichtigkeit ein Zehrgeld aus der Armen-Casse abreiche?

E) In Betreff solcher **ungewissen Ausgaben**, wie diese gegen die **fremden Ankömmlinge** sind, möchte ich überhaupt dem Seelsorger rathen, daß er mit Beystimmung der Commission dem Pfleger gleichsam einen **Gegenschreiber** an die Seite stellete, wozu sich der Schullehrer am besten schicket. Denn erstlich weiß mancher Pfleger auf einem Dorfe jene Wörter in einem Kundschaftsbriefe, die zwischen den gedruckten oft kaum lesebar hinein geschrieben sind, und woraus eben die Hauptumstände erkannt werden, nicht aus einander zu lesen: und wenn er es weiß, so nimmt er sich vielleicht nicht alle Mahl die Zeit oder Mühe, diese Patente zu eröffnen, und zu beurtheilen. Aber außer dem könnte ihn auch die Versuchung, erdichtete Ausgaben in die Rechnung zu setzen, überwinden, und ihm unentdeckt gelingen. Der fremde Ankömmling sollte also zu erst an den Schullehrer gewiesen werden, welcher ihm nach eingesehener Patenteschrift ein Scheinchen in der Form eines Zollscheines ablangete, worauf der im Orte gewöhnliche Zehrpfennig verzeichnet stünde:

| 4 Kr. Zehrg. | der Pfleger hingegen, welcher dem Wanderer für seinen abgereichten Schein das Zehrgeld einhändiget, muß alsdann bey der jährlichen Rechnungsablage seine Zahlungen mit diesen gleichhändigen Scheinen erproben.

F) Weil die **Pflege- und Cassen-Rechnung** ein Hauptgeschäft des Pflegers ausmachet, so kann dieses wichtige Stück der Armen-Polizey von dem Ortsgeistlichen dadurch befördert werden, wenn er die geringe Mühe auf sich nimmt, den ersten Faden zu jener

Rechnung im Beyseyn des Armenpflegers selbst anzuspinnen, und in der Folge zuweilen nachzusehen, ob derselbe Ordnung und Deutlichkeit darin beobachte, und in der Einnahme so wohl als in der Ausgabe Alles unter seine gehörige Rubrike bringe, so, daß er im Stande ist, Jedem zur kurzen Uebersicht vorzulegen, wie viele Armen zu ernähren sind, wie hoch sich die **gewöhnlichen Beyträge** belaufen, und was jeder Arme davon zu seinem Deputate bekomme: ferner wie viel an **ungewöhnlichen Beysteuern** von Zeit zu Zeit eingehe, und was für **ungewöhnliche Auslagen** davon für diesen oder jenen Armen bestritten werden: ob nicht die Einnahme durch Strafgelder sey erhöhet worden, durch Erbschaft an Geld oder Früchten aus dem Testamente eines verstorbenen Mitbürgers, durch das Vermögen eines conscribirten Ortsarmen, welches die Casse nach seinem Tode zur Entschädigung des unverdienten Unterhaltes an sich gezogen hat? u. s. w. Aus diesem entsteht von selbst der Schluß, wie viel von der Casse zu einem **Kapitalstocke** angeleget, und wohin derselbe am sichersten ausgestellet werden könne: die Zinsen hiervon würden dann eine neue Rubrike in der Einnahmerechnung ausmachen.

G) Zuletzt merke ich wieder dasjenige an, womit ich auch oben die Beobachtungen der Districts-Deputirten beschlossen habe: der geistliche Vorsteher soll nämlich seine eigenen so wohl, als des Pflegers **Beobachtungen**, in Beziehung auf diese dritte Grundlage, bey den monathlichen Sitzungen zum **Vortrage kommen**, darüber berathschlagen und entscheiden lassen. Allein man wird fragen, nachdem man meine Gedanken über diese zwey letzteren Grundlagen durchlesen hat: ein gemeiner Mann, wie der Pfleger und jeder Districts-Deputirte anzusehen ist, wie kann der so viele Beobachtungspuncte nur in seinem Gedächtniſſe behalten, als ihm für dieſen zweyten und dritten Grundartikel aufgetragen werden? Ich antworte erſtlich: wenn einmahl der Seelſorger den gemeinen Mann mit dem wahren Geiſte und Endzwecke der Armen-Polizey mit dem Grunde und der Abſicht ſeiner anzuſtellenden Beobachtungen bekannt gemacht hat; ſo wird ſein Auge ſolche Puncte bemerken, ohne daß er ſie zu nennen weiß, und ſie werden ihm aufſtoſſen, ohne ſie geſuchet zu haben. Aber dieß laſſe ich bey Seite, und ſage: man ſtelle ſich überhaupt dieß Geſchäft nicht ſo ſyſtematiſch und ſo nach gemeſſenen Schritten in der Ausübung vor, wie hier ſein Plan auf dem Papiere da liegt, und laſſe ſich alſo nicht abſchrecken. Wir wären die erſten in der Welt, die das Glück hätten, dieſes häkelichſte Polizey-Geſchäft eines Staates auf ein vollſtändiges Syſtem zu bringen. Es ſoll nicht Alles auf Ein Mahl, wie mit ſchöpferiſcher Hand, da ſtehen, auch nicht Alles in jedem Orte. Indeſſen muß man mir geſtehen, kommt doch auch Alles bey dergleichen Geſchäften auf gewiſſe Handgriffe und Vortheile an, und die ungezwungenen ſind immer die beſten. Ein Seelſorger ſetzet z. B. jene Beobachtungspuncte, die in dieſen zwey Abſchnitten für die Deputirten und den Pfleger vorgekommen ſind, als lauter ganz kurze Fragepuncte auf eine Liſte: hiervon läßt er einige Abſchriften durch den Schullehrer verfertigen, und theilet ſie unter die Commiſſions-Glieder aus, damit dieſe zuweilen in einer Feyertagsſtunde ſich und ihr Armenamt darin erſehen können. Und wie viel würde es über einen Gulden koſten, wenn er für längere Zeiten einen kleinen Vorrath ſolcher Liſten beym Buchdrucker abdrucken ließe? welches freylich auf einen gemeinen Mann beſſere Wirkung machte. Nicht genug: der Geiſtliche leget ſich dieſe Fragenliſte auch zu ſeinem eigenen Gebrauche bey, und vorzüglich zu dieſer Abſicht,

damit

damit er im Stande sey, bey jeder Sitzung die Deputirten und den Pfleger, die öfters ohne angegebenen Ton ihre gemachten Bemerkungen entweder gar nicht oder nur verworren hervor bringen können, über ihre Aufsichts- und Berichtspuncte ganz behend und lebhaft auszufragen. Diesen Männern selbst würden durch eine solche Methode die verschieden Puncte ihres Armenamtes immer geläufiger: selbst die Pfarrgemeinde würde nach und nach durch die Gespräche dieser Männer, so wie durch Einschauung ihrer Fragenlisten mit dem Plane der Armen-Polizey bekannter werden.

Dieß sind denn nun die Mittel und Wege, durch die ein Seelsorger zum guten Fortgange der Armenanstalten seinerseits mitwirken kann. Scheinen sie auch für den ohne dieß beschäftigten Seelsorger zur Ausübung schwer und mannigfaltig, so sind sie es doch nicht in einem solchen Grade, als sie es scheinen, und sie werden es von Zeit zu Zeit weniger. Man lasse sich nur gleich Anfangs keine Mühe verdrießen; man achte es nicht, auch in seinem eigenen Hause Ungemächlichkeiten von den Armen und ihren Pflege-Deputirten zu erdulden, indem wir Vormünder und Väter der Armen sind.

Vierte

Vierte Frage.

Welches sind die leichtesten und zweckmäßigsten Mittel, wodurch der die Armenanstalten beförderende Seelsorger zugleich auch die Moralität der Armen befördern und erzielen kann?

(§. I.) Die Moralität der Armen ist der nothwendigste Zweig einer Armen-Polizey, den aber doch ein Seelsorger zum Vortheile seiner eigenen Seelsorge, befördern kann. (§ II) Das erste Mittel hierzu ist ein besonderer Unterricht für die Armen: 1) Nothwendigkeit dieses Unterrichtes. 2) Er besteht in der Erklärung der Absicht des Institutes gegen die Armen, und der Pflichten der Armen gegen das Institut, 3) in Veredlung ihres niederträchtigen Begriffes von sich und ihrem Armenstande, 4) in Einprägung der inneren Tugend der Arbeitsamkeit, 5) auch anderer häuslichen Tugenden, der Ordnung, Genügsamkeit, Reinlichkeit, 6) in der Aneiferung zur besseren Kinderzucht, 7) wie auch zur fleißigeren Beywohnung bey der Unterweisung und dem Gottesdienste in der Pfarrkirche, und überhaupt zur vollkommneren Heiligung der Sonn- und Festtage 8) Dieser Unterricht muß durch mehr Religionsgründe Nachdruck erhalten. (§. III.) Das zweyte Mittel ist, wenn der Seelsorger mit den Districts-Deputirten eine besondere Aufsicht über die Moralität der Armen, und gleichsam eine Art von Sittengericht anstellet. Die praktischen Anwendungen dieses Mittels erfordern 1) im Anfange, daß der Seelsorger a) mit der Bekanntmachung

dieser

vierte Frage.

dieser besonderen Aufsicht die Armen warne; b) daß er mit einem Schuldigen die Stufen der brüderlichen Bestrafung beobachte; c) nicht gleich jeder Beschuldigung Glauben beymesse; und d) die stufenweise Verschlimmerung oder Besserung aufzeichne. 2) In der Folge bey öfteren Uebertretungen erfordert die Ausübung dieses Gerichtes, daß der Seelsorger a) die Anzeige bey der monathlichen Commissions-Sitzung mache. b) Versuch, ob, und wie man die sträflichen Armen an ihrem Almosen-Deputate strafen solle? c) Der letzte Versuch des Seelsorgers ist die Anzeige des Schuldigen an die stufenweisen weltlichen Gerichtsstellen. (§. IV.) Das dritte Beförderungsmittel bestehet in der moralischen Bildung der armen Jugend. Diese geschiehet 1) in den Schuljahren, wenn a) der Geistliche dafür sorget, daß die armen Kinder täglich in der Schule erscheinen, zum Theile auch in gute Pflegehäuser gethan werden: b) wenn er sich selbst und den Schullehrer gewisser Maßen mehr auf sie, als auf die übrigen Schulkinder, aufmerksam machet, c) und sie in den sittlichen Lehrpuncten ihrem besonderen Armenstande gemäß befragen und Antwort geben, d) über ihr wirkliches Betragen aber besondere Aufsicht halten läßt. 2) Nach den Schuljahren a) bey ihrer Anstellung zu Diensten oder Handwerken, b) in der Sonntagsschule und in der Christenlehre der Pfarrkirche.

Zweyter Theil,

§. I.

Die **Moralität** der Armen ist der nothwendigste Zweig einer Armen-Polizey, den aber doch ein Seelsorger zum Vortheile seiner eigenen Seelsorge befördern kann.

Ein Seelsorger, der auf die erst beschriebene Art zur Beförderung seiner Armen-Polizey mitwirket, hat in Wahrheit schon sehr Vieles geleistet: aber den äußersten Zweck der Armenanstalt, — welcher darin bestehet, daß nebst der Beförderung des leiblichen Wohls der Armen auch der sittliche Zustand dieser Leute vervollkommenet, daß sie, mit einem Worte, bessere Menschen und Christen werden, — den hat er noch nicht erreichet. Oefter ist es schon erwähnet worden, daß diese Classe von Menschen an der Sittlichkeit eben so arm, als an zeitlichen Bedürfnissen sey. Ihr leiblicher Zustand ist das Bild von ihrem moralischen. Und wie sollte er es nicht seyn, da der eine mit dem anderen unzertrennlich zusammen hängt? Armuth erzeuget niederträchtige Denkungsart, rohe Erziehung und unedles Wesen: Bettelen ist mit Müßiggang, Betrug und Verstellung verbunden, die alle wiederum ein neuer Same zu unzähligen anderen Lastern und Untugenden sind. Ohne also etwas davon zu sagen, wie sehr die Kirche und ihre Hirten dabey interessiret seyen; so muß auch dem Staate selbst ungemein viel daran liegen, solche Unterthanen auf einen höheren, der Menschheit würdigeren Grad von Moralität herauf zu führen. Und es ist dieß gewiß nicht der letzte Beweggrund, der ihn zur Verordnung einer Armen-Polizey veranlasset: denn ungesittete Arme sind drey Mahl schädliche Glieder im Staate, und nichts anders, als was ungeschlachte wilde Bäume in einem Garten sind, worin sie nicht nur den Platz

frucht-

fruchtbarer Obstbäume einnehmen, sondern auch den Boden aussaugen, und mit ihrem Schatten noch über dieß die übrigen Gewächse verderben. Ja ist es nicht nach aller Erfahrung ein längst angenommener Satz, daß eine Versorgung der Armen, ohne besondere Hinsicht auf ihre Moralität, dem Staate mehr Verderbniß als Nutzen bringe, indem eben eine Versorgung dieser Art für ihren Müßiggang und dessen giftige Sprossen, so wie für ihre meisten dem Staate gefährlichen Laster eine neue Nahrung verschaffet? Wenn hingegen Laster eine Hauptquelle der Armuth sind; so muß natürlicher Weise die Zahl der Armen dort geringer werden, wo die Cultur ihrer Sitten in besseren Flor kommt.

Welch einen unschätzbaren Dienst wird demnach ein Seelsorger dem Vaterlande und seiner Gemeinde leisten, wenn er bey der Beförderung der Armenanstalt zugleich auch die Moralität der Armen, welche die Krone dieses ganzen Gebäudes ist, zu befördern suchet. Bey diesem Puncte ist es gar nicht nöthig, zu erinnern, daß ihm sein Priester- und Seelsorgeramt die auserlesensten Mittel hierzu in die Hände liefert. Aber dieß frage ich: wird er nicht zugleich sich selbst und seinem Priesteramte eben dadurch den wichtigsten Dienst erzeigen? Denn welcher Zweig ist mit seinem Hirtenamte inniger verflochten, als die Moralität seines Volkes? Es muß ihm also in Wahrheit sehr wohl für seine Seelsorge zu Statten kommen, wenn ihm vermittelst des Armen-Institutes die beste Gelegenheit in die Hand gespielet wird, eine ungesittete Gattung von Menschen, mit deren Zucht er noch nie hat fertig werden können, nun einmahl in eine Art sittlicher Verfassung zu bringen: und dieß zwar durch eine eben so zuverlässige, als leichte Methode, da der Seelsorger das leibliche Interesse der Armen, welches sie bey der Verpflegungsanstalt haben, mit in das Spiel ziehen, und vermöge dieses mächtigen Triebes dieselben mit unmerklichem Zwange zur Verbesserung ihrer Moralität nöthigen kann. Einige Mittel, die ich hier angeben werde, mögen es zeigen, wie leicht und zweckmäßig ein Seelsorger diesen vortrefflichen Zweig einer Armenanstalt erzielen könne.

§. II.

Das erste Beförderungsmittel für die Moralität der Armen ist ein besonderer Unterricht derselben: 1) Nothwendigkeit dieses Unterrichtes, der sich 2) über sieben Hauptpuncte besonders erstrecket.

Das erste Beförderungsmittel für die Moralität des Armenstandes scheint ein Unterricht desselben, und zwar ein aus dem Armen-Institute selbst hergenommener Unterricht zu seyn: denn dieser ist doch immer der Anfang, ohne welchen sich keine Moralität dauerhaft gründen läßt.

1) Die Heilung des leiblichen Uebels wird bey den Armen nicht auch zugleich die Arzney für das moralische seyn, indem nicht bey Allen das Laster aus der Armuth, sondern die Armuth bey Vielen aus dem Laster entstanden ist. Bey diesen also sind die sittlichen Gebrechen schon voraus mit der Natur verwachsen, und nachdem ihrer Armuth gesteuert ist, kann das Laster noch bleiben. Von dem Innersten heraus muß die Besserung solcher Armen angefangen werden, und hierzu ist ein zweckmäßiger Unterricht der erste Grund. Ziehe gleichwohl der Arme aus der Casse seinen Unterhalt! wird er aber deßwegen seine unedle Art zu denken und zu handeln, und selbst die niedrigen Begriffe von seinem Stande sogleich ablegen? wird er alsbald die Häuchelen, die Lüge, die Arglist ausziehen? Wird er

er nicht vielmehr nach dem Maße einer schärferen Aufsicht seine Künste noch mehr verfeinern, und die Wachsamkeit der Deputirten und des Pflegers zu hintergehen suchen? Vielleicht wird er durch die bequeme Verpflegung zu Hause noch unordentlicher und gegen seine Familie fahrläßiger. Ja gegen andere Arme, die gemäß ihrer Nothdurft mehr, als er, zum Unterhalte bekommen, wird er um so neidischer, zänkischer, verläumderischer, nach dem Müßiggange aber nur desto lüsterner werden, als zuvor, wo er seinem Brode nachgehen mußte. Weit davon, für seine Verpflegung dem Publicum dankbar zu seyn, siehet er die Armenanstalt für ein Unterbrückungs-Edict an, und machet sich ein Verdienst daraus, dieselbe, so viel an ihm ist, zu verschreyen und nach Kräften zu vereiteln.

Die Heilung aller dieser Uebel kann nur von einem passenden Armenunterrichte ausgehen, damit das Unkraut nicht so wohl oben abgeschnitten, als mit der Wurzel ausgehoben werde. Diesem zu Folge beruft der Seelsorger seine Ortsarmen entweder in seine Behausung, und es kommt nur auf sein Betragen gegen sie an, daß sie je öfter je lieber vor seinem Angesichte erscheinen: oder er läßt sie insgesammt auf eine nicht abschreckende Art zur Armen-Commission vor sich rufen, um da bey Gelegenheit der Armen-Polizey sie nach und nach zu überzeugen, daß sie, bessere Sitten anzunehmen, durch eben dieses Institut auf das vollkommenste verpflichtet würden. Der letztere aus beyden Wegen hat noch den besondern Vortheil (denn man muß hier Alles benutzen), daß die anwesenden Commissions-Glieder dabey in Betreff der Moralität die Puncte kennen lernen, auf die sie ihr Augenmerk als Aufseher der Armen zu richten haben. Und eben dieß wirket wieder auf die Armen zurück, daß sie desto behuthsamer wandeln, je mehrere Zeugen es sind, vor denen

ihr

ihr unsittliches Wesen verrathen, und die Pflichten ihrer Sittlichkeit bekannt gemacht würden. Uebrigens versteht sichs von selbst, daß dieser Unterricht im Vortrage keinen schulmäßigen Gang, auch nicht die Gestalt einer vorbedachten Rede an sich haben müsse, und deßwegen kann er auch in allen anderen Gelegenheiten eines Privat-Unterrichtes angebracht werden.

2) Ich komme nun zu dem Inhalte dieses Unterrichtes. Was den Armen zuerst und überhaupt muß gezeiget werden, ist die Absicht, welche das Armen Institut in Ansehung ihrer hat. Aus dieser müssen sie erkennen, daß das Institut wirklich auf ihr wahres Beste abziele, sie mögen von daher nach Verhältniß ihrer Umstände wenig oder viel Unterhalt ziehen. Man muß sie nicht allein überzeugen, sondern es ihnen auch mit rührender Wärme ans Herz legen, daß es zwar der Wille der Obrigkeit sey, ihrem leiblichen Elende ein Ende zu machen; vorzüglich aber sey es dieser, sie und alle die Ihrigen zugleich auch zu würdigeren Menschen und zu besseren Christen zu bilden. Dieß sollen sie für eine weit größere Wohlthat, als das Erstere, ansehen: denn die Wirkung davon sey, daß sie, gezogen aus dem Staube der Verachtung, gerettet aus den Schlacken zeitlich und ewig unglücklich machender Sitten, nun nicht mehr die schlechteste Gattung der Menschen, sondern eine dem ordentlichen Bürgerstande ähnliche Classe seyn werden. Aus dieser Vorstellung ziehe der Seelsorger zuerst im Allgemeinen diese Paralelle auf die Armen, wie billig und pflichtmäßig jetzt das Institut von ihnen fordere, daß nun auch sie seine so väterliche Absicht durch eigene Verbesserung ihrer Moralität befördern helfen sollen.

3) Doch beym Allgemeinen darf es der Seelsorger nicht beruhen lassen. Er zeige den Armen jetzt auch ins besondere und theilweise, worin einerseits

der

vierte Frage.

der wohlthätige Endzweck des Institutes auf ihre Sittlichkeit, andererseits ihre daraus herrührende Gegenpflicht bestehe. Um hierzu den natürlichsten Weg zu nehmen, darf man nur den Quellen nachgehen, woraus ihr ungesittetes Wesen entspringt.

Da also erstens die Unsittlichkeit armer Leute aus dem allzu niederträchtigen Begriffe, den sie sich selbst von ihrem Stande machen einen Ursprung hat; so nimmt man jetzt aus der Armen-Polizey Gelegenheit, ihnen diesen Begriff zu erhöhen und zu veredeln. Denn dergleichen Menschen glauben, in ihrem Stande gebe es nichts mehr Ehrbares, und für sie sey nichts zu schlecht. Im Gegentheile befürchten sie noch eine Verargung, oder gar einen größeren Nachtheil von Seiten anderer Menschen, wenn sie sich so anständig, wie sie, betragen würden. Sie handeln folglich, so zu sagen, aus Grundsätzen niederträchtig, um ihren Armenstand zu behaupten, und ihn der Welt glaublich zu machen. Aus der Armenanstalt aber kann man ihnen deutlich zu erkennen geben, daß sie der Staat nicht, wie sie glauben, für einen Ausschuß von Menschen, sondern für eben so werthe Glieder, wie die Andern, ansehe; denn er würdige sie seines ganz besondern Augenmerkes, und treffe solche Anstalten, vermöge deren sie nun nicht mehr anderen Menschen vor der Thürschwelle liegen, sondern ihren Mitbürgern schätzbar gemacht, und mit vereintem Beystande von ihnen unterstützet werden: ihr Name scheine also dem Landesherrn ein ehrenwerther und theurer Name zu seyn. *)

Aus diesem läßt sich also gleich die verhältnißmäßige Gesinnung und Aufführung, welche die Armen anzunehmen haben, und der edlere Begriff von ihrem Stande erklären. Wenn nämlich der Staat sie so vieler

*) Ps. LXXI. 14.

er Erntedrigungen, besonders der Betteley, überhebt, sollten sie jetzt sich selbst noch unnöthiger Weise niederträchtig machen? sollten sie noch denken können, daß die gute oder schlechte Art ihrer Sittlichkeit dem Publicum ein gleichgültiger Gegenstand sey? könnte es ihnen unbekannt seyn, was alle Welt bekennet, daß ein gewisser Grad von Moralität dem Armen viel edler, als dem Reichen anstehe, und den Ersteren weit vor dem letzteren auszeichne? u. dergl. Und wenn ja die Obrigkeit durch Besorgung ihrer leiblichen Bedürfnisse sie dem Bürgerstande nach und nach näher bringen wolle, so liege es zuerst an ihnen, ihrem sittlichen Charakter eine mehr bürgerliche Gestalt zu geben.

4) Eine andere Hauptquelle der Sittenlosigkeit der Armen ist die **Faulheit** und der mit der Betteley verbundene **Müßiggang**. Diese Quelle wird durch die Armen-Polizey, abermahls zum Besten der Armen, verstopfet, indem sie durch Ernährung und Beschäftigung derselben dem Betteln und Faullenzen zugleich steuert. Aber eben aus dieser Wohlthat für die Armen muß ihnen die Gegenpflicht ihrer Arbeitsamkeit dargeleget werden. Vermöge dieses Unterrichtes müssen sie nicht nur allen vorgefaßten Haß gegen die Armen-Polizey, welche sie zum Arbeiten antreibt, fahren lassen, sondern sie müssen auch derselben ihre Erkenntlichkeit dafür und ihr Zutrauen zu schenken, und die Tugend der Arbeitsamkeit selbst zu lieben lernen. Manche werden sich zwar hierbey nicht gar wohl benehmen: allein hier sind dringende Vorstellungen vonnöthen, wo das Nothwendige, Mögliche, Leichte, das Nützliche, Ehrbare, Tröstliche und Angenehme, und Alles Uebrige zusammen helfen muß.

Man zeige ihnen die nothwendige Bestimmung des Menschen zur Arbeit,*) welche das Vaterland und

---

*) I Mos. III, 17. 18. 19.

und ihre Gemeinde, Gott und die Natur selbst von ihnen fordert: und auf der anderen Seite die ganze Häßlichkeit des Müßigganges, der dem göttlichen Gesetze schnurgerade, selbst dem Endzwecke unseres Daseyns widerstrebet, und zu unzähligen Lastern verleitet, die der Kirche nicht minder als dem Staate Nachtheile und Aergernisse, den Armen aber selbst zeitliches und ewiges Verderben zuziehen. Auffallend für sie läßt sich das Beyspiel so vieler bürgerlichen Familien vorstellen, die eben nicht viel mehrere Kräfte und Mittel, sich zu nähren, haben, als manche Bettler, und dennoch durch Fleiß und Sorgfalt sich und den Ihrigen den täglichen Unterhalt verschaffen. Gott segnet nämlich ihr Brod auf mannigfaltige Art, weil sie es nach seinem Gebothe im Schweiße ihres Angesichtes gewinnen. Der Arme soll es selbst beherzigen, ob es nicht unverantwortliche Trägheit sey, sich als ein arbeitsfähiges Glied dem Staatskörper entziehen, und dagegen seinem arbeitenden Mitchristen das Brod, welches er selbst sauer verdient, gleißnerisch abstehlen? Schreyende Ungerechtigkeit aber sey es, durch Kunstgriffe dem wahren Dürftigen seinen Bissen von dem Munde weghaschen. Würde nicht das verdiente Brod am Abende der Ruhe weit besser, als das unverdiente, schmecken, da jenes von dem Bewußtseyn des Rechtthuns gewürzet ist? Ja fällt es nicht viel beschwerlicher, von Orte zu Orte, von Hause zu Hause umher zu ziehen, mit manchem Brocken die bittersten Vorwürfe einzuschlucken, und mit Schand und Spott bedecket, ohne Gottesdienst, ohne Regel zu leben, daheim aber dennoch am Ende sich keiner ordentlichen Kost und keines guten Gewissens freuen zu können.

Hieraus sollen sie urtheilen, ob die Armen-Polizen sie unglücklich, oder vielmehr höchst glücklich zu machen gedenke. Jene viele und schöne Zeit, die sie
ehedem

ehedem mit Betteln dahin brachten, werde nun ihnen zu einem ehrbaren Gewinne ihres Brodes ersparet: mit dem aber noch nicht zufrieden, werde man ihnen auch zu angemessenen Handverdiensten, und überhaupt zur zweckmäßigen Verwendung der ersparten Zeit mit Rath und That an die Hand gehen: bey dem allen endlich bleibe ihnen doch immer so ganz beruhigend die Versicherung übrig, dasjenige, was nicht in ihren Kräften zu verdienen, steht, ohne alle Bettelen oder andere Umschweife aus der Armenpflege unentgeldlich zu erhalten.

5) **Unmäßigkeit, Unordnung** im Haushalten, **Unsauberkeit**, und andere **häusliche Untugenden** sind nicht nur Sprossen eines unsittlichen Lebens, sie sind auch zur Fortpflanzung dieses Unkrautes neuer Same. Was ich also für einen der nothwendigsten Unterrichtspuncte ansehe, ist nebst der Arbeitsamkeit auch die **Pflicht** einer klugen **Hauswirthschaft**, einer christlichen **Sparsamkeit und genügsamen Mäßigkeit**. Denn die Kunst, Haus zu halten, bestehet nicht darin, Vieles zu haben, sondern das Wenige, was man besitzt, mit einer Klugheit, die auch vom Christenthume gut geheißen wird, in Zeit, Fach, und Ordnung einzutheilen, es sparsam zurück zu legen, und mäßig zu genießen. Da die gewohnten Bettler gemeiniglich auch an Unordnung und Unmäßigkeit im Genusse gewöhnet sind; so kann man ihnen die entgegen gesetzten Tugenden und Pflichten nicht genug anpreisen. Alles, was die Arbeitsamkeit Schönes und Gutes hat, wird durch Unmäßigkeit und Unordnung verschlungen, und man weiß kaum den Unterschied anzugeben, welcher von beyden der Unwürdigste sey: ein müßiger Bettler, oder ein verschwenderischer Tagelöhner. Um von der Unsauberkeit in der Haushaltung, Wohnung, Kleidung, u. s. f., zu sprechen, mache
man

vierte Frage.

man den Armen begreiflich, daß dieselbe viel theurer zu stehen komme, als Ordnung und Reinlichkeit, indem jene die besten Dinge vor der Zeit schlecht, diese hingegen auch sogar das Schlechte wieder gut mache. Hauptsächlich aber muß man darauf ihre Aufmerksamkeit richten, was dergleichen häusliche Tugenden für großen Einfluß auf Gesundheit, Geist, und Moralität ihrer Selbst und ihrer ganzen Familie haben, gleichwie die Untugenden von der Gegenseite nicht nur in den festen Bau ihres Körpers, sondern auch in die Harmonie der Seele, und in ihren ganzen persönlichen Charakter zerstörende Eindrücke verursachen.

6) Die Moralität hat immer auch von der häuslichen Kinderzucht der Armen ungemein viel gelitten. Nun ist aber unstreitig eine der größten Wohlthaten der Armen-Polizey diese, daß die Kinder armer Aeltern entweder von ihr ernähret, oder zum eigenen Verdienste ihrer Nahrung angewiesen werden. Dieß kann ein Seelsorger den Aeltern fühlbar vor Augen legen, und in der That! sie müssen es fühlen, wie sehr sie durch eine solche Anstalt erleichtert sind, weil ihnen entweder das Kind aus der Kost hinweg kommt, oder weil es die Kosten selbst erarbeitet, und den Betrieb ihres Nahrungsstandes verstärket. Allein die Armen-Polizey, müssen sie wissen, hat nun auch mit desto stärkerem Befugnisse von ihnen eine bessere Erziehung ihrer Kinder zu fordern: und eben durch diese Anstalt sehen sie jetzt zur Kinderzucht ihre Zeit, Gelegenheit, und Mittel vermehret. Was sie demnach über die Kinder-Erziehung im Allgemeinen von den christlichen Lehrstühlen hören, das sollen sie von nun an als doppelt nöthig für ihren Armenstand annehmen, und in Rücksicht dessen sollen sie ihre Kinder zu allem jenen ehrbaren, wohl gesitteten, und christlichen Wesen anführen, welches man gegenwärtig armen Aeltern selbst

Klett's Preisschrift. R einzu-

einzuprägen suchet. Denn eine gute Art Kinder ist der Glanz einer armen Hütte, des magern Tisches Gewürze, sie ist die Stütze grauer Väter und Mütter, und der Kinder selbst reicheste Heimsteuer.

7) Da aber die Armen-Polizey durch Einstellung des Bettelgehens den Armen ihren **Sonn- und Feyertag** ganz und gar wieder schenket; so darf ein Seelsorger diesen Artikel um so weniger überschlagen. Denn das Meiste von ihrer Unsittlichkeit, und viele ihrer größeren Laster entstanden aus einer stäten Verabsäumung der Predigten und Christenlehren, aus Vernachlässigung des sonn- und festtäglgen Gottesdienstes, und überhaupt aus den fast nie geheiligten Sabbathen, da doch diese für das Landvolk die einzigen Tage der sittlichen Bildung sind. Wenn auch dem Seelsorger für die Sabbath-Heiligung nicht so viele und wichtige Gründe zu Gebothe stünden, so könnte jetzt selbst das Armen-Institut seine Clienten, die es nun versorget, mit Recht auffordern, die Vernachlässigung jener so kostbaren Tage von nun an mit verdoppeltem Eifer zu ersetzen, und sie dem vor- und nachmittägigen Unterrichte im Worte Gottes, wie auch zu Hause den Privat-Verbesserungen ihres sittlichen und christlichen Charakters zu widmen. Ein Seelsorger, der diesen Unterrichtspunct mit Nachdruck auf seine Armen betreibt, wird an ihnen bald reichliche und sehr gute Früchte davon einernten.

Und in Wahrheit muß er auch stärker, als die bisherigen Puncte, betrieben werden: denn in diesem liegen alle die noch übrigen, **mehr geistlichen, Unterrichtspuncte**, die man mit vorwerfen könnte, als die nothwendigsten übergangen zu haben. Wenn einmahl der Seelsorger die Ortsarmen mit seinem Unterrichte so wie mit eigener und fremder Aufsicht dahin gebracht hat, daß sie auf die beschriebene Weise den

Sabbath

vierte Frage.

Sabbath heiligen; so werden sie aus Predigten, Katechesen, und anderen Feyertagsübungen lernen, ihre ganz geistlichen Gebrechen, das Unsittliche im strengen Verstande, und was man eigentlich Unheiligkeit der Sitten nennet, an sich zu verbessern. Eben darum wird ein Seelsorger in seinen Sittenreden auf der Kanzel, wo er bisweilen (nach dem Beyspiele der Apostel) die verschiedenen Stände der Menschen durchgehet, *) und besonders in seinen katechetischen Unterweisungen öfters auch auf den Armenstand einen bescheidenen Ausfall thuen: sein Beichtstuhl aber wird in der Stille noch das ersetzen, für welches der Kanzelvortrag zu laut ist. Mit Vorsatz geschiehet es also, daß ich mich in keine Zergliederung dieser ganz geistlichen Moralitäts=Puncte einlasse: sie sind für einen außerordentlichen Armenunterricht einem Seelsorger fürwahr zu vielfältig, und für den gemeinen Vortrag sind sie jedem Geistlichen bekannt. Ich aber bin ohnehin schon mit der Bezeichnung meines Armenunterrichtes zu weit über die Schranken getreten, als daß ich noch tiefer ins Detail gehen könnte. So viel ist gewiß, daß einem Seelsorger, der sich in dieser guten Sache verwenden will, das Armen=Institut allein schon eine unerschöpfliche Quelle ist, woraus er den Armen ihre gegenseitigen Verhältnisse und moralischen Pflichten vorlegen kann.

8) Allein auch dieser Unterricht, den ich bisher entworfen habe, ob er gleich nicht unmittelbar auf das geistliche Leben gehet, soll doch mit übernatürlichen Gründen geschärfet, und mit diesen soll stäts dabey fortgefahren werden. Denn von Religion und Gewissen gedrungen, muß der Arme die Veredlung seines sittlichen Charakters für eine Pflicht ansehen, die er Gott und den Oberen, dem Vaterlande, seiner Fami-

*) z. B. Ephes. V. 22 bis VI. 10.

lie, und sich selbst schuldig ist, nicht aber für eine politische Maxime, die eine bloß menschliche Weisheit erfunden hat. Man halte also die Armen seiner Gemeinde auch aus geistlichen Beweggründen dazu an, dasjenige, was ihnen das Glück versaget hat, durch ein wohl und christlich gesittetes Betragen zu ersetzen: *) z. B. durch ruhige Genügsamkeit ohne Murren, durch Dankbarkeit gegen ihre wohlthätigen Mitbürger, und durch Gebeth für sie; durch ein dienstgefälliges, nachgiebiges und folgsames Benehmen mit allen Nebenmenschen, u. s. w.; andererseits durch Ablegung aller Mißgunst gegen die Reichen, und aller Eifersucht gegen ihres Gleichen; durch Vermeidung aller Geschwätzigkeit, Verleumdung, aller Arglist, Betriegerey, und ungerechter Nahrungssucht, u. dergl. **) Man richte zwar ihre Herzen mit jenem sichern Trostgrunde auf, daß der von Jesu geheiligte Stand der Armen bey Gott vor anderen Ständen besondere Privilegien habe: man benehme ihnen aber auch ihr Vorurtheil, und überführe sie, daß dieses weder die faulen und müßigen, noch die sittenlosen und ausgearteten Armen angehe: diesen lege man vielmehr die Wahrheit ans Herz, daß sie auf dieser Welt nicht wohl daran wären, und in der anderen noch viel elender seyn würden.

§. III.

Das zweyte Mittel ist, wenn der Seelsorger mit den Districts-Deputirten eine besondere Aufsicht über die Moralität der Armen und eine Art von Sittengericht anstellet. 1) Praktische Anwendungen dieses

---

*) Sirach X, 33.
**) Ebend. XXV, 3. 4. — Sprichw. XIX, 1. XXVIII, 3. — Ps. LXI, 11. — 1 Tim. VI, 8.

vierte Frage.

es Mittels bey den ersteren Vergehungen eines Armen, 2) in der Folge bey seiner Verharrung in der Sittenlosigkeit.

Von dem ersten Mittel, welches, als bloßer Unterricht, nur Verstand und Herz des armen Menschen behandelt, läßt sich noch keine ganze Herstellung seiner Moralität versprechen, — obschon es der Grund zu derselben ist, — wenn es nicht auch durch äußere und sinnliche Mittel unterstützet, und dadurch erst in die Ausübung gebracht wird. Unter denen, die ein Seelsorger hierzu liefern kann, scheint mir dieses vorzüglich zu seyn, wenn er mit dem Ortsvorsteher, Pfleger, und den übrigen Gliedern der Armen-Deputation, hauptsächlich aber mit den Districts-Deputirten eine ganz besondere Aufsicht über die Moralität der Ortsarmen, und gleichsam eine Art von Sittengericht über sie anstellet. Dieß ist nicht so zu verstehen, als wäre nicht jeder Districts-Deputirte schon allgemein vermöge der Polizey-Anstalt zu einer solchen Aufsicht angewiesen: sondern man will hier nur zu erkennen geben, unter allen Aufsichtspuncten, die in der vorigen Erörterung (§. IV, 3.) aufgezählet wurden, soll der Seelsorger das Auge und den Beobachtungsgeist dieser Aufseher ganz vorzüglich auf die Moralität ihrer Districts-Armen schärfen, und ihre Bemerkungen, Anzeigen, Berathungen über diesen Punct soll er sich auf ganz besondere Art zu Nutzen machen, d. i., auf die Art eines Sittengerichtes, welches ich für ihn ein Hauptbeförderungsmittel der Moralität nenne. Was also immer über die Districts-Aufsicht dem Seelsorger bey der vorigen Frage angerathen wurde, ... nämlich den Aufsehern die einzelnen Gegenstände davon zu zergliedern, ihnen solche wie Fragepuncte auf einer Liste zu verzeichnen, die Anzeige davon auf den monathlichen Sitzungen machen zu lassen, und auch ohne gemachte Anzeige die Deputirten darüber auszufragen, ... dieß Alles betreibe der Seelsorger in dem Puncte der Moralität mit verdoppelten Kräften. Er zergliedere also zuerst den Districts-Deputirten die einzelnen Aufsichtspuncte über die Sittlichkeit der Armen, deren Mißbräuche, Aergernisse, Laster, und Untugenden. Er greife sie bey ihrem Gewissen an, ihm Alles, was sie vordersamst in diesem Fache bemerken würden, getreu und ohne Verschub zu hinterbringen; er nenne sie hierin seine Amtsgehülfen, und versuche allerley Wege, sie in diesem Geschäfte recht nahe an sich zu ziehen. Dieß ist der Vorbegriff von jenem Sittengerichte, das ich hier anrathe, und jetzt näher bestimme.

1) Zuerst ist, und bleibt der Seelsorger schon an und für sich selbst in Allem, was Moralität heißt, der schärfste so, wie auch der meist berechtigte und verpflichtere Beobachter vor jedem Andern: er war es von je her als Sittenrichter der Gemeinde, und ist es aufs neue als Mitvorsteher der Armen-Commission. Die Deputirten betrachtet er nur als Gehülfen: er selbst aber spähet der Moralität seiner Ortsarmen nach, wo und wie er kann; es mag religiöse oder politische, häusliche oder öffentliche, eigene oder Beziehungspflichten, es mag arme Personen oder ganze Familien betreffen.

A) Da er aber mit seiner Aufsicht auch jene ganz besondere der Districts-Deputirten, und vielleicht eine gelegenheitliche Aufsicht aller Commissions-Glieder vereinbaret; so muß er es voraus den Armen zur Warnung bekannt machen, daß über alle Puncte, die ihnen in Betreff ihrer sittlichen Verbesserung vom Seelsorger eingepräget wurden, nunmehr von allen Seiten her eine besondere Aufsicht gehalten werde: sie sollen sich daher, gleichwie durch andere gute oder schlimme

vierte Frage.

schlimme Folgen, so auch besonders durch diese, welche den wohl oder übel Gesitteten von Seiten der Armen-Polizey und ihrer Oberen bevorstehen, gewarnet seyn lassen. Ihre sittliche Beschaffenheit werde in der Conscriptions-Tabelle schriftlich verzeichnet, und nicht allein der Ortsarmen-Commission, sondern vermittelst dieser Tabelle auch den hohen und höchsten Landesobrigkeiten in der Hauptstadt bekannt werden, und bekannt bleiben.

B) Hat der Seelsorger durch Anzeige, oder durch eigene Beobachtung einen **Schuldigen** wahr genommen; so ruft er denselben **zu sich**, hält ihm seine Schuld mit allen ihren Folgen und Bedenklichkeiten vor, erneuert kurz gegen ihn seinen moralischen Unterricht, und entläßt ihn fürs erste Mahl mit Mitteln und Beweggründen zur Besserung so wohl, als mit Bedrohung bey irgend einem künftigen Betretungsfalle. Ich halte für rathsam, daß sich der Geistliche hierbey allezeit vor dem Armen auf die Polizey-Anstalt berufe, weil diese den Armen mehr interessirt, den Seelsorger aber vor der Abneigung des Armen so decket, daß ihm dieser vielmehr noch Dank dafür wissen muß: denn er wird an seinem Seelsorger einer Schonung gewahr, vermöge welcher derselbe nicht für dieß Mahl als Armenvorsteher, sondern nur als gelinder Seelsorger mit ihm zu verfahren scheinet.

Bey einer **ferneren Vergehung** muß doch immer noch gegen diesen Armen die zweyte evangelische **Stufe der brüderlichen Bestrafung** *) beobachtet, die Warnung und Drohung aber mit geschärftem Tone verstärket werden. Der Geistliche nehme also den Deputirten jenes Districtes, worin der Arme wohnet, und nach Gutbefinden etwa auch den Pfleger, weil dieser dem Armen eine wichtige Person ist, zu Zeugen seiner Correction.

*) Matth. XVIII, 16.

C) Da aber dergleichen Beschuldigungen gegen die Armen von allerhand Seiten her einlaufen können; so erfordert es die Klugheit und christliche Liebe, denselben nicht gleich im Anfange, nicht in jedem Munde, nicht nach allen Umständen Glauben beyzumessen. Man muß erst den Grund erforschen, und die Umstände des Klägers so wohl, als des Beklagten mit in Erwägung ziehen: woher nämlich die Klage entstehe; ob, und in wie fern sich einiger Anschein dazu in dem Charakter und gewöhnlichen Betragen des Beschuldigten verrathe; in welchem Verhältnisse der Arme und dessen Angeber mit einander stehen, u. dergl. Denn der Weise mahnet uns, daß auch die Armuth ihre Feinde habe, *) und daß oft die Armen selbst aus Leidenschaften einander zu verleumden suchen. **) Aus Veranlassung der Armen-Polizey aber kann man dieß mehrerer Ursachen halben von Seiten der Armen nicht minder, als von manchem andern Bürger befürchten.

D) Der Geistliche, der ohnehin schon als bloßer Seelsorger die Armen seines Ortes auf einer Liste haben soll, könnte sich ferner auch ein besonderes Fach in derselben für die Moralität der Armen auszeichnen, worin er so wohl die Verschuldungen der Einen, als die stufenweise Sittenbesserung der Anderen von Zeit zu Zeit anmerkete. Hiervon wird sich oft ein guter Gebrauch machen lassen, worüber gleich ein Beyspiel erscheinen wird. Hat sich aber ein Seelsorger meinem obigen Vorschlage gemäß die Conscriptions-Tabelle zu seinem Privat-Gebrauche abgeschrieben, so findet er in der vorletzten Rubrike das erwähnte Fach schon angezeiget, und kann darin seine Noten über ihre Sitten ansetzen.

Es

---

*) Sirach XIII, 24.
**) Sprichw. XIV, 20. XIX, 7.

vierte Frage.

2) Es gibt aber manches Mahl unter dem Armenhaufen eine niedrige und harte Seele, welche den Ahndungen ihres Seelsorgers ungeachtet, mit unbiegsamer Widersetzlichkeit in einer sittenlosen Aufführung verharret. Ist es an dem, so

A) muß jetzt der Geistliche die Anzeige bey der monathlichen Sitzung entweder selbst machen, oder sie durch die Districts-Deputirten machen lassen, welches diese bey einem öfters Gewarneten oder notorisch Ungesitteten ohne weitere Erinnerung in jedem Falle zu thun haben. Er aber, der Geistliche, muß bey der Commission ernstlich darauf antragen, wie nach *gemeinschaftlicher Berathung* der Schuldige noch gebessert werden könne: denn nur darauf, nicht auf Rache oder Menschenpeinigung geht der Zweck. Bey einem solchen Auftritte, wo der Schuldige vor Allen erscheinen muß, kann der Seelsorger bisweilen auch noch einige Armen, oder dieselben insgesammt zur Session kommen lassen: er nimmt seine Sittenliste mit, und gibt daraus in Gegenwart der Commissions-Glieder einem jeden sein verdientes Zeugniß der Rechtschaffenheit, um dadurch dem Strafwürdigen desto tiefer in die Seele zu greifen, die Uebrigen aber auf ihre Sittlichkeit desto aufmerksamer zu machen.

B) Einen bösen Armen mit einem *Abzuge* an seinem wöchentlichen *Almosen-Deputate* zu *bestrafen*, und einen vorzüglich Guten auf eine Zeit lang mit einer kleinen Zulage zu belohnen, das scheint zwar unsere Land-Armen-Polizey als kein gewöhnliches Mittel zu gestatten: denn die ohnehin strenge nach Bedürfniß gemessene Portion läßt sich für den Erstern fast nicht tiefer herab setzen, für den Letztern aber aus Besorgniß einer Unthätigkeit kaum erhöhen. Allein der Seelsorger kann doch hier und da bey einer Session darüber berathschlagen lassen, ob man dieses Mittel in Ansehung

Ansehung der Schuldigen nicht wenigstens auf einen und den andern Tag, und mit einem ganz geringen Abzuge versuchen könne. Denn Noth zu leiden, obgleich nicht die äußerste, ist eine billige Strafe des Lasterhaften, die wir selbst auf dem gewöhnlichen Wege der göttlichen Vorsehung antreffen: und es gibt Umstände, wo sie dem Armen zwar empfindlich fällt, aber doch keinesweges für ihn verderblich, sondern nur von desto gedeihlicheren Folgen ist. Solche Umstände und Folgen müssen reif überleget werden; und dann könnte vielleicht aus diesem Abzuge ein angemessenes und für bessere Sitten sehr wirksames Mittel werden, um so mehr, als es ganz zunächst und aus der innersten Verfassung der Armen-Polizey hergenommen ist.

C) Scheint aber dessen ungeachtet die Wunde noch unheilbar, so lange nicht ein empfindlicherer Schnitt vorgenommen wird; so ist es Zeit, daß der Seelsorger durch die Commission die Anzeige davon sammt allen bisherigen Umständen an das weltliche Amt befördere, und dieselbe, wenn besonders der Amtssitz anderswo ist, mit seiner Beglaubigung unterstütze. Wird von daher die Hülfe nach wiederhohlten Vorstellungen vergebens erwartet; — wie denn dieß mehr, als bloß möglich ist, — so muß darum der Geistliche Vorsteher nicht auch einschlafen: sondern da er bey diesem Puncte, der ohne dieß auch in sein Priester- und Seelsorgeramt so nahe einschlägt, sich noch weit mehr, als in anderen Armenangelegenheiten heraus nehmen muß; so wird ihn sein Eifer, mit Klugheit verbunden, lehren, an wen er sich nach diesem umsonst angewandten Versuche noch ferner zu wenden habe. Denn nur durch weltliche Gerichtsstellen kann es endlich ein Seelsorger nach allen fehl geschlagenen Bemühungen noch erzwingen, daß sittenlose Familien getrennet, zuchtlose Töchter oder verwaisete Dirnen in

Dienst

vierte Frage.

Dienst und Arbeit gestellet, arme Kinder ihren Aergerniß gebenden Aeltern aus den Armen gerissen, und anderswo untergebracht werden: daß bey manchen Armen die Mißbräuche eingestellet, Aergernisse abgeschaffet, daß überhaupt doch die ins Auge fallenden Laster ausgerottet, und der Armenstand des Ortes auf einen Grad von wenigstens äußerer und Niemanden mehr anstößiger Moralität gebracht werden könne: indeß der Seelsorger immer noch an der inneren und geistlichen Verbesserung fortarbeitet.

§. IV.

Das dritte Beförderungsmittel bestehet in der *moralischen Bildung der armen Jugend.* Wie diese der Geistliche besorgen könne 1) in den Schuljahren, und 2) nach den Schuljahren.

Das dritte Hauptmittel, womit ein Seelsorger die Moralität seiner Armen befördert, ist die *sittliche Ausbildung der armen Jugend.* Es ist für ihn das leichteste, und in Ansehung des Erfolges das sicherste und fruchtbarste: denn es dienet nicht allein zur Einführung, sondern auch zu einer dauerhaften Begründung und Erhaltung der Moralität. Obschon also, wie ich kurz vorher (§. II. 6.) sagte, schon dieß ein Mittel für die jugendliche Sittenbildung ist, wenn ein Geistlicher arme Aeltern zu besserer Kinderzucht ermahnet; so darf man dieses doch erst die häusliche Erziehung, zum Theile erst eine Erziehung der Unmündigen nennen, und auch dabey ist der Seelsorger nicht bloß Zuschauer, sondern er muß beynahe selbst der Erzieher armer Kinder seyn.

1) Dieß ist er zuerst **während der Schuljahre.** Kinder, die in den Schuljahren gut gesittet werden, sind oft in und außer dem Hause ein reißend-

es

es Beyspiel für ihre eigenen Aeltern und Nachbarn, so daß diese dem Gefühle nicht widerstehen können, das Wahre und Gute, das Neue und Schöne, wider welches sie sonst sehr eingenommen sind, an solchen Kindern zu bewundern, zu loben, und allmählich selbst nachzuahmen: wie hoffnungsvoll muß also nicht erst unsere Aussicht mit diesen armen Kindern selbst seyn?

A) Vor allem sieht demnach ein Seelsorger darauf, daß kein armes Kind sich in seiner Gemeinde befinde, welches nicht, von dem durch die Schulverordnung bestimmten Alter an, täglich in die Schule komme. Die Armenanstalt hebt nunmehr, da sie dergleichen Kinder verpfleget, auf Seite der Aeltern alle Hindernisse und Einwendungen, welche sie bisher als arme Leute, sogar den Zwangsmitteln, die durch die Schulanstalten getroffen sind, entgegen zu setzen wußten. Aelternlose, uneheliche Kinder kommen hier vorzüglich in Betrachtung: der Seelsorger lasse sie nicht allein von dem wöchentlichen Brodsammeln, sondern auch von der Gasse abhalten. Er nehme sie von den schlimmen Pflegehäusern hinweg, und wenn er nicht barmherzige Leute für ihre unentgeldliche Aufnahme gewinnen kann, so lasse er sie bey christlicheren Haushaltungen von bekannter Tugend und Rechtschaffenheit in Verpflegung geben. Mir scheinen jene Häuser nicht alle Mahl die besten zu seyn, obschon sie oft vorsätzlich gewählet werden, wo nur eine verwitwete Hausmutter ohne Hausvater herrschet; jedoch gibt es auch hier Ausnahmen. Sittenlosen Aeltern ihre Kinder wegzunehmen, darf nur, wenn man ihnen nicht zur geflissentlichen Loswerdung ihrer Kinder den Gedanken anstimmen will, in dem äußersten Nothfalle entschieden werden, wo alle Verbesserungsmittel an ihnen verloren sind.

vierte Frage.

B) In der Schule selbst, wo der Geistliche die armen Kinder mit den nöthigen Schul-Materialien aus dem Armen-Fonde, oder aus sonst vorhandenen Quellen muß versehen lassen, soll er die **Sittenbildung dieser Kinder** sich, und eben so auch dem Schullehrer zum besondern Augenmerke machen. Sie bringen gemeiniglich, wiewohl eben nicht alle, mehr rohes und ungezogenes Wesen mit in die Schule, als die übrigen Bürgerskinder: und sind sie witzig, so sind sie es fast nur zu schlimmen Streichen. Die Ursachen sind leicht zu errathen: bald haben sie ihren Grund in einer angeerbten Naturanlage, bald in der ersten Erziehung, bald in entfernteren Quellen, bald wirken sie alle zusammen. Sollen also die Seelenkräfte dieser Kinder nicht vollends unter dem Unrathe ersticken: ja, sollen ihre Gebrechen nicht auch für die andere Jugend anstößig werden; so verdienen sie gewiß eine weit größere Aufmerksamkeit des Seelsorgers, als die übrigen Schulkinder, und müssen auch dem Schullehrer in der That mehr, als diese, empfohlen werden. Die Gründe, wodurch sich der Geistliche selbst für die Bildung solcher Kinder angetrieben fühlet, theilet er auch dem Schulmanne mit, um ihn zu einem gleichen Zwecke in Bewegung zu setzen. Diese vorzügliche Aufmerksamkeit aber bezieht sich erstlich auf die **sittlichen Schullehren** für arme Kinder, und dann auf die Aufsicht über die Sitten derselben.

C) In Ansehung der **sittlichen Lehrpuncte** sind bey armen Schülern, so oft die Reihe zum Lesen, zum Hersagen und Antworten an sie kommt, die Fragen über den Katechismus, über biblische Geschichten, Sittenlehren, ꝛc. immer so zu stellen, daß sie einen näheren Bezug auf den Armenstand, und auf die denselben nöthigen Tugenden oder anklebenden Laster verrathen. Selbst bey der allgemeineren Erklärung solcher Lehrgegenstände läßt sich oft insbesondere eine kleine Digression auf einzelne und bestimmte Zweige der Moralität armer Kinder machen. Die in den Schulen eingeführten Lesebücher, besonders das würzburger, biethen in ihren Lectionen über die menschlichen Pflichten von Tage zu Tage Stoff genug in der Schule dazu an, Gottseligkeit, Gewissenhaftigkeit, Gehorsam, Treue, Fleiß und Arbeitsliebe, Mäßigkeit, Ordnung und Reinlichkeit, Ehrliebe, Geschämigkeit, und andere dem Armenstande bisher ungewöhnliche Tugenden in die jungen Herzen zu pflanzen. Denen, die sich gut arten, kann nebst den gewöhnlichen Schulbelohnungen die muntere Aussicht eröffnet werden, daß man sie nach den Schuljahren besser und ehrbarer, als Andere, befördern werde.

D) Es muß aber auch auf die Wirkung des sittlichen Schulunterrichtes, d. i., auf die **wirkliche Sitte und Aufführung armer Kinder**, von dem Seelsorger, so wie auf dessen Befehl von dem Schullehrer ein unverrücktes Auge gehalten werden: z. B. darauf: wie sie in der Kirche und Schule, auf den Gassen, Feldern und anderen Orten, wie sie gegen Erwachsene, Reiche, Alte, Frauen, Fremblinge und gegen verschiedene Gattungen von **Personen**, wie sie bey allerley **Gelegenheiten**, in diesen und jenen Umständen sich betragen. An diesen Kleinen sind die allergeringsten Dinge nicht so unbedeutend, daß sie in der Folge nicht einen großen Einfluß auf ihren Lebenswandel hätten: besonders wenn man betrachtet, daß sie wegen der Nahrungssucht vielleicht frühzeitig in fremde Häuser oder Gegenden entfernet werden.

2) Auch nach den Schuljahren ist der Ortsgeistliche noch der Vater über die arme Jugend. Unbeweglich muß er darauf bestehen, daß diese Kinder, ehe sie ihre Schuljahre ganz hinterleget, oder wenigstens

vierte Frage.

stens ehe sie ihre vollkommene Befähigung erlanget haben, nicht in fremde Dienste, Werkstätte und andere Arbeiten abgegeben werden: denn vielleicht, wie ich schon oben das Besorgniß geäußert habe, wird Mancher in dem Orte von der Verpflegung eines armen Kindes die Gemeinde vor der Zeit los sprechen, und dasselbe zu seiner Selbsterhaltung angewiesen haben wollen.

A) Ist aber endlich die Zeit da; so liegt es zwar an dem Schlusse der ganzen Armen=Commission, daß ein armes Kind nach Beschaffenheit seiner Umstände zu einem Handwerke, Haus= oder Felddienste, angestellet werde: aber an dem Seelsorger liegt es hauptsächlich, daß die Anstellung bey Leuten von gutem christlichen Charakter, so weit es nur immer thunlich ist, geschehen möge. Denn eine nur allzu wahre und leidige Erfahrung lehret es uns, daß die best erzogenen Kinder, und nicht nur Kinder, daß auch die besten Mägde, Knechte, Gesellen erst bey liederlichen Meistern, Kost=und Hausherren, oder bey nichtswürdigen Hausfrauen den Anfangsgrund zu ihrem Verderben gefunden haben. Wenn daher der Geistliche so glücklich ist, ein gutes Haus für das arme Kind aufzufinden; so suche er dort um eine strenge Zucht und Sittenaufsicht, und um eine genaue Anzeige wichtigerer Vergehungen an: er selbst aber erkundige sich zuweilen nach der Aufführung. Und kurz, die Aufsicht des Geistlichen über die Sitten der armen Jugend bleibt auch nach den Schuljahren so scharf, wie zuvor, und wird in gewissen Stücken noch schärfer. Die Züchtigung der Sittenlosen, sollten sie gleichwohl zu der steifesten Jugend gehören, ist nicht so vielen Weitläufigkeiten, und Schwierigkeiten unterworfen, als die Besserung des verehelichten und ältern Armenstandes: sie ist hingegen desto wichtiger für den Ortsgeistlichen, je gefährlicher die Jünglingsjahre sind. Man muß

diese

diese Sproßen immer noch für solche halten, die verdorren können, die folglich des Schneidens, Grabens, Gießens jetzt am meisten bedürftig sind. Daß die Jugend ohne dieß mit unter der Aufsicht der Districts-Deputirten begriffen sey, ist schon bey der vorherigen Frage an seinem Orte vorgekommen, und auch aus dem vorigen §. IH. hinlänglich abzunehmen.

 B) Was den fortwährenden Sittenunterricht dieser schulfreyen, und der noch mehr erwachsenen armen Jugend angeht, so beobachtet ein Seelsorger beynahe das nämliche in der Sonntagsschule und sonntägigen Christenlehre, was erst von der gewöhnlichen Schule der mindern Jugend ist gesagt worden. Mit Fleiße schwieg ich dort von den Christenlehren der Pfarrkirche, weil erstlich Schulkinder nach der heutigen Verfassung schon in der Schule vollständigen Unterricht über ihren Katechismus erhalten; und dann weil ich eben deßwegen jenem Irrwahne, womit man ehedem die sonntägige Katechismuslehre nur die Kinderlehre nannte, nicht günstig scheinen wollte. Nein: in der sonntägigen Schule und Katechese darf gewiß nur jene steifere Jugend, die man die ganze Woche hindurch zu keinem Unterrichte bekommen kann, das eigentliche Subject der Unterweisungen seyn. Desto schärfer machet also der Seelsorger, daß kein Armer der schulfreyen Jugend vor seinem bestimmten Alter aus der Sonntagsschule, noch weniger aber Einer der älteren Classe aus der Christenlehre der Pfarrkirche hinweg bleibe. Uebrigens wird hier, wie gesagt, beym Auslegen und Fragen so, wie beym Hersagen und Antworten, für die armen Lehrlinge eben dieselbe Methode, wie oben beym gewöhnlichen Schulunterrichte, von dem Seelsorger und Schullehrer eingeschlagen.

 Gott gebe, daß dieses Mittel, die Sittenbildung der armen Jugend, von jedem Seelsorger so gut gebrauchet

vierte Frage.

brauchet werde, als es für die Beförderung der Moralität des ganzen Armenstandes zuverläßig, dem Seelsorgeramte aber ganz eigenthümlich ist.

Es gibt zwar, ich gestehe es, noch mancherley Mittel, die Unsittlichkeit des Armenstandes zu verbessern: wenn z. B. die Orts-Polizey in Betreff der Armen strenge beobachtet wird: wenn man ihnen nicht nur den Müßiggang scharf zu verbiethen, sondern sie auch wirklich zu beschäftigen suchet, u. s. f. Allein obgleich dieses nur entferntere Mittel sind, so ist dennoch bey der vorigen Frage (S. 223 bis 232) schon mehreres erörtert worden, wie dazu ein Seelsorger durch Unterricht der Commissions-Glieder und Districts-Deputirten, durch ihre Aufsicht und Anzeigen, wie er als Mitvorsteher der monathlichen Sitzungen, und endlich vermittelst des weltlichen Amtes bewirken könne. Wie weit ihm aber vermittelst seiner Pfarrgenossen eine solche Beförderung möglich sey, wird man noch aus mehreren Stellen der jetzt folgenden Beantwortung ersehen können.

Fünfte Frage.

Welches sind die angemessensten und gedeihlichsten Wege, wodurch der Seelsorger die meisten, oder wenigstens die besten Mitglieder seiner Pfarrgemeinde zur thätigen Theilnahme an den Armenanstalten, — und dazu vermögen kann, daß sie mit vereinten Kräften zum Wohle des Staates und der Kirche die Anzahl und Bedürfnisse der Armen verhindern, und derselben Industrie und Moralität befördern helfen?

(§. I.) Zu Armenanstalten ist die Mitwirkung des Volkes nothwendig, und das erste Mittel, dasselbe dahin zu vermögen, ist eine Erklärung der heilsamen Absichten und Vortheile eines solchen Institutes. Diesem zu Folge muß das Volk 1) schon voraus von den Grundsätzen der Armenliebe überhaupt belehret, und von den Vorurtheilen gegen eine Armen-Polizey gereiniget werden. 2) Erklärung der Absichten der Armen-Polizey, 3) der Vortheile derselben, a) für das Vaterland und die Gemeinde, b) für die kirchliche Wohlfahrt, c) für den Armenstand, d) für den einzelnen Bürger α) zeitlichen und β) geistlichen Privat-Nutzen. 4) Praktische Schlußfolge, mit dem Armen-Institute ohne alles Mißtrauen gemeinschaftlich mitzuwirken. (§. II.)

fünfte Frage.

Zweytes Mittel: dem Volke muß die Art dieser Mitwirkung, und jede Gelegenheit dazu gezeiget werden. 1) Allgemeine Vorstellungen an die Gemeindeglieder über die Art, mitzuwirken durch Beförderung der a) Moralität und b) Industrie der Armen. 2) Besondere Vorstellungen darüber, a) wie sie die Moralität, ... Industrie der Armen, und ... ihrer Kinder, wie auch ... die Pflege und Erziehung geringerer armen Kinder besorgen können. b) Diese Vorstellungen sind auch bey den Bürgersfrauen, und c) bey der heran wachsenden Jugend anzubringen. 3) Vorstellung an das Volk, recht gemeinschaftlich mitzuwirken und Theil daran zu nehmen. (§. III.) Das dritte Mittel: der Seelsorger muß sich gewisse besondere Gelegenheiten bey dem Volke zu Nutzen machen. 1) In wie fern dieß im Beichtstuhle geschehen könne, 2) bey außerordentlichen α) allgemeinen, und β) Privat-Zufällen, 3) bey frommen Vermächtnissen. (§. IV) Das vierte Mittel ist des Seelsorgers eigenes Beyspiel. 1 Seine Beyspiele ... des Almosens, ... der Sittenbildung der armen Jugend, ... des Umgangs mit den Armen zur Beförderung ihrer Moralität und Industrie. 2) Wirksamkeit dieser Beyspiele. (§. V.) Fünftes Mittel: der Seelsorger gewinne das Vertrauen des Volkes für die Verwaltung und die Verwalter des Armen-Institutes. Dieß geschiehet 1) durch Verhinderung übler Nachreden, und des daraus entstehenden Mißtrauens gegen das Institut, 2) durch Veranstaltung einer Publicität der Armenpflege, das ist, z. B. a) durch vierteljährige Abkündigung der außerordentlichen Beyträge, b) durch jährliche Abhörung der Pflege- und Cassen-Rechnung im Angesichte der ganzen Gemeinde, c) und dabey durch ihre öffentliche Befragung um ihr Urtheil, und Auffordeerung zur künftigen gemeinschaftlichen Theilnehmung 3) durch verschiedene andere Vorträge zur Gewinnung des öffentlichen Vertrauens für das Institut überhaupt, und 4) besonders für das Personale der Armen-Commission, 5) durch Aufhebung gewisser dem Volke mißfälliger Beförderungsmittel. (§. VI.) Das sechste Mittel bestehet in einer Anweisung der Armen zur öffentlichen Dankbarkeit. 1) Christliche Dankbarkeit, das Gebeth der Armen: a) wann, und wie dieses zu veranstalten, b) was hierüber den Armen und Bemittelten zu erklären sey. 2) Politische Dankbarkeit, ein gefälliges Betragen der Armen gegen die Gemeinde, a) bey ihren Lohn- und Gefälligkeitsdiensten, b) bey ihrem Umgange mit den Bürgern, und der Bürger mit ihnen. (§. VII.) Das siebente Mittel ist, daß der Seelsorger jährlich von der christlichen Armenliebe predige.

§. I.

Das erste Mittel, das Volk zur Theilnehmung an den Armenanstalten zu vermögen, ist eine Erklärung ihrer guten Absichten und Vortheile. Das Volk muß also 1) schon voraus von den Grundsätzen der Armenliebe überhaupt belehret, und von den Vorurtheilen gegen eine Armen-Polizey gereiniget werden. 2) Erklärung der Absichten der Armen-Polizey, 3) der Vortheile derselben. 4) Praktische Schlußfolge, mit dem Armen-Institute ohne alles Mißtrauen gemeinschaftlich mitzuwirken.

Bey Armenanstalten, die in einem Lande eingeführet, oder dauerhaft darin erhalten werden sollen, hängt gar

fünfte Frage.

gar Vieles von des **Volkes Theilnehmung** an denselben ab. Denn von den Landesunterthanen müssen größten Theils die nächsten Mittel hergenommen werden, durch welche der Armenstand verpfleget, mit gemeinschaftlichen Kräften vermindert, und verbessert werden soll. Wozu sonst alle Fähigkeit und Thätigkeit der Vorsteher, Deputirten, und Pfleger? So lange ihnen das Volk seine Uebereinstimmung entziehet, ist ihr Werk nicht viel mehr, als eine glänzende Hypothese, die nie realisirt wird. Wenn man nun fraget, wie in einer Gemeinde die Bürger und Nachbarn zur thätigen Theilnehmung an den Armenanstalten zu vermögen seyen; so ist zwar kein Zweifel, daß die landesherrliche Macht durch ihre allenthalben aufgestellten Beamten die Unterthanen dazu nöthigen könne: aber wie oft sind, besonders bey einer Armen-Polizey, die Zwangsmittel nicht anwendbar, nicht nützlich? Es haben daher Se. **Hochfürstl. Gnaden** zu Würzburg selbst bisher noch nicht für gut erachtet, die Unterthanen mit einer Armen-Taxe zu belegen; sondern **Höchst Dieselben** wollen es vielmehr noch zur Zeit auf freywillige Beyträge ankommen lassen. Da nun aber in dergleichen Beysteuern noch lange nicht die ganze Theilnehmung an den Armenanstalten bestehet: wie viel mehr muß nicht erst die übrige Mitwirkung der Unterthanen, die auf Verminderung, Verhüthung, Verbesserung des Armenstandes abzielet, und durch gar kein Gesetz zu bestimmen ist, den Bürgern auf Discretion überlassen bleiben? Soll also die Mitwirkung freywillig seyn, so muß das Volk durch solche Mittel dazu beweget werden, die auf Verstand und Herz desselben wirken.

Man wird mich verstehen, was ich sagen will: daß sich nämlich diese Mittel in den Händen der Seelsorger befinden, und daß dieselben mit dem Landvolke hierin

hierin das Meiste ausrichten können, wenn Jeder aus ihnen seine Pfarrgemeinde durch angemessene und gedeihliche Wege zur thätigen Theilnehmung an den Armenanstalten, und dahin zu vermögen suchet, daß sie mit vereinten Kräften die Industrie und Moralität der Armen befördern. Hier drängen sich noch Ein Mahl alle Gründe auf Einen Punct zusammen, welche für die Pflichten der Seelsorger in Beziehung auf das zeitliche Wohl ihrer Untergebenen überhaupt, und der Armen insbesondere, im ersten Theile und in den beyden ersten Beantwortungen des zweyten Theils dieser Abhandlung enthalten sind. Ich berufe mich darauf, um den Seelsorger in diesem so wichtigen Theile seines Armenamtes an seine Pflicht zu erinnern. Mehr ist da nicht nöthig, hiervon zu sagen. Jetzt will ich es versuchen, die angemessensten Wege zu bezeichnen, wodurch der Seelsorger seine Pfarrgenossen zur wahren Theilnehmung an den Armenanstalten vermögen könne.

Den ersten Weg haben unser **gnädigster Landesherr und Fürst-Bischof** bey Errichtung des würzburger Stadtarmen-Institutes schon vor drey Jahren selbst vermittelst eines gnädigst erlassenen Hirtenbriefes gezeiget: der untergeordnete Seelsorger brauchet ihn also für sein Landarmen-Institut nun nicht mehr zu suchen, sondern ihm nur nachzufolgen. Die Pfarrgemeinden müssen nämlich zuerst von den heilsamen Absichten, und von dem unschätzbaren **Nutzen** der Armenanstalten überzeuget und durchdrungen werden. Es bedarf keiner Erinnerung mehr, daß man hier nicht allein den öffentlichen, sondern auch den Privat-Unterricht verstehe.

1) Ich setze voraus, daß ein Seelsorger gemäß der Erörterung der 2ten Frage dieses zweyten Theiles seine Gemeinde schon längst vor Erscheinung der Armen-Polizey in den echten **Grundsätzen** und **Pflichten**

fünfte Frage. 279

en der christlichen Armenliebe unterrichtet hat, welche das Geboth, die Quantität, Qualität, Ordnung, Zeit des Almosens, die Einwendungen und Beweggründe betreffen, und welche auch ohne vorgängige Polizey-Anstalt jeder Christ beobachten, und jeder Seelsorger den Seinigen einprägen muß. Wäre dieses noch nicht so ganz geschehen; so müßte es jetzt das Allererste seyn, weil man, allgemeine Pflichten nach den Regeln einer besonderen Anstalt zu erfüllen, Niemanden eher überreden wird, als bis er von diesen Pflichten selbst erst eingenommen ist. Glaubet aber der Seelsorger, seine Gemeinde darin hinlänglich unterrichtet zu haben; so muß er sie jetzt mit aller Kraft seiner christlichen Beredsamkeit zu überzeugen suchen, daß sie jene allgemeinen Liebespflichten gegen die Armen gewiß nie besser insbesondere würden ausüben können, als gemäß den Absichten und Vorschriften der gegenwärtigen Armenanstalt. Von der Einsicht dieser Grundwahrheit hängt die Mitwirkung des Pfarrvolkes ab.

Um aber dasselbe von dieser Wahrheit gründlich zu überführen, so muß ihm sein *Vorurtheil* wider eine Armen-Polizey benommen, und folglich dasjenige in Betrachtung gezogen werden, was oben (S. 38-49) über die Vorurtheile der Unterthanen gegen landesherrliche Verfügungen, und über die Nothwendigkeit, ihm das Mißtrauen dagegen zu benehmen, ist gesagt worden. Denn wenn sie gegen irgend eine Polizey-Verordnug eingenommen sind, so sind sie es, wie ich schon sagte, gegen die, welche eine Veränderung im Armenwesen betrifft. Sie bilden sich erstlich ein, die Armen-Pflege bestehe nur in dem Almosengeben, welches, als ein bloßes Religionswerk, mit der weltlichen Polizey in keinem Verhältnisse stehe. Sie glauben, bey einer Armenanstalt, ihre übel verstandene

S 4   Freyheit

Freyheit im Almosengeben zu verlieren, auf welche sie,
wie auf jede andere, halsstärrig beharren. Sie argwöhn-
en, daß man auf ihre Unkosten dem Armenstande die
Mühe, und dem Staate die Schande der Betteley ersparen wolle, und was noch ferner dergleichen Vorurtheile sind. Ein gesunder Unterricht und Begriff von
den guten Absichten und Vortheilen der gegenwärtigen
Armenanstalt wird sie nach und nach verscheuchen.

2) Diesem zu Folge erkläre der Seelsorger sein-
en Pfarrgenossen, daß die Absicht des Armen-Institutes keinesweges auf die bloße Verpflegung der Arm-
en, sondern auf eine Verbesserung des ganzen Armenstandes ziele, welche darin bestehe, daß die falschen
Armen, die nur aus Faulheit und Müßiggang betteln,
von allem Almosen ausgeschlossen, und zur Arbeit, als
dem Mittel ihrer Selbsterhaltung, angewiesen, die
wahrhaften Armen hingegen desto sicherer verpfleget
werden. Ja sogar unter diesen letztern seyen die halb
Armen, d. i., die noch zu irgend einer Handarbeit
fähig sind, durch eine besondere Classe unterschieden;
und da ihnen eine angemessene Beschäftigung gegeben,
an Almosen aber nicht mehr, als ihnen nach allem
Handverdienste noch nöthig ist, beygeleget werde; so
könne Jedermann leicht erachten, daß das ganze Bestreben der obrigkeitlichen Verfügung nur dahin ab-
zwecke, den so schädlichen Müßiggang sammt allen ihm
anklebenden Lastern von dem Armenstande zu entfernen,
die Sitten dieser unglücklichen Menschen-Classe zu verbessern, durch Beydes aber, durch Industrie und Sittlichkeit den gegenwärtigen Armenstand zu vermindern,
und den künftigen aufs möglichste zu verhüthen, endlich die Pflicht des Almosengebens an der geringen Anzahl der wahren Armuth desto vollkommener auszuüb-
en. Aus diesem allen aber können sie, wenn anders
sie selbst getreu mit überein stimmen werden, nichts

Geringeres

fünfte Frage.

Geringeres hoffen, als die Beförderung des allgemeinen Besten, welches auf die Kirche und den Staat, auf jede Gemeinde, sogar auf jeden einzelnen Bürger seinen unfehlbaren Bezug haben werde. Man setze hinzu: obgleich dieser Nutzen sich erst in der Folge in seiner ganzen Größe zeigen könne; so lassen sich doch die guten Wirkungen schon jetzt zum Theile sichtbar erkennen. Uebrigens wer sein Vertrauen auf das Institut in seiner eigenen Ueberzeugung gründen, und selbst eine tiefere Einsicht in dasselbe nehmen wolle, der möge nur ohne Scheu zu seinem Seelsorger kommen, welcher ihm die innerste Verfassung davon mit Vergnügen erklären werde. Und überhaupt da die ganze Grundlage des Institutes durchaus Niemanden ein Geheimniß seyn solle, so werde man, so bald dasselbe durch ihre Mitwirkung ein wenig zu Stande käme, die Verfassung davon der ganzen Gemeinde bekannt und begreiflich machen.

3) Alsdann stelle man den Gemeindegliedern den wirklichen Nutzen der Armenanstalten vor. Dieser bestehet

A) in Ansehung des Vaterlandes und ihrer eigenen Gemeinde vorzüglich darin, daß jenes Verderbniß des politischen so wohl als des moralischen Einflusses, den ein seiner Unordnung überlassener Armenstand auf den Staat hat, gehindert und endlich zerstöret wird (Sieh S. 104-107). Hieraus hebt sich von selbst die vorhin erwähnte Befremdung des Volkes über den Eingriff der weltlichen Polizey in das Armenwesen, indem jene, die den Staat regieren, und solchen Uebeln abhelfen sollen, nothwendiger Weise das so üble Folgen erzeugende Betteln auf Straßen und in Häusern einstellen, dafür aber dem Almosen in einer und der andern Rücksicht eine gesetzmäßige Richtung geben müssen. Da nun alles dieß durch die gegenwärtige Armen-Polizey erreichet wird; so muß dieser obgleich negative Vortheil des Vaterlandes auch dem gemeinen Manne schon einleuchtend und wichtig genug scheinen. Allein wie groß läßt sich nicht erst demselben der positive Nutzen von einem Lande vorstellen, wo durch Einführung von Moralität und Industrie dem Staatskörper so vieles thätige Hände und brauchbare Glieder wieder gegeben werden, deren Nutzbarkeit nicht nur ihnen selbst, sondern vermöge des ganzen Umlaufes auch den übrigen Landeskindern zum Besten gereichet!

B) In Ansehung der kirchlichen Wohlfahrt läßt sich der Vortheil der Armenanstalten eben so anschaulich vortragen. Man darf nur nachlesen, was ich S. 104-107, S. 121 fgg. und anderswo von den Ausschweifungen der meisten Bettelleute, von ihrer Verabsäumung des Gottesdienstes und Unterrichtes, von der Erziehung ihrer Kinder, u. s. f. angemerket habe. Unter diesen Gräueln seufzte bisher die Kirche, und selbst ihre besten Hirten fanden sich zu schwach, ohne eine herrschaftliche Reformirung des Armenwesens dieselben gänzlich aus ihrer Heerde zu vertilgen. Allein wenn nun die jetzigen Armenanstalten die gewünschte Aufnahme finden, wie viele Ungeheuer werden da mit einem Streiche aus der Kirche Gottes verscheuchet? wie viele Beleidigungen des Allerhöchsten, und Beschimpfungen seiner Religion werden verhüthet? wie viele Aergernisse und Verführungen aufgehoben, Unschuldige erhalten, Seelen gewonnen? . .!. Die Beredsamkeit findet hier gar keine Grenzen.

C) Auf gleiche Weise muß man dem Volke den aus der Armen-Polizey für die Armen selbst entstehenden Nutzen anpreisen. Man sehe hierüber S. 250-258 zurück! Denn sind es bisher verstellte, müßige, unwürdige Arme gewesen, so werden sie zwar wider die neuen Armenverordnungen tausend Klagen,

und

und vielleicht auch Lästerungen vorzubringen wissen: allein der gemeine Mann lasse sich durch die Sprache dieser Taugenichtse gegen das Institut nicht nur nicht mißtrauisch machen, sondern er bedenke auch selbst, ob für dergleichen Menschen etwas Heilsameres zu erdenken sey, als wenn ihr träger Körper beschäftiget, ihr Geist und ihre Sitten gebessert, kurz: wenn sie angehalten werden, nun einmahl würdige Christen und ehrbare Bürger zu seyn?

Sind es aber wahre und des Beystandes würdige Arme; so könnte in der That für diese nicht besser gesorget werden, als es durch das Armen-Institut geschieht. Der in der Stille trauernde Arme, der geschämige, von dreisten Bettlern verdrängte, der von dem Publicum verkannte Arme wird aus seinem Winkel hervor gesucht: der halb gespeisete wird hinlänglich ernähret, der Kranke verpfleget, u. s. f., wie es eine gute Almosenordnung, gemäß dem §. V. S. 154, erfordert. Wie viel gewinnt nicht auch das geistliche Heil dieser Elenden, da so viele Hindernisse desselben durch die Armenanstalt beseitiget werden, und so manche neue Mittel dagegen eintreten? Und anstatt daß die Kinder der Armen sonst immerhin die wilden Zweige waren, wodurch der Bettelstab mit seinen bösen Früchten von Geschlechte zu Geschlechte fortgepflanzet wurde, so kommen sie nun in Pflege, Zucht, und Unterricht, bis sie zu einem Arbeitsverdienste angewiesen, und zu nützlichen Gliedern der Kirche und des Staates umgeschaffen sind.

D) Endlich um die Herzen zum Besten der Armenanstalten völlig zu besiegen, so muß sie der Seelsorger auf der fühlbarsten Seite, nämlich bey ihrem eigenen Privat-Nutzen, angreifen; denn allgemeine und öffentliche Vortheile, für die ihre Gemüther kaum patriotisch genug gestimmet sind, werden ihnen auch nicht so ganz nahe zu Herzen gehen. Was

α) Was also ihren zeitlichen Privat-Vortheil angehet, so schildere man ihnen ihre ruhige und sichere Lage in Vergleichung gegen die vorige, wo jeder Nachbar von den ungestümesten, besonders fremden Bettlern, von offenbar unwürdigen Landläufern, und zwar meistens an Sonn- und Festtagen beunruhiget war. Es ist der Gefahr bösartiger und ansteckender Krankheiten gesteuert, welche sich oft durch das herum ziehende Bettelgesinde in ein Pfarrort einschlichen, in die ganze Gegend sich verbreiteten, und noch über dieß manchen Bettler bis ins Grab der Gemeinde zur Last hinterließen. Die Bürger leben ferner nicht mehr so sehr in Furcht, von ungekannten Bettlern in ihren Häusern, Werkstätten, ꝛc. bestohlen zu werden. In Betreff ihrer Ortsarmen haben sie nun deren wenigere und desto würdigere, so zwar, daß sie auch selbst nach der Anzahl der Armen vermöge des Institutes wirklich mehr erleichtert, als beschwert werden. Von den müßigen Personen hingegen, die sich bisher mit Dieberey in Gärten und Feldern ernähret, die überhaupt ihrer Gemeinde nur Schaden oder Schande zugezogen hatten, ist jetzt nicht allein Nichts mehr zu besorgen, sondern man wird auch mehrere Dienstbothen, Tagelöhner, und arbeitsame Leute bekommen, und sich auf ihre Treue und Emsigkeit mehr verlassen können, weil sie zu diesem allen die Noth des Lebens und der Zwang der Armen-Polizey antreibt. Selbst die conscribirten Armen von der zweyten Classe sind jedem Bürger, der sie zu einem angemessenen Tagelohne bestellet, zu arbeiten verbunden. Wenn sie ihm aber, ohne eine andere Bestellung erweisen zu können, die Arbeit abschlagen, so müssen sie, nebst einer Strafe, noch den Zwang zu dieser Lohnarbeit befürchten. Endlich weiß ja kein Bürgersmann, was der Himmel über ihn oder seine Kinder noch für ein Schicksal in der Zukunft

verhängen

fünfte Frage.

verhängen werde. Wie ganz göttlich würde ihm heute noch das Armen-Institut vorkommen, wenn man ihm jetzt weissagen sollte, seine Familie werde einst durch Unglück ins Abwesen kommen, und durch die Armenanstalt wieder so gerettet werden, daß die Nachkömmlinge die Bitterkeiten der Armuth und Betteley nicht schmecken, sondern ehrbar verpfleget, christlich und bürgerlich erzogen, und vielleicht nach einer Zeit wieder in guten Stand kommen würden.

β) In Rücksicht des **geistlichen Privat-Nutzens** kann der Seelsorger die Pfarrgemeinde versichern, daß nun ihre Kinder gewiß nicht mehr so viel Böses von der Betteljugend lernen. Auch unter den Erwachsenen werden gewisse Aergernisse aufhören, und überhaupt manche Sünden und Strafen in einem Hause unterbleiben. Der größte Vortheil der Seele aber, den ihnen das Institut an die Hand gibt, befindet sich auf Seiten des Almosengebens. Denn erstlich, wenn sie sich vor eitler Ruhmsucht fürchten, können sie ihre Beyträge ganz insgeheim zur Armen-Casse geben; wollen sie aber Anderen mit erbaulichen Beyspielen vorleuchten, so stehet ihnen auch der Weg offen, dieselben nach Belieben oft sichtbar abzureichen. Zweytens werden sie durch den Ungestüm der Bettler nicht mehr zu jener Ungedult gereitzet, die sonst ihrem Almosen Werth und Verdienst benommen hatte. Sie üben ferner die Liebe nicht so unvorsichtig aus, daß der nächste beste Bettler den Bissen des Würdigern bekomme, ... nicht so leidenschaftlich, daß eine sinnliche Vorliebe oder Abneigung gegen arme Personen dem Almosen Ordnung und Maß bestimme, ... nicht so sündhaft, daß offenbar unwürdige Arme in ihrem Müßiggange und Lasterleben geheget werden: — sondern Jeder ist versichert, daß sein Almosen auf die verdienstlichste Art gegeben, und auf die vollkommenste

verwendet

verwendet wird. Scheint also gleichwohl ihre Freyheit im Almosengeben etwas eingeschränket zu seyn, wie sie aus Vorurtheil klagen könnten; so ist es nur, muß man ihnen antworten, der üble Gebrauch derselben, der bisher mehr Schaden, als Vortheil für Kirche und Staat gebracht hat. Uebrigens aber sey es vermöge der Armenanstalt Niemanden verbothen, sich selbst würdige Arme auszuwählen, oder noch besser, sich solche von der Armen-Commission anweisen zu lassen, an denen er seine Christenliebe unmittelbar ausüben könne: nur müsse er nach den Regeln der Armen-Polizey sich hüthen, auf Straßen und am Hause öffentliches Almosen abzugeben, oder irgend einen unwürdigen Bettler zur Last und Unehre des Staates in Schutz zu nehmen.

3) Dieß ist der Unterricht von der Absicht und Nützlichkeit der Armenanstalten, den ein Seelsorger gelegenheitlich und stückweise, öffentlich und privat seinen Pfarruntergebenen vortragen kann. Allein man muß zuletzt jedes Mahl für sie den **praktischen Schluß**, auf welchen allein das ganze Wesen abzwecket, zu folgern wissen, daß sie nämlich alles Mißtrauen auf das Armen-Institut bey Seite, und an dessen Stelle ein ganz verdachtloses Zutrauen auf dasselbe setzen sollen. Und wenn denn nun das Institut so zuverlässig gut sey, so müsse ihnen von allen Seiten her die Billigkeit einleuchten, an solchen heilsamen Anstalten den thätigsten und gemeinschaftlichsten Antheil zu nehmen. Nichts sey dem Lichte der Vernunft und den echten Grundsätzen des Evangeliums mehr angemessen, als dieses Institut und dessen allgemeine Beförderung durch Christen und Bürger.

Endlich muß man ihnen noch ganz besonders und hauptsächlich dieses einprägen: so wenig das Armen-Institut für sich allein und ohne ihre Mitwirkung die

erwähnten

fünfte Frage.

erwähnten Vortheile gewähren könne, eben so wenig, und noch viel weniger dürfe diese Mitwirkung der Bürger in bloß materiellen Beysteuern und Almosengaben bestehen: sondern dieselbe müsse sich auch dahin vorzüglich erstrecken, durch andere Handlungen, besonders durch Beförderung der Moralität und Industrie, die Anzahl und die Bedürfnisse der Armen zu vermindern. Dieß sey der Hauptzweck des Institutes, und die Hauptquelle von allen jenen gesegneten Früchten, die sich Land und Leute von demselben versprechen können. An dieser Vorstellung ist so viel gelegen, daß ich einen neuen Zweig des Unterrichtes aus ihr mache.

§. II.

Zweytes Mittel: dem Volke muß die Art der Mitwirkung, und jede Gelegenheit dazu gezeiget werden. 1) **Allgemeine Vorstellungen an die Bürger über diese Mitwirkungsart.** 2) **Besondere Vorstellungen darüber.** 3) **Vorstellung an das Volk, recht gemeinschaftlich mitzuwirken und Theil daran zu nehmen.**

Dieß ist also der darauf folgende zweyte Weg, auf den der Seelsorger seine Pfargemeinde führen muß, daß er ihr die Art, mit den Armenanstalten thätig mitzuwirken, sammt den verschiedenen Mitteln und Gelegenheiten, die sie dazu in Händen hat, offenbare. Wem es vielleicht nicht ganz gefiel, daß der vorher gehende Unterricht von dem Nutzen des Institutes so weitläufig entworfen war, der wird mir es jetzt zu Gute halten, wenn er erwägt, wie vielerley Beweise und Beweggründe man vonnöthen habe, um Landleute so weit zu vermögen, bis sie sich nebst dem Almosen auch noch andere Verwendungen für den Armenstand gefallen lassen.

Man

1) Man gebe ihnen also erstens einen gründlichen Begriff von der Nothwendigkeit, die Armuth nicht nur zu verpflegen, sondern auch zu vermindern, und ins künftige zu verhüthen (nach S. 104-111). Alsdann mache man ihnen jene **Vorstellungen**, die (S. 171-180) über die Verminderung und Verhüthung des Armenstandes, über die Beförderung der Moralität und Industrie desselben, sind gegeben worden. Sie können und müssen hier bey Gelegenheit des Armen-Institutes den Bürgern ganz vorzüglich eingepräget werden. Aber nur dieß muß man ihnen, so oft es Zeit und Ort erlauben, recht einleuchtend und glaublich darstellen, daß dergleichen Mittel, den Armenstand zu verbessern, zu vermindern, zu verhüthen, seine Moralität und Industrie zu befördern, wirklich in dem Vermögen der Mitbürger stehen, und daß sich unzählige Gelegenheiten dazu das Jahr hindurch darbiethen. Denn wenn der Mensch eine Pflicht umgehen will, (und als Pflicht habe ich dieß alles längst schon bey der zweyten Frage des zweyten Theils dargethan) so ist dieß seine erste und willkommenste Ausnahme, daß er entweder keine Kräfte dazu oder keine Gelegenheiten zu haben glaubet. Es soll sich nur ein Jeder diesen Geist und Endzweck des Armen-Institutes recht tief zu Herzen fassen, damit er das, was irgend einen Bezug auf das Armenwesen hat, nicht mehr so kaltblütig ansehe; so wird er gewiß an und außer sich Mittel und Gelegenheiten genug zur Mitwirkung antreffen.

A) Was ist z. B. in Rücksicht auf **Moralität** und **Industrie** der Armen, einem Bürger ein leichteres und allgemeineres Beförderungsmittel, als wenn er die sittlichen oder bürgerlichen Laster eines Armen, die ihm gewiß oft ins Auge fallen, bey irgend einem Commissions-Gliede anzeiget. Befürchtet er an einer Person oder Familie eine neue Verarmung, oder sind

Fünfte Frage.

ihm gesunde Vorschläge für das Armenwesen bekannt; so stehet ihm ja immer dieser allgemeine Weg offen. Glaubet ein Seelsorger seinen Gemeindegliedern da und dort gewisse Puncte der Moralität und Industrie, die sich an den Armen leicht bemerken lassen, erklären zu können; so findet er deren genug oben (S. 223 fgg.) und er trachte darnach, daß sie der Mitbürger, wenn er den Armen nicht selbst darüber warnen will, zum wenigsten anzeige. Solche Anzeigen wären doch immer besser, als wenn Gemeindeglieder unberufen beysammen sitzen, und allerhand unnütze Klagen über das Armenwesen sich einander zu erzählen wissen, wobey nicht so wohl die Armen, die das Klagen veranlassen, als das Institut selbst an seinem Credite geschmälert wird.

B) Besonders aber könnten sich darüber die Gemeindeglieder in feyerigen Stunden mit Nutzen berathschlagen, wie die Armen des Ortes am besten und hinlänglichsten zu beschäftigen wären. Man versichere sie, die Sache sey nicht so unmöglich, wie sie sichs vorstellen, und eine Gemeinde wolle sich nur nicht daran wagen, weil sie entweder die Hinlänglichkeit ihrer Kräfte, oder die Gelegenheiten hierzu nicht erforsche. Gingen sie mit Einhälligkeit zu Werke, und harreten sie standhaft aus, so würde auch eine kleine Gemeinde große Dinge auswirken. So lange nur Jeden sein Eigennutz, aber keine Liebe für die gemeine Wohlfahrt und für das Beste der Armen belebe; so lange ein unthätiges, unschlüssiges Wesen, oder gar eine leidige Entschlossenheit, der Sache ihren Lauf zu lassen, in den Gemüthern herrsche, werde freylich mit der Industrie und Beschäftigung der Ortsarmen nie etwas zu Stande kommen. Aber man überlege einmahl die Fähigkeit und Umstände der Gemeinde, die Lage des Ortes, seinen Handel und sein Gewerbe mit benachbarten Ortschaften, seine Nahrungsquellen, den

Feldbau, das Bedürfniß an Tagelöhnern, das Verdienst auf dem Flusse, in Waldungen und unzählige andere Beschaffenheiten: — schadenfrohe Störer lasse man nicht zur Stimme kommen, und boßhaften oder dummen Schreyern gebe man kein Gehör: — gewiß werden die Bürger zur Beschäftigung der Armen Mittel in ihrer Gemeinde vorfinden.

2) Nebst solchen allgemeinen Vorstellungen muß der Geistliche seiner Pfarrgemeinde auch durch einige **besondere** den Weg zeigen, wie sie etwas **bestimmter und unmittelbarer** zur Moralität und Industrie ihrer Ortsarmen **mitwirken** könne.

Und ist es nicht in der That für jeden Bürger etwas gar Leichtes, daß er sich einen **Armen**, — sollte es gleichwohl nur ein einziger, ein Nachbar, ein Bekannter seyn, — nach Belieben **wähle**, den er durch **geselligen Umgang**, *) dessen sich auch der Reichste nicht schämen darf, durch brüderliches Mahnen und Warnen, durch sittliche und politische Belehrungen in dem Geleise christlicher und bürgerlicher Pflichten mit sich fortführe. Etwas Leichtes ist es, daß er einem solchen Armen in Rücksicht seiner häuslichen Umstände mit guten Räthen und Anschlägen zur besseren Wirthschaft an die Hand gehe, und ihm Muth und Thätigkeit einspreche. Ja, wie mancher Bürger hat nicht so viele Zeit und Geschicklichkeit, daß er gleichsam den Vormund an einem Armen machen könnte, der nicht so wohl aus Trägheit, als aus Verzweiflung wegen trostloser Aussicht seine öde Werkstätte geschlossen, die Handwerkszeuge verstreuet, verloren hat, oder der sein Stückchen Feldgut ungebauet liegen läßt? **) Die Armen-Commission wird einen so patriotischen Bürger gar gern in diesem Geschäfte unterstützen.

Eben

---

*) Jak. II, 1 bis 6.
**) S. 222. und S. 226. fgg.

fünfte Frage.

Eben so wenig Geld und Mühe kostet es einem Bemittelten, wenn er den Lohn, den er jährlich für andere, und oft für auswärtige Arbeiter aus fremden Ortschaften zahlet, hinführo durch die Ortsarmen verdienen läßt, indem er sie zu seinen Tagelöhnern oder Dienstbothen anstellet, oder ihnen bey anderen Leuten irgend eine Arbeit durch seine Empfehlung verschaffet. Durch diese geringe Mitwirkung erwirbt er sich das große Verdienst, daß Arme von Müßiggang und Sünden abgehalten, und dazu noch sogar mit Nutzen der Gemeinde ernähret werden. Jener Seelsorger wird da der Beredteste seyn, welcher in diesem Stücke so mit seinem Beyspiele voran gehet, daß er sich bey der Ueberredung Anderer darauf berufen kann.

Was für Verlust kann der Handwerksmann dabey haben, wenn er, anstatt anderer oder fremder Knaben, einen aus der armen Jugend seines Ortes zu sich in die Lehre nimmt, und denselben so lange über die gesetzten Lehrjahre ohne Lohn in seiner Arbeit stehen läßt, bis er das Lehrgeld zum Theile, oder wofern er ihm nichts daran schenken will, bis er es ganz abverdienet hat.

Bey wohlhabendern Leuten kann der Geistliche den Ton etwas höher stimmen, besonders in Rücksicht auf arme Kinder. Da nämlich von derer frühzeitiger Anweisung zur Industrie und Sittlichkeit das künftige Schicksal des Armenstandes abhängt; so wäre dieß auf Seite der Bürger eine der fruchtbarsten Beförderungen des heilsamen Institutes, wenn ein wohl Bemittelter unter ihnen ein armes Kind in seine Verpflegung und Erziehung nähme: oder wenn ihrer zwey solches wechselweise thäten: wenn Beyde zusammen schößen, und das Kind auf ihre Kosten einem andern christlichen Hausvater übergäben: wenn Einer dasselbe gleichwohl nur in die halbe Kost, oder gar nur in seine

Wohnung und Aufsicht übernähme. Ich kann nicht umhin, die schon oben gethane Frage zu wiederhohlen, was dergleichen Leute thun könnten und müßten, und auch wirklich thäten, wenn Gott ihren Ehestand bey einem weit geringeren Vermögen mit diesem Kinde gesegnet hätte, wenn sie ein Kind mehr gezeuget hätten, wenn ihnen Eines weniger gestorben wäre. Fürchten sie jedoch einen Schaden; so können sie ja das Pflegekind nach einer Zeit, wo es zum Arbeiten brauchbar seyn wird, mit Genehmigung der Armen-Commission in unentgeldlichen Diensten behalten, und das, was es genossen, wieder in etwas abverdienen lassen. Zum Vortrage über mehrere einzelne Beförderungsmittel, besonders für diese mehr bemittelte Bürger-Classe, findet man oben S. 171 fgg hinlänglichen Stoff.

B) Bey dem bisherigen Unterrichte über das Armen-Institut, und bey diesen Vorstellungen zur Theilnehmung an demselben, darf der Seelsorger das weibliche Geschlecht nicht schlechterdings übergehen. Zwar sind die bisherigen Gründe zum Theile über den Horizont des weiblichen Geschlechtes auf dem Lande erhaben, und man brauchet ihnen vielleicht nur dieses recht mit Wärme vorzutragen, daß dergleichen Verwendungen für den Armenstand und dessen Institut die vorzüglichste Gattung des Almosens und der christlichen Liebe sey. Allein manches kluge und gottselige Weib kann seinen Gatten viel leichter, als jeder Andere, und doch weit vollkommener zu einem oder dem anderen Beförderungswerke der Armenanstalt vermögen. Denn weibliche Herzen werden leichter beweget, und bewegen wieder leichter: und auch in der Armensache sind durch diese Triebfeder schon große Werke in der Welt zum Vorscheine gekommen. Ferner ist es oft den Hausmüttern allein überlassen, welche Leute sie zu Tagelöhnern anstellen, was sie für Mägde dingen, wem sie die

Spinn-

Spinnarbeit, und andere weibliche Sommer- oder Wintergeschäfte übergeben wollen. Endlich sind Frauen die schicklichsten Personen zur Aufnahme und Erziehung armer Mädchen, und selbst zur Verbesserung armer Hausmütter und lediger Weibsperfonen.

C) Noch tiefer muß ein Seelsorger, wenn er Nichts unversucht lassen will, die in dieser Beantwortung angegebene Volkslehre nach dem Begriffe und der Fähigkeit der **heran wachsenden Jugend** herunter stimmen, und sie abzukürzen wissen, damit sie in der christlichen Lehre so wohl, als in der Schule, nicht nur durch seine Person, sondern auch durch den Schullehrer den noch unbefangenen Gemüthern eingepflanzet werde. Hierdurch wird auch die erst auffeimende Gemeinde in die nothwendigen Kenntnisse einer Armenverbesserung schon eingeweihet, und vorläufig schon dazu geneigt gemacht. Ich zweifle nicht, daß diese kleine Mühe sich sehr reichlich lohnen werde: denn dieß ist ein untriegliches Mittel, wodurch die Abneigung einer Gemeinde gegen das Armen-Institut endlich ganz und gar absterben, und dafür eine allgemeine Theilnehmung an demselben hervor sprossen muß.

3) Ein Seelsorger, der die locale, personale, und andere Umstände, auf die gemeiniglich sehr Vieles ankommt, unter seinem Volke zu benutzen weiß, der wird ganz gewiß daraus noch weit mehrere einzelne Arten, und bestimmtere Gelegenheiten, als ich hier insbesondere angeben kann, entdecken, die er seinen Gemeindegliedern als Mittel vortragen kann, zur Moralität und Industrie der Ortsarmen mitzuwirken, und überhaupt an dem Institute einen thätigen Antheil zu nehmen.

Aber das Meiste von dem allen hängt von diesem Grundsatze ab: — und wenn nur dieser einmahl die Gemeinde recht innig durchdrungen hat! — Das Armen-

Institut sey nämlich keine von dem Volke abgesonderte Sache, sondern ein zusammen hangendes Trieb- und Gangwerk, welches in die Glieder der Gemeinde so gemeinschaftlich eingreife, daß es weder für sich allein, noch nur von einem und dem andern Bürger in Gang gebracht, sondern bloß mit vereinten Kräften betrieben werden müsse. Kein Seelsorger darf sich zwar schmeicheln, alle Pfarrgenossen ohne Ausnahme für die gute Sache gewinnen zu können: denn wo ist dieß jemahls geschehen? Allein eben so wenig darf er daran verzweifeln, daß er nicht die besten, und vielleicht auch nach und nach die meisten auf diese Seite bringen werde. Seiner Kenntniß gemäß also, die er von der Verschiedenheit der Personen, ihrer Charaktere und Umstände hat, wird er mit Klugheit ermessen, wer nach den Mitgliedern seiner Armen-Commission diejenigen noch seyn mögen, an denen sein Unterricht am ersten und besten gedeihen könne, damit durch das Beyspiel dieser Erstern die Bahn in die Herzen der Uebrigen gebrochen werde.

Ich setze jedoch dem Seelsorger eine Vorstellung an das Volk hierher, die vielleicht dasselbe eher dahin bringt, gemeinschaftlich und mit vereinten Kräften zur Pflegung und Verhüthung der Armuth mitzuwirken. Jedermann weiß, in was für einem großen, oft nur allzu sehr übertriebenen und übel verstandenen Werthe beym gemeinen Volke die geistlichen Brüderschaften stehen. Kann man nun nicht mit allem Rechte dieß eine wahre christliche Brüderschaft für sie nennen, wenn sie sich als Glieder einer Pfarrgemeinde mit vereinigtem Bestreben für das Beste ihrer Ortsarmen verwenden würden? Selbst der Name eines Armen-Institutes, sage man, scheine dieses zu verrathen, und es sey nicht ohne Absicht beliebt worden, unseren Armenanstalten auch öfters die Benennung

eines

fünfte Frage.

eines Institutes, welches gemeiniglich ein religiöses Gesellschaftsverbündniß anzeigt, beyzulegen: in berühmten Städten gebe es auch wirklich verbundene Gesellschaften von Christen, die sich die **Brüderschaft der Nächstenliebe** nennen, und die Beförderung der Wohlfahrt des Armenstandes zum Zwecke haben. Wenn also doch das gemeine Volk für fromme Brüderschaften eingenommen ist; so zeige man ihm, daß unser Armen-Institut wahrhaft eine Königinn über alle Brüderschaften und Erzbrüderschaften ist. Ich sage nicht, daß man diese geistlichen Verbrüderungen unter ihren Werth vor dem Volke herab setzen solle: sondern von eben diesem Werthe soll man die Schlußfolge ausgehen lassen, daß in einer christlichen Gemeinde das Armen-Institut für eine ohne Vergleich vortrefflichere Brüderschaft gelten müsse. Alle die übrigen Verbrüderungen, so gottselig sie auch seyn mögen, haben Menschen zu Urhebern: diese aber ist von Gott unmittelbar gestiftet, und von seinem Sohne Jesu Christo erneuert, weil es die Brüderschaft der Liebe ist. **An dem, spricht er, sollen Alle erkennen, daß ihr meine Jünger seyd, wenn ihr gegen einander die Liebe habet.** Dieß nennet er sein Geboth, ein neues Geboth. *)... Jene sind allmählich in der Kirche entstanden; diese ist so alt, als die Kirche und der alte Bund selbst; ja sie hat ihren Grund in der menschlichen Natur, ihren Anfang mit dem Leben der zwey ersten Menschen und mit dem Ursprunge der Religion genommen. Sie ist nicht, wie andere Brüderschaften, in der Religion etwas Zufälliges, nicht der Gefahr vieler Mißbräuche, Scheinandachten, und falscher Begeisterungen ausgesetzt, die nur in Unthätigkeit verrauchen, und der Eigenliebe oft mehr schmeicheln, als Einhalt thun: sondern sie ist selbst wahres praktisches

*) Joh. XIII, 34. 35. und XV, 12.

isches Christenthum, reine Religion, und echter Gottesdienst,*) und sie führet ohne Umschweife und Nebenwege allernächst zu unserer ewigen Bestimmung. Durch alle mögliche Brüderschaften kann man weder ein Christ, noch ein Erbe des Himmels ohne die Brüderschaft einer thätigen Liebe werden; aber man kann durch diese einzige seinen Namen in das Buch des Lebens einschreiben, ob er gleich sonst nirgends geschrieben steht.

Wie allgemein sollte also nicht eine christliche Pfarrgemeinde dazu überein stimmen, sich um die Wohlfahrt ihrer armen Mitbürger gemeinschaftlich zu bestreben? Denn das Nothwendige und Wesentliche in der Religion muß doch immer denjenigen Andachten vorgehen, die nur willkührlich sind, an denen man wenig verliert, und nichts bey Gott zu verantworten hat. Was für ein herrliches Schauspiel aber müßte es vor Gott und der Welt um eine Pfarrgemeinde seyn, worin sich Jedermann ein Geschäft daraus machte, das Wohl des Armenstandes nicht nur durch materielle Gaben des Almosens, sondern auch durch so mannigfaltige andere Arten, wovon ich vorher gehandelt habe, als durch eben so viele Liebesdienste zu befördern? Dieß muß in der That einen Seelsorger anreitzen, seinen Pfarrgenossen öfters und anhaltend die hier angegebenen Gedanken zur ausführlichen Betrachtung vorzustellen, damit sie das Armen-Institut wie eine gemeinsame Brüderschaft ansehen, und sie als die Vornehmste aller Verbrüderungen gemeinschaftlich unter sich halten. Sie sollen es eben nicht für nöthig achten, ihr gleich andern Brüderschaften eine gewisse Einsetzung und geistliche Gestalt, gewisse Privilegien und Feyerlichkeiten zu geben, indem sie längst schon, wie gesagt, ihre unmittelbare Stiftung von Gott, und ihre Privilegien von Christo habe.

---
*) Jak. I, 27. und II, 15. 16.

fünfte Frage.

habe. Desto mehr halte sie an innerem Werthe, je weniger sie von außen Glänzendes und Rauschendes bey sich führe.

§. III.

Das dritte Mittel: der Seelsorger muß sich bey dem Volke gewisse besondere Gelegenheiten zu Nutzen machen. Wie dieß geschehen könne 1) im Beichtstuhle, 2) bey außerordentlichen Zufällen, 3) bey Vermächtnissen.

Nachdem nun der Unterricht als ein etwas allgemeineres Mittel vorgeschlagen ist; so eröffne ich einen dritten Weg, welcher darin besteht, daß sich der Seelsorger unter seinen Pfarrgenossen gewisse besondere **Gelegenheiten zur wirklichen Ausübung** solcher Belehrungen zu Nutzen mache.

1) Eine solche Gelegenheit gibt erstlich der **Beichtstuhl**. Denn da man ohnehin dem christlichen Volke predigen muß, daß die Bußwerke, welche heut zu Tage in der Beicht auferleget werden, zur Austilgung zeitlicher Sündenstrafen unmöglich allein und allezeit erklecken können; so ist gewiß der Beichtstuhl der füglichste Ort dazu, die Beförderungswerke für das Armen-Institut den Bußern als wahre Buße- und Versöhnungswerke zu empfehlen. Weil doch gute Landleute immer darüber klagen, daß sie ihrer vielen und schweren Arbeiten halber dem Gebethe wenig obliegen, beym Fasten aber nicht bestehen können; so dürfen sie sicher glauben, für ihre Schulden und Strafen keine kräftigere Genugthuung zu leisten, als wenn sie sich für das Armenwesen Theils durch standesmäßiges Almosen, Theils durch andere Mitwirkung, deren Jedermann, welcher auch kein Almosen geben kann, fähig ist, aus reiner Christenliebe verwenden. Gründe und Belege zu dieser Wahrheit können einem Geistlichen nicht unbekannt

bekannt seyn, und sind auch zum Theile schon zuweilen besonders S. 180 — 183. und S. 185 — 191. vorgekommen. Den Beichtenden aber nebst dem Almosen dergleichen Werke zur Buße und als eine sacramentalische Genugthuung aufzulegen, scheint für den Gewissensrichter nicht eher räthlich zu seyn, als bis einmahl das Volk für die Armenanstalten eingenommen, oder wenigstens daran gewöhnet ist: es sey denn, daß man von einzelnen Personen, die in den Beichtstuhl kommen, schon überzeugt wäre. Die Ursache hiervon kann jeder Geistliche errathen, wenn er sich erinnert, daß dieser Ort der Zuflucht nie einen Stein des Anstoßes haben dürfe. Uebrigens verdienet zu meiner Absicht eine treffliche Stelle in der Dogmatik des Natalis Alexander nachgeschlagen zu werden. *)

2) Zweytens ergibt sich die Gelegenheit bey außerordentlichen Zufällen. — Sind diese öffentlich und allgemein, z. B. ansteckende Krankheiten oder Viehseuchen, ungedeihliche und Theuerung bedrohende Witterung, und andere, absonderlich erst bevorstehende Uebel oder allgemeine Gefahren: — ist es ein vaterländisches Freudenfest, das Dankfest eines ungewöhnlich fruchtbaren Jahres, oder sonst einer öffentlichen Wohlthat des Himmels; ist es ein ausgeschriebenes Jubiläum der christlichen Kirche, eine von dem Bischofe angeordnete Mission oder öffentliche Bußwoche, u. dergl. : — so kann der Geistliche zur Almosensteuer, oder zu anderen Begünstigungen des Armenwesens als zu eben so vielen Versöhn- und Dankopfern die Pfarrgemeinde entweder in einer Stelle der Predigt selbst, oder doch nach geendigter Predigt auffordern: und im letzten Falle kann er die drey Missions-Prediger selbst ersuchen, dieses zu thuen. Der berühmte Almosen-

*) III B. 18. Art.

fünfte Frage.

mosenprediger Johannes Chryſoſtomus trug kein
Bedenken, ſeinen Zuhörern anzurathen, von einer
Woche zur anderen etwas zum Almoſen beyſeit zu
legen, es als ein fremdes Eigenthum zuſammen zu
ſparen, und ſodann an hohen Feſttagen die hinterlegt=
en Portionen in den Armenkaſten, oder in die Hand
des Einnehmers zu opfern. Dieſes ſtimmet genau mit
der apoſtoliſchen Anordnung überein, welche der h.
Paulus in ſeinen Kirchen zu Korinthus und Galatien
getroffen hatte. *) Und daß noch heutiges Tages in
den meiſten Landkirchen der ſo genannte Klingelbeutel
zu Ende des feyerlichen Altar=Gottesdienſtes herum
gelanget wird, was iſt dieß anderes, als ein Ueber=
bleibſel jener uralten Sammlungen, die zum Unterhalte
der Gotteshäuſer, Prieſter, und beſonders der Arm=
en unter dem feſttägigen Gottesdienſte angeſtellet
wurden? Mit ſolchen Urkunden muß man das Volk
bekannt machen: ſie ſind überaus geſchickt, den Geiſt=
lichen in ſeinem Geſuche zu rechtfertigen, und das
menſchliche Herz, welches alte Gebräuche ehret, zu ge=
winnen.

Sind es aber **Privat=Zufälle**, die gewiſſe Fa=
milien oder Perſonen betreffen, z.B. der lang' erwünſchte
und gute Ausgang einer wichtigen Angelegenheit, eine
reiche Erbſchaft, ein großes Glück im Hauſe und in
der Freundſchaft; im Gegentheile ein ſchweres Anlieg=
en, die Erkrankung des Hausvaters, gefährliche Ge=
burt, ein Todesfall, u ſ. w. — ſo brauchet der Geiſt=
liche kaum mehr als eine bloße Erinnerung vom Al=
moſen zu machen, um das Herz gefällig zu ſtimmen.
Dergleichen Privat=Zufälle ſind zahllos, die man,
weil ſie in einer öffentlichen Schrift zu klein lauten, ohne
Gefahr, lächerlich zu werden, nicht hierher ſetzen kann.
Nichts deſto weniger kommen ſie in dem praktiſchen Leben
einem

---

*) 1. Kor. XVI, 1. 2. 3.

einem für die Armensache eifernden Seelsorger, wenigstens auf den Landortschaften, ungemein gut zu Statten. Ich glaube auch nicht, den Vorwurf befürchten zu müssen, daß dieß eine der pharisäischen Priesterkünste sey, den Einfältigen das Geld abzulocken: nein, es ist bekannt, daß die gutmüthigen Landleute in solchen Fällen bennahe allezeit und ohne alle fremde Erinnerung ein Opfer bringen, oder wenigstens eines geloben. Es kommt also nur darauf an, daß ein Seelsorger weise und uneigennützig genug ist, solchen guten Neigungen seiner Christen die bessere Richtung zu dem Armen-Institute zu geben. Wenn mir nicht ein Freund den Finger auf den Mund legte, so könnte ich diese Stelle mit Thatsachen belegen, die sich seit der kurzen Errichtung unserer Landarmen-Polizey zugetragen haben, und welche die vorgetragene Wahrheit auffallend bestätigen.

Ein Gleiches gilt von der Gelegenheit bey **Sterbefällen, Testamenten, Legaten.** Denn was ist leichter, als den guten Willen eines Sterbenden, welcher sich doch einmahl von selbst zu frommen Vermächtnissen entschlossen hat, von Nebensachen, die uns frey gelassen sind, auf die nothwendige Pflicht der Armenliebe, und auf ihre beste Ausübungsart dem Institute gemäß hin zu lenken. Es läßt sich, ohne deßwegen anderen geistlichen Stiftungen ihren Werth zu benehmen, dem Christen ganz unanstößig erklären, daß dieselben heut zu Tage der Religion, dem Wohle der Kirche und des Vaterlandes lange nicht mehr so zuträglich, wenigstens viel entbehrlicher seyen, als in vorigen Zeiten, wo die Anzahl von Kirchen und Priestern viel geringer, und der Gottesdienst nicht so häufig war: hingegen seyen Stiftungen für Arme den Bedürfnissen der gegenwärtigen Zeiten und Umstände desto angemeßner, je dringender das Elend der Armen, die als lebendige

Tempel

fünfte Frage.

Tempel Christi anzusehen sind, in Vergleichung mit der Armuth unserer Gotteshäuser ist. Ohne Anstoß, sage ich, kann man den christlichen Stifter belehren, daß es in unseren Tagen fast Noth habe, längst gemachte Kirchenstiftungen in einen Armen-Fond zu verwandeln: daß beyde vor Zeiten auch wirklich nur einerley Casse ausgemacht, und die Christen damahls weder Stiftungen noch Handöpfer an Kirchen und Priester ohne die besondere Absicht, auch die Armen davon zu unterhalten, entrichtet haben: daß die gelehrtesten Kirchenväter, Männer von bewährter Heiligkeit, gegen Vermächtnisse, die man mit Hintansetzung der Armen in die Kirchen stiftet, schon zu ihrer Zeit geeifert haben. Das vortrefflichste Muster hiervon hat uns **Chrysostomus** in seinen Homilien hinterlassen. *) Ein Geistlicher, welcher der Wahrheit mehr, als seinem Eigennutze huldiget, weiß hier den Vorzug des Almosenopfers mit mehreren bescheidenen Gründen so anzupreisen, daß der Stifter wenigstens die Hälfte oder einen Theil des Legates dem Armen-Institute widmet. Hierdurch wird erstlich der Armen-Fond erhöhet, dann auch anderen Mitbürgern ein Beyspiel gegeben, und endlich Allen eine neue Hochschätzung für das Institut beygebracht. *Wir müssen nie etwas für uns begehren, schreibt Hieronymus als ein Priester, und müssen, was uns angetragen wird, nicht allezeit annehmen.* **) **Muratori** hat in seinem Werke von der Liebe des Nächsten diese Materie, auch in Betreff der Meßgelder, eben so weitschichtig als gelehrt abgehandelt, und kann hier zur größten Erbauung nachgeschlagen werden. ***)

Viertes

---

*) Homil. LI, über Matth.
**) Br. an Nepot.
***) I. Th. 8 bis 15 Abschn.

§. IV.

Viertes Mittel: des Seelsorgers eigenes Beyspiel: 1) worin sich dasselbe äußern, 2) wie viel es wirken könne.

Von dem Beyspiele eines Seelsorgers in Verbesserung des Zustandes der Armen ist in dieser Schrift hier und da schon so viel gemeldet worden, daß eine neue Erinnerung beynahe überflüssig schiene, wenn nicht hier der eigentlichste Platz dazu wäre. Es ist offenbar, daß dieses ein unentbehrliches Mittel ist, das Pfarrvolk zu einer gemeinsameren Theilnehmung an den Armenanstalten zu vermögen. Allein man muß verstehen, von welchem Beyspiele ich hier rede. Denn alles, was bis hierher für den Seelsorger ist abgehandelt worden, bestehet in solchen Handlungen, die dem Volke nur Beyspiele seiner Armenpflege sind, welche er nicht unmittelbar und in eigener Person, sondern vermittelst seiner Pfarrgenossen ausübet. Wenn nun aber ein Seelsorger das Wohl der Armen und des Institutes nur allein durch andere Leute betreiben will; so wird ein solches Beyspiel seine Pfarruntergebenen mehr erbittern, und von dem Zwecke entfernen, als zur Nachfolge antreiben, weil sie ihn dasjenige nicht selbst für die Armen thun sehen, was er doch von ihnen als Weltleuten gethan haben will. Obschon nämlich seine übrigen Beförderungsanstalten für das Armenwesen einen weit größeren Werth haben; so wissen sie doch dieselben niemahls so hoch anzuschlagen, als die geringste schöne That, die sie von ihm unmittelbar an einem Armen ausgeübet sehen. Will also der Geistliche mit allen anderen Bemühungen nicht umsonst arbeiten, so bestehet das Beyspiel, welches ich hier will verstanden haben, und womit er seine Gemeindeglieder anlocken soll, eigentlich in dem, daß sie eben jene Mitwirkungen

ungen zum Armen=Institute, die er von ihnen verlangt, auch öfters von ihm selbst unmittelbar und persönlich ausüben sehen. Ich brauche solche Handlungen nicht mehr zu nennen: es wäre bloß Wiederhohlung. Meine Absicht hier ist nur, zu sagen, daß der Geistliche sie erstlich selbst fleißig ausüben, und auch suchen müsse, die geringsten derselben vor den Augen seiner Untergebenen sehen, oder durch was immer für anständige Wege im Pfarrspiele bekannt werden zu lassen. Sein geistlicher Charakter ist übrigens so weit Bürge dafür, daß sein Auge einfältig genug seyn werde, um nach der bekannten Regel des h. Gregorius*) seine Werke so unter das Publicum kommen zu lassen, daß er der Absicht, für Gott allein zu wirken, und ihm allein zu gefallen, entspreche. Paulus trug bey einer unglaublichen Demuth kein Bedenken, in gewissen Umständen seine Thaten zu rühmen, und die Gläubigen zu seiner Nachahmung mündlich aufzufordern. **)

1) Zum Versuche führe ich nur einen und den andern Punct an, worin sich das Beyspiel des Seelsorgers äußern kann.

Was das Almosengeben betrifft, so gibt jetzt gewiß jeder Seelsorger, nur allein in Anbetracht des ehemahligen ganz erstaunlichen Bettellaufens an die Pfarrhöfe, gar gern einen solchen Beytrag, der in der Gemeinde bekannt zu werden verdient, und jeden Bürger erbauen kann. Rechne ich erst jenes Almosen hinzu, welches vorher der Geistliche nicht am Fenster und vor der Thür, sondern vermuthlich insgeheim verspendet hatte, so bleibt mir kein Zweifel übrig, daß dieß, wenn es laut wird, ein sehr reitzendes Beyspiel für die Pfarrgenossen abgebe.

Wie

---

*) Homil. XI. über die Evang.
**) 2 Kor XI, XII. — 1 Kor. XI, 1. — Apost. Gesch. XX. 35. — 2 Thessal. III. 7. 8. 9.

Wie anzüglich aber muß nicht das für sie in Beziehung auf **Moralität** des Armenstandes seyn, wenn sie in der Kirche während der Christenlehre, und in den öffentlichen Schulprüfungen sehen, daß ihr Seelsorger bey der kleinen und großen Armenjugend eben so sehr auf gute Sitten und Unterricht, ja fast mehr, als bey den übrigen Lehrlingen dringe, und wenn sie dabey zuweilen so einen Ausdruck von ihm gegen arme Kinder hören: „euch Arme muß man doppelt weise und tugendhaft machen, weil dieß euer ganzer Reichthum, und der Mangel an dem euch und der Gemeinde doppelt schädlich ist"! — Ich setze, der Seelsorger habe an einem Sonn-oder Feyertage vor, mit den Ortsarmen eine kleine Unterredung, eine Nachfrage, oder sonst etwas zu halten: wie gut lautet es vielleicht, wenn er dieß in der Kirche verkündete, z. B. heute auf den Abend sollen die Armen in das Pfarrhaus kommen! Würden etwa nicht Einige nachfragen, was der Pfarrherr mit ihnen gemacht habe? und würden sie nicht daran ein stilles Beyspiel nehmen?

Ganz erbaulich muß es aber aussehen, wenn die Untergebenen bemerken, daß ihr Pfarrherr sich mit ihnen so genau von den Armen bespreche, und immer nach ihren Umständen erkundige: daß er sich fast nie so in seinem natürlichen Zirkel zu befinden scheine, als wenn er selbst mit den armen Leuten umgehen, und ihnen Rath, Ermahnung, Muth einsprechen könne.... Erbaulich, sage ich, wenn sie es beobachten, daß er seinen Arbeitslohn durch Arme des Ortes, um ihre Industrie zu befördern, verdienen lasse: daß er so gar zur Zeit, wo er ihnen Nichts zu verdienen geben könne, wie im Winter, für diesen und jenen Armen etwas Flachs, Werk, Wolle zum Spinnen ankaufe, solches auf seine Kosten weben, und hernach durch einen Ortsbürger nach Gelegenheit verkaufen lasse, und dann

nach

fünfte Frage.

nach Abzug seines ausgelegten Geldes den Ueberschuß unter die armen Spinnleute vertheile. Werden dergleichen Exempel nicht den meisten, oder doch den bessten Bürgern die Augen öffnen, und ihr Herz zur gemeinschaftlicheren Theilnehmung an den Armenanstalten aufschließen?

Was wird erst geschehen, wenn in der Folge unter den Armen selbst dieser oder jener wieder in bessere Umstände kommen, und es seinen Mitbürgern anpreisen wird, wie ihm der Seelsorger sein Almosen gleichsam verwaltet, die Anwendung desselben vorgeschrieben, seine Beschäftigungen angewiesen, und ihn also aus dem Stande der Dürftigkeit gezogen habe?... Eine andere Person wird in dem ganzen Orte zu erzählen wissen: da sie als ein armes Mädchen in Dienste sey gestellt worden, habe ihr der Seelsorger die Lehre gegeben, erstens so lange es möglich, bey eben demselben Herrn zu verbleiben, und zweytens ihren Lohn nicht für überflüssige Kleider an den Leib zu verschwenden. Durch das Erste habe sie so viel Vertrauen und Liebe im Hause gewonnen, daß ihr manches abgelegte Kleidungsstück geschenkt, mithin eben so viel an ihrem Lohne erspart worden sey: in Betreff des Zweyten habe sie von ihren 8 fl. Lohngelde nichts über die nöthigsten Auslagen heraus genommen; übrigens sey der Geistliche mit ihrem Hausherrn dafür besorgt gewesen, ihre z. B. 5 fl., die ihr jährlich am Lohne übrig blieben, auf Zinsen anzubringen. Auf solche Art habe sie in Zeit von zwey Jahren schon 10 fl. Kapital, und fürs dritte Jahr über ihre 8 Lohngulden schon einen ⅓ Zinsgulden Einkünfte gehabt. Dieß sey der Weg gewesen, wodurch sie in ihren Dienstjahren nebst einem überaus guten Rufe ein schönes Heyrathsgütchen zusammen gebracht, und nun durch Beydes ihre Versorgung gefunden habe,

Klett's Preisschrift.   U   welche

welche sie Niemanden, als ihrem Seelsorger, zu verdanken habe.

2) Ich frage nun aufs neue: da dergleichen unmittelbare Thatsachen eines Seelsorgers gegen die Armen sich in der Gemeinde ausbreiten; werden sie keine Nachfolger finden? kein allgemeineres Gefühl für das Wohl des Armenstandes und des Institutes rege machen? Man würde daran zweifeln können, wenn die Leute im Orte nicht schon aufmerksam auf das Armenwesen gemacht wären: da sie aber, wie hier voraus gesetzt wird, vermöge des entworfenen Unterrichtes und der übrigen Armenanstalten beständig zu einer solchen Theilnehmung an dem Armenwesen aufgefordert werden, so kann ich das eigene Beyspiel des Seelsorgers nicht anders, als wie den Keim betrachten, welcher den Unterricht befruchtet, mehrere gute Herzen belebet, und endlich eine gemeinschaftlichere Nachahmung und vereinte Mitwirkung erwecket. Die Nachahmung der gut Gesinnten aber wird sein Beyspiel bey Anderen unterstützen, wenn er sie unter das Volk auszustreuen, und dergestalt anzupreisen suchet, daß sie selbst der Same zu neuen Nachahmungen werden.

§. V.

Fünftes Mittel: der Seelsorger gewinne das Vertrauen des Volkes für die Verwaltung und die Verwalter des Institutes. Dieß geschiehet 1) durch Verhinderung übler Nachreden und des daraus entstehenden Mißtrauens gegen das Institut, 2) durch Veranstaltung einer Publicität der Armenpflege, 3) durch andere Vorträge zur Gewinnung des öffentlichen Vertrauens für das Institut überhaupt, und 4) besonders für das Personale der Armen-Commission, 5) durch

fünfte Frage.

Aufhebung gewisser dem Volke mißfälliger Beförderungsmittel.

Schon zu Anfange dieser Beantwortung habe ich die Nothwendigkeit gezeiget, dem Volke sein Mißtrauen gegen die Armenanstalten zu benehmen: meine Erinnerung ging aber nur so weit, als das Mißtrauen dem neu eingeführten Plane einer Armen-Polizey und den weltlichen Verordnungen vorläufig im Wege stehet. Indessen wenn auch wirklich die Nutzbarkeit davon in den Herzen schon anerkannt und beliebt ist, so kann doch gegen die eigentliche Verwaltung des Armen-Institutes noch ein mannigfaltiger Argwohn und übler Verdacht entstehen. Alsdann gebe man Unterricht, Beyspiel, und was sonst immer gut seyn mag. Der Seelsorger muß demnach dieß für ein sehr nothwendiges Mittel, eine gemeinschaftliche Armensorge zu bewirken, ansehen, daß er *für die wirkliche gute Verwaltung* und für die *Verwalter des Armen-Institutes das Vertrauen der Pfarrgemeinde*, so viel an ihm ist, völlig zu *gewinnen* suche.

1) Unglücklicher Weise finden sich immer Leute, welche *nachtheilige Reden* ausstreuen, das Armen-Institut werde untreu verwaltet, das Büchsengeld bey manchem Armen übel angelegt, oder insgeheim anders wohin verwendet, nur Schade sey es für das schöne Almosen, und für die anderen Beeiferungen der Bürgerschaft, das Institut selbst werde nicht lange Bestand halten, u. s. w. Ich habe in meine Ohren sagen hören, der Beamte, der Schuldheiß, die Gerichtsmänner und Deputirten zögen vom Geldalmosen den Lohn für ihre Mühe hinweg. Aus jedem Umstande wissen solche Schwätzer Argwohn und *Mißtrauen* zu erwecken, und sie bedenken nicht, daß, indem sie als Vertheidiger der Armuth auftreten wollen, sie selbst

die

die ärgsten Feinde derselben unter dem Volke sind. In der That kann die gemeinschaftliche Mitwirkung der Bürger durch Nichts so sehr hintertrieben werden. Solche Unholde ihrer Bosheit, oder ihres Leichtsinnes recht nachdrücklich im Gewissen zu überführen, bey öfterer Vergehung aber sie dem weltlichen Strafgerichte anzuzeigen, wäre freylich das Erste, was hier ein Seelsorger thun müßte, denn sie sind vor Gott und dem Staate wahrhafte Verbrecher. Allein hiermit ist dem Argwohne, der bey Vielen schon verbreitet seyn kann, noch nicht abgeholfen. Benebst gibt es auch minder böse Gemüther, die von selbst schwach genug sind und sich mit manchem Verdachte, den sie nicht von sich merken lassen, herum tragen. Ich habe deßwegen schon oben den Rath gegeben, daß der Geistliche durch die Aufsicht der Districts-Deputirten Kundschaft von den Gesinnungen einziehen solle, welche die Gemeindeglieder von der Verwaltung des Armenwesens hägen. Er muß also nicht allein den Verleumbern der Armen-Polizey den Mund stopfen, sondern auch beym übrigen Volke in dem öffentlichen und Privat-Unterrichte die üblen Nachreden widerlegen, argwöhnige Gedanken zerstreuen, und überhaupt allem Mißtrauen entgegen arbeiten.

2) Das Mittel aber, ein Volk für etwas zu gewinnen, bestehet nicht so wohl in einer bloßen Entfernung des Mißtrauens, als in der Gründung eines positiven Vertrauens. Dieses zu erwirken, suche der Seelsorger, so weit es auf seiner Seite geschehen kann, eine gewisse Publicität der Armen-Amtsverwaltung in dem Pfarrspiele zu veranstalten. Und hierzu mag es dienlich seyn, wenn er

A) alle Quartal-Sonntage von der Kanzel verkündiget, wie viel Almosen sich an außerordentlichen Beyträgen in dem Vierteljahre gesammelt habe:

*. B.

fünfte Frage.

z. B. in den aufgehängten, und in den bey Freuden-
versammlungen herum geschickten Büchsen, so auch an
Strafgeldern, Votiv-Schankungen, Vermächtnissen, ꝛc.
Jedoch verstehe ich diese Verkündung nicht von der gewöhnlichen Beysteuer, wozu sich jeder Bürger für das
Jahr erbiethet. Denn sie machet erstlich eine fixe Quantität aus: und da auf einem Landorte die Leute von sich
und ihren allerseitigen Umständen eine ganz genaue
Wissenschaft haben, so ist ihnen die gewöhnliche Beysteuer ihres Ortes so, wie das Deputat, welches die
ihnen gleichfalls bekannten Armen davon bekommen,
schon ziemlich bewußt. Aber dieses Bewußtseyns ungeachtet muß dennoch

B; der Geistliche als Mitvorsteher der Armen-
Commission darauf antragen, oder wo der Beamte ab-
wesend ist, selbst mit seinen Commissions-Collegen die
Verfügung treffen, daß jährlich an einem bestimmten
und vorher öffentlich anzukündenden Tage eine vollständige Berechnung der Armenpflege in den
Augen der ganzen Gemeinde vorgeleget werde. Der
Tag könnte vielleicht derselbe seyn, an dem jährlich die
Conscription der Armen sammt der Regulirung ihres
Almosens frisch vorgenommen, und jeder Bürger aufs
neue um die Quantität seiner Beysteuer befragt wird.
Doch müßte das Rechnungsverhör zuerst geschehen,
damit der gute Eindruck davon gleich bey der darauf
folgenden Befragung um den Beytrag auf die Bürger
seinen frischen Einfluß wirken möge. Zur fest gesetzten
Stunde läßt also der Schuldheiß das gewöhnliche
Versammlungszeichen mit der Gemeindeglocke geben;
wie wenn die gemeine Bürgerrechnung abgehöret wird.

Hier wird erstlich die fixe Einnahme und Ausgabe ganz, doch nur summarisch vorgelegt, das
ist: was alle Einwohner das Jahr hindurch überhaupt
an gewöhnlichen Almosen gegeben, und wie viel davon

alle Arme zu ihrem gewöhnlichen Deputate im Jahre empfangen haben. Wenn der Seelsorger im Anfange des Jahres den Pfleger bey der Armen-Conscription zu jener Almosen-Tabelle angeleitet hat, die oben §. V. der dritten Frage dieses zweyten Theils beschrieben ist, so geht diese Berechnung leicht vor sich: denn die Summe dieser Almosen-Tabelle ist nichts anders, als die ganze summarische Einnahme, und die Summe des durchgängig letzten Faches in der Conscriptions-Tabelle nichts anders, als die ganze summarische Ausgabe des **gewöhnlichen Almosens**, wenn nicht etwa das Deputat eines Armen unter dem Jahre abgeändert worden ist. Ja sey es auch, daß ein unruhiger Kopf eine mehr specifische Einsicht dieser Rechnung, — z. B. von Woche zu Woche, von einzelnen Personen, ꝛc. — verlangen sollte; so kann sie ihm der Pfleger nach dieser Methode und aus diesen zwey Tabellen auf der Stelle vor Gesichte legen. — Nach diesem werden die **ungewöhnlichen oder außerordentlichen Einnahmen**, dergleichen erst vorhin sind benennt worden, berechnet, wie auch die **ungewöhnlichen Ausgaben**, z. B. für jene Reisenden, und Handwerker, die nach den Gesetzen unserer Armen-Polizey zum Empfange eines Almosens geeigenschaftet sind, für Krankheitskosten, Werkzeuge zur Arbeit, für ein Kleidungsstück, Schulbuch, Aufdingegeld, Lehrgeld, für die Aufhülfe eines der Verarmung nahe gewesenen Einwohners, den man ohne seinen Nachtheil dießmahl noch nicht nennen könne, in bessern Umständen aber zur Entschädigung der Armen-Casse wieder anhalten werde; und so weiter für andere zufällige Bedürfnisse. Endlich wird dargelegt, ob dieses Jahr in der Casse etwas erübriget worden, was von ihrem Kapitale an Zinsen zu Folge der Einnahme-Rechnung eingegangen, und wie viel überhaupt der Fond gestiegen, oder gefallen sey.

Nach-

fünfte Frage.

C) Nachdem dieß geschehen ist, so nehme der Seelsorger das Wort, und befrage die anwesende ganze Gemeinde um ihr Gutachten über das, was ihnen an der Sache gefalle oder mißfalle: und dieß in solchen Mienen und Ausdrücken, woraus sie mit Zuversicht abnehmen können, daß man Niemand von diesem Werke ausschließe, vielweniger es als ein hinterlistiges Geheimniß behandle, sondern daß man es gern mit Jedermann theilen, und, so viel möglich, unter den Bürgern gemeinschaftlich machen wolle. Er fordere sie in einem gefälligen Tone auf, und bitte sogar, wer immer etwas wisse, wodurch das Institut nach besondern Local-und andern Umständen fernerhin könne befördert werden, der solle es ohne Scheu eröffnen, seine Anzeige werde sehr willkommen seyn, und ihm noch verdankt werden. Kurz: der Geistliche muß hier die Gemeinde fast auf eine Art gewinnen, wie ich oben (S. 203. 204.) von der vorläufigen Gunstwerbung der Commissions-Glieder gesagt habe. Denn so müssen die Bürger durch den Kitzel einer gewissen Freyheit, ihr Institut wie gemeinschaftlich behandeln zu können, zur patriotischen Vorliebe und Beförderung desselben angereitzet werden. Die Vorsteher indessen scheinen die Maschine nur von weitem zu lenken, ob sie gleich durch geheime Triebfedern ihrer Klugheit das Innerste derselben regieren. Nur in Landgemeinden hat eine Armen-Polizey das Glück, sich dieser vortrefflichen Art von Publicität freuen zu können: und ich zweifle gar nicht, daß sie zur gemeinschaftlichen Theilnehmung der Bürger viel wirksamer ist, als die, welche man in Städten nur allein durch öffentlichen Druck veranstalten kann.

3) Noch einige Vorträge werden hier nicht überflüssig da stehen, womit ein Seelsorger bey der erst genannten Rechnungs-Darlegung, Theils auch bey andern

eren Gelegenheiten um das öffentliche Vertrauen für das Institut werben kann. Er erkläre sich, es sey erstlich nicht bloß Erlaubniß, sondern der innigste Wunsch der Armen-Commission, daß jedes Gemeindeglied auch von demjenigen Wissenschaft haben möge, was während des Jahres die innige Verwaltung so, wie die äußere Betriebsamkeit des Institutes betrifft: denn man suche nichts, als das Beste, welches desto vollkommener erreichet werde, je Mehrere daran Theil nähmen. — Wenn demnach ein Bürger oder Ortsnachbar hier und dort bey einer monathlichen Sitzung zugegen zu seyn wünsche, so stehe ihm der freye Zutritt ungehindert offen: deßwegen sey der Deputations-Tag für jeden Monath fest gesetzt, und wo dieß nicht, so werde er öffentlich verkündet. — Sollte Jemand während des Jahres auf die Spur eines Fehlers kommen, worin die Deputirten sich versehen haben, oder gleichwohl die ganze Commission hintergangen worden sey; so werde man es ihm für ein Verdienst anrechnen, wenn er solches der Commission, oder einem Deputirten, oder nach Belieben etwa dem geistlichen Vorsteher insgeheim anzeige. Eben dieß müsse auch von anderen Bemerkungen verstanden werden, die auf die Armen-Polizey irgend einen Bezug haben.

Der Commissions-Vorsteher muß es seiner Gemeinde keinesweges verhalten, sondern ihr im Gegentheile durch das freymüthigste Geständniß zuvor kommen, daß die Regulirung des Almosens bey so vielerley Nebenumständen sich unmöglich auf der Goldwage abgleichen lasse: die Commission selbst bestehe durchgehends aus fehlerhaften Menschen, die zuweilen, obschon nicht mit Vorsatz, den wahren Gesichtspunct verlieren können: überhaupt aber sey eine Armen-Polizey ein allzu verwickeltes Geschäft, als daß man nicht, aller Vorsicht ungeachtet, an der Person eines Armen und

sein-

fünfte Frage.

seinen Umständen, wie auch an manchen anderen Puncten des Institutes sich irren könne.

Ingleichen soll sich Niemand abschrecken lassen, wenn die Vortheile, welche die Einführung eines Armen-Institutes von sich zu versprechen schien, nicht so gleich insgesammt und in vollem Lichte zum Vorscheine kommen; oder wenn das Werk selbst in seinem Fortgange manches Mahl einen Aufenthalt oder kleinen Anstoß leide. Denn Rom sey nicht in einem Tage gebauet worden: der Landmann selbst könne nicht zu einer Zeit säen und ernten; insgemein aber sey kein Menschenwerk, nachdem es auch vollendet ist, ohne Unvollkommenheiten; und über dieß hänge es meistens von der Mitwirkung der Gemeindeglieder ab, in wie weit und geschwind eine Armenanstalt zu ihrer Reife gedeihen solle: die Obrigkeit wenigstens werde sich nicht ermüden, noch viel weniger aber die Sache in das vorige Unwesen dahin sinken lassen. — Die Fortschritte hingegen, die man mit dem Armen-Institute schon gemacht hat, muß der Seelsorger öfters anpreisen: und haben sich daraus auch schon einige gute Folgen ergeben, daß z. B. der Armenstand wirklich um etwas gemindert, gesitteter, arbeitsamer geworden, daß Einer sich aus der Verarmung erhohlet, der Andere sich vorläufig davor gerettet hat; so versäume man es nicht, sich fleißig darauf zu berufen, und auch durch Anrühmung frisch getroffener Vorkehrungen, von denen sich mit Sicherheit etwas Gutes erwarten läßt, das Vertrauen des Volkes zu stärken.

4) Die Mitwirkung der Gemeinde hängt auch hauptsächlich von jenem Zutrauen ab, welches sie auf das Personale der Armen=Commission setzt: Und hierzu kann freylich ein Seelsorger nicht wenig beytragen, wenn er erstlich dasjenige erfüllet, was oben (S. 206. 207.) von der Auswahl und dem

Unterrichte der Deputirten ist angemerkt worden, damit sich die Gemeinde auf die Geschicklichkeit, auf die Treue, Sorgfalt und Gewissenhaftigkeit der Commissions-Glieder verlassen könne. Daher muß man den Deputirten schon bey ihrem Unterrichte dieß als einen Beweggrund, sich gut zu eigenschaften, vorlegen, weil die Theilnehmung des Volkes an dem Armen-Institute großen Theils von jenem Vertrauen abhange, mit welchem es für sie und für ihr Armenamt eingenommen sey. Aber an seiner eigenen Person muß der Seelsorger solche zuverläßige Eigenschaften desto mehr hervor blicken lassen, da er bald mit dem Beamten, bald ohne ihn das Haupt der Armen-Commission ist. — Auch in seinen Unterredungen mit den Pfarrgenossen muß er öfters seine Zufriedenheit mit den Commissions-Gliedern von sich merken lassen, und jetzt den Eifer des Einen, jetzt wieder die Liebe und Uneigennützigkeit des Anderen rühmen, und muß ihre Belobung zuweilen mit gut geschilderten Thatsachen, die er von ihnen weiß, belegen. Dieses gibt zugleich solchen Deputirten, wenn es ihnen zu Ohren kommt, einen frischen Sporn, ihr Amt immer noch vollkommener zu verrichten. Eben so müssen auch die Deputirten Ursache haben, dem geistlichen Commissions-Vorsteher bey ihren Mitbürgern das Lob zu sprechen. Er darf es also in keinem Stücke mit ihnen verderben: besonders erlaube er sich nie, in dem Armenwesen etwas heimlich und hinter ihnen zu thuen. Dieß wäre von noch schlimmeren Folgen, als wenn er sich der Alleinherrschung bey den Sessionen, die so sehr wider die Armen-Polizey streitet, anmaßen wollte. Wenn die Deputirten auf Spuren einiger Hinterlistung kämen, so würden sie die ersten seyn, die das Armenamt des Seelsorgers in der Gemeinde verschreyen würden, und hiermit fiele die

stärkste

stärkste Stütze des Volksvertrauens und seiner Theilnehmung an den Armenanstalten zu Boden.

5) Endlich kann zuweilen ein Beförderungsmittel des Institutes nach den Regeln der Menschenkenntniß, nach fremden Erfahrungen, und nach mehreren guten Grundsätzen zur Gewinnung der Herzen zuverläßig scheinen, und dennoch ist es wohl möglich, daß sich dasselbe bey einer gewissen Gemeinde in der praktischen Ausübung mehr anstößig, als erbaulich zeige. Dieses bringt der Seelsorger entweder durch Nachricht der Deputirten in Erfahrung, oder die Bürger selbst lassen sich, z. B. bey dem Rechnungsverhöre, darüber verlauten. Er mag es nun gewahr werden, wie er wolle: wenn es keinen wesentlichen Bestandtheil des Armen-Institutes, sondern nur Nebenbehelfe antrifft, so muß er, wofern sich die Gemeinde nach einigen Vorstellungen nicht wohl dabey benehmen läßt, ohne Eigensinn auf seine Theorie dem Eigensinne des Volkes zum Besten des Armenwesens nachzugeben wissen. Denn alsdann höret ein solches Mittel auf, Beförderung zu seyn, und wird Hinderniß: das Vertrauen der Gemeinde aber ist dem Institute viel theurer, als ein an sich gutes Beförderungsmittel, das sich mit demselben nicht vertragen kann.

§. VI.

Das sechste Mittel: Anweisung der Armen zur öffentlichen Dankbarkeit. 1) *Christliche Dankbarkeit:* 2) *Politische Dankbarkeit.* 3) *Wirksamkeit dieses Mittels.*

Unter die gedeihlichsten Wege, eine Pfarrgemeinde zur thätigen Theilnehmung an dem Armenwesen muß unstreitig dieser gerechnet werden, daß der Seelsorger seine conscribirten Ortsarmen zu einer öffentlichen

Gattung von christlicher so wohl, als politischer Dankbarkeit anweise.

1) **Die christliche Dankbarkeit** bestehet in dem **Gebethe der Armen.** Almosen zu geben, und vor dem Hause kein Vergelts Gott mehr rufen, und kein Vater unser mehr bethen zu hören, ... man glaubet nicht, was dieß für einen übeln Eindruck auf das Herz der Landleute machet, besonders in Orten, wo das Almosen auf andere Art, als durch den wöchentlichen Umgang von drey oder vier Armen, gesammelt wird. Denn sie wollen es nicht verstehen, daß ein Almosen schon von selbst und ohne Gebeth des Armen für den Wohlthäter bitte, *) und daß jenes gedankenlose Bethen der meisten Bettler bisher nichts weniger, als ein Gebeth gewesen sey. So befindet es sich auf Seite der Gemeinde. Auf Seite der Armen hingegen muß man auch gestehen, daß es in der That eine wesentliche Pflicht für sie, und ein wichtiger Zweig ihrer Moralität sey, für ihre Wohlthäter zu Gott zu bethen. Dieses sind für den Seelsorger hinlängliche Bewegursachen, daß er

A) den conscribirten Armen an Sonn- und Feyertagen einen gewissen Zeitpunct, z. B. nach geendigtem Frühe- oder Nachmittags-Gottesdienste, vorschreibe, an dem sie in der Kirche bestimmte **Gebethe** öffentlich und laut verrichten sollen. Zum Anfange und zum Beschlusse kann ihnen der Geistliche eine gewisse Gebethformel abfassen und vorschreiben, welche nicht nur der Absicht, sondern auch den wörtlichen Ausdrücken nach einen zeitlichen und ewigen Vergeltungssegen für die wohlthätige Bürgerschaft enthalte. In Orten, wo drey oder vier Personen wöchentlich umher gehen, sollen während ihrer Sammlung die übrigen Armen in der Kirche das Gebeth verrichten. Ob und wie aber die Armen diese

---

*) Sirach XXIX, 15.

fünfte Frage.

diese Pflicht erfüllen, darüber müssen die Deputirten, wenn es nicht Einer allein auf längere Zeit über sich nehmen will, wechselweise Aufsicht halten: und bisweilen sieht auch der Seelsorger nach, der ohne dieß meistens seiner Kirche zunächst wohnet. Am besten ist es, wenn diese ganze Verfügung des Armengebethes von der Commission beschlossen wird. — Sieht sich die Gemeinde von öffentlichen Uebeln und allgemeinen Angelegenheiten befallen, so kann das Gebeth verdoppelt, und solches dem Pfarrvolke in der Kirche kund gemacht werden. Ich weiß es von eigener obgleich kurzer Erfahrung, wie sehr dieses die Einwohner rühret, und auch Jeden in seinem Privat-Anliegen an die Wohlthätigkeit mahnet, indem ein Abreisender, ein Kranker, eine glückliche Wöchnerinn, ein Brautpaar, u. dergl., Dank- oder Bittopfer an den Armenpfleger oder an ihren Pfarrherrn für die Armen einsenden.

B) Damit übrigens das Armengebeth nicht ein bloßes Blendwerk für die Gemeinde sey; so muß der Geistliche seine Ortsarmen bey dem moralischen Unterrichte belehren, wie sehr sie es vor Gott und im Gewissen schuldig sind, ihr Gebeth für die gutthätigen Mitbürger innig und aufrichtig vor dem Herrn auszugießen, und dieselben so, wie die schon verstorbenen Wohlthäter, auch in ihre gewöhnlichen Privat-Gebethe mit einzuschließen: und dieß nicht nur aus Dankbarkeit allein, sondern auch zu der Absicht, damit der allgütige Vater die Herzen und Hände der Einwohner mehr und mehr zu christlichen Liebeswerken öffnen, und durch ihr gemeinsames Bestreben das Beste der Armen vervollkommenen möge. ... Den Pfarrgenossen aber gebe man gelegenheitlich zu erkennen, um wie viel ein solches Armengebeth, besonders das allgemeine und öffentliche, erbaulicher, wirksamer, und überhaupt

vorzüg-

vorzüglicher sey, als so viele ärgerliche Vater unser, und gedankenlose Rosenkränze der vormahligen Bettler.

2) Die andere Gattung der Dankbarkeit, die politische nämlich, nenne ich ein gefälliges Betragen der Armen gegen die Mitglieder der Gemeinde. Sie ist abermahls ein Theil von der Moralität des Armenstandes, wovon der Seelsorger bey seinem Unterrichte manches Mahl sprechen muß. Vermöge dieses Unterrichtes sollen

A) die Armen öfters nach Arbeit und Tagelohn umfragen, ihre Dienste anbiethen, und dieselben mit Treue und Fleiße verrichten, damit sie nicht, wie ehedem, als die Nachläßigsten aus allen Arbeitern beflißentlich geäußert werden. Besonders aber sollen sie sich zu gewissen Zeiten, wo die Feldarbeit sehr häufig und dringend wird, ganz willfährig zeigen, und auch außer solchen Zeiten sollen sie in bringenden Hausgeschäften, und in gewissen Nothfällen öfters ihre Gefälligkeitsdienste anbiethen, welches ihnen, dafern es Arbeiten von einigem Verdienste sind, an ihrem Lohne nichts benehmen wird. Sie müssen es für eine Wohlthat ansehen, von ihren Mitbürgern zu Handverdiensten angestellet zu werden, und können allenfalls beym Empfange des Lohnes nicht allein für die Zahlung, sondern auch dafür ihre Dankbarkeit bezeigen, daß man ihnen vor Andern das Geld und Brod habe zu verdienen gegeben, mit dem Anerbiethen, sich auf fernere Kundschaft empfehlen zu wollen, indem sie gewiß durch Fleiß und Treue dem Hausherrn immer mehr und mehr Genüge leisten würden. Diese Sprache hören wir ja selbst von den wohlhabendsten Gewerbsleuten, denen es um den Gewinn ihres täglichen Brodes zu thuen ist, und wir lassen uns von ihnen das Geld mit Vergnügen abverdienen.

B) Ferner gleichwie ich oben (§. II.) schon gesagt habe, daß mancher Bürger sich einen Armen zum besondern Gegenstande seiner christlichen Liebeswerke in Absicht auf dessen Moralität und Industrie wählen könne: also läßt sich noch vielmehr ein gleicher Weg mit den Armen einschlagen, da man ihnen empfiehlt, daß sich Jeder an gewisse rechtschaffene Bürger oder Familien anschließe, und auf die erwähnte Art sich ihrer Gunst würdig mache; denn dort könne er für seine Haushaltung und Kinder, für die Verbesserung seines Nahrungsstandes sich Rathes erhohlen, seine Noth klagen, und Muth und Trost schöpfen. Sogar dazu muß man die Armen vorbereiten, daß sie bey der jetzigen Lage, wo die Gemeinde zur Aufsicht über ihr sittliches Betragen aufgefordert sey, sich die wohlgemeinten Ermahnungen ihrer Mitbürger nicht einmahl verdrießen lassen, vielweniger dieselben mit grobem Undanke bezahlen; sondern durch willige Annahme und Befolgung der Warnungen sollen sie die Liebe der Gemeinde gewinnen.

Wenn ein Geistlicher seinen Armen ein solches Betragen gegen die Bürger und Nachbarn angewöhnet, so darf er sich schmeicheln, daß er einen der ausgesuchtesten Wege gefunden habe, die Gemeinde für den Armenstand einzunehmen, und ihre Glieder zu wahren Theilnehmern an den Armenanstalten zu machen. Denn natürliches Gefühl und sinnliche Empfindungen sind ohne Zweifel der geradeste und sicherste Weg, Menschen zu gewinnen: abstracte Grundsätze aber sind für sich allein und ohne Unterstützung sinnlicher Mittel nicht hinlänglich, ein Volk, wie besonders eine Landgemeinde ist, so weit zu vermögen, daß sie ohne allen gegenwärtigen Reitz der Sinne freywillig und thätig zu einer gemeinsamen Anstalt zusammen wirken. Diese Bemerkung entscheidet den Werth des vorher gehenden und gegenwärtigen Mittels, welche den Bürger durch Publicität und öffentliches Vertrauen der Armenanstalt, und dann durch die Person des Armen selbst zu gewinnen suchen: denn beyde Mittel verhalten sich ganz nach der gemeinsten Stimmung des menschlichen Herzens. Und da besonders das letztere nicht absichtlich auf den Bürgersmann gerichtet zu seyn scheinet, so wird er auf indirecte Art, ohne es selbst zu wissen, und ohne dabey die immer währende Stimme des Seelsorgers zu hören, durch dasselbe eingenommen.

§. VII.

Das siebente Mittel: der Seelsorger predige jährlich von der christlichen Armenliebe.

Zum Schlusse muß ich noch sagen, daß ein Seelsorger von Zeit zu Zeit die christliche Nächstenliebe, als die Seele des ganzen Armen-Institutes, unter seiner Pfarrgemeinde in einer gewissen Spannung erhalten müsse. Nun sind zwar die bisher beschriebenen Mittel nicht nur zur ersten Einführung, sondern auch zum Fortgange, und zur stäten Vervollkommenung des Armen-Institutes geordnet, und bleiben also nach Gestalt der Sachen und Umstände ein fortwährendes Armengeschäft für den Seelsorger: nichts desto weniger scheint es zu dieser Absicht überaus dienlich zu seyn, wenn er jährlich ein oder das andere Mahl an seine Pfarrgemeinde eine *vorsetzliche Rede von der Nächstenliebe* und Barmherzigkeit gegen die Armen hält, und wenn er auch öfters in anderen Predigten eine ganz kurze und ungesuchte Meldung davon unter die übrigen Sittenlehren mit einfließen läßt. Denn obschon das Pfarrvolk die Grundsätze der Armenliebe vollkommen inne hat, so muß es doch oft wieder von neuem daran errinnert werden. Der gelehrteste und

fünfte Frage.

und tugendhafteste Mensch fühlet dieses Bedürfniß in sich, und weiß es, daß noch so lebhafte Eindrücke wieder allmählich in seinem Herzen, wie ein Kohlfeuer unter der Asche, verglimmen, und wenn er sie nicht öfters frisch aufwecket, endlich gar verlöschen. Hierzu kommt noch, daß ehedem sehr Viele nur bloß durch die Klagen und Seufzer der Armen, oder durch ihren erbärmlichen Anblick zur Hülfeleistung bewegt wurden. Da nun aber die Armen jetzt nicht mehr, wie sonst, rufen dürfen; so muß ihr Seelsorger seine Stimme erheben, und in ihrem Namen rufen, wenn er nicht endlich eine gänzliche Erkaltung gewisser Herzen erfahren will. Es ist wahr: wir können es der Vorsehung Gottes nicht genug verdanken, daß sie in den spätern Jahrhunderten die Verkündigung seines Evangeliums wieder vervielfältiget und herrlich gemacht hat: aber zu wundern ist es, daß unter so vielen Reden eines Predigers selten Eine im Jahre von der barmherzigen Nächstenliebe erschallet. Durch wie vielerley Nebenandachten und Seitenwege wird doch manches gute Wölfchen nicht einher geführt, welches nur deßwegen die Hauptstraße der Nächstenliebe verfehlt, weil ihm solche entweder gar nicht, oder nicht oft genug, und nicht nach ihrer echten Art und ganzen Wichtigkeit gezeiget wird!

In Rücksicht auf die Zuhörer ist der Stoff reichhaltig genug, um von der Barmherzigkeit stäts mit Abwechslung zu sprechen. Anstatt einer öftern Wiederhohlung eben derselben Wörter, z. B. Arme, Almosen, Institut, ꝛc. brauchet man sich nur immer anderer Ausdrücke zu bedienen, und der Ekel der Zuhörer wird weniger zu befürchten seyn. Ja es kommt bey öfterer Auftischung des nämlichen Gegenstandes fast nur auf dessen verschiedene Zubereitung an, um den Geschmack des Landmannes zu täuschen. Es mag übrigens von der Pflicht oder von der Belohnung, von der

Klett's Preisschrift.   X   Art

Art oder dem Gegenstande, oder von einem andern Zweige der barmherzigen Liebe die Rede seyn; so muß die praktische Anwendung davon immer den Zuhörer auf jenen Weg leiten, den das Armen-Institut eröffnet. Der Prediger hat aber gar nicht zu besorgen, daß er dadurch andern nützlichen Materien einen Abtrag thun möge, da ihm aus dem h. Hieronymus *) jener merkwürdige Spruch des Lieblings-Apostels Johannes bekannt seyn wird, womit dieser seine zum Ueberdrusse wiederhohlte Ermahnung zur Bruderliebe rechtfertigte: **Es ist mir genug, sprach er, wenn ihr dieses allein recht erfüllet, denn dieses ist das Geboth des Herrn.** Auch jener Apostel, der das Muster aller Prediger war, hat vor seinen Völkern von nichts so oft geprediget, als von der Liebe, und um nichts so sehr gebethen, als um die Liebe. Und wer ihn heute noch um die Ursache fragen könnte, dem würde er ohne Zweifel dasselbe antworten, was er längstens geschrieben und geprediget hat: **Wer den Nächsten liebet, der hat das Gesetz erfüllet; .. die Erfüllung des Gesetzes bestehet also in der Liebe.****)

Chrysostomus, der den ganzen Paulus eingesogen hatte, beynahe ein anderer Paulus selbst, benimmt den Predigern noch eine neue Besorgniß bey öftern Almosenpredigten Folgendes sind seine unvergeßlichen Worte: **Schäme sich doch ein Paulus nicht, bey seinen Zuhörern beständig für den Bettelstand das Wort zu führen.** Denn wenn ich zu dir sagte: gib mir's, und bring' mit es ins Haus; so hätte ich vielleicht Ursache, mich zu schämen. Nun bitte ich aber für die Dürftigen; ja nicht einmahl für sie, für euch selbst bitte ich, die ihr für sie beysteuert: und

eben

---

*) Ueber Galat. VI.
**) Röm. XIII. 8. 10.

fünfte Frage.

eben daher spreche ich freymüthig. Denn ich finde nichts Beschämendes in den Worten: gib dem Herrn, da er hungert, bekleide ihn in seiner Blöße! Erröthet ja dein eigener Herr nicht, im Angesichte des Erdenkreises also zu rufen: ich war hungerig, und ihr habt etc. und Ich soll schamroth darüber werden? Ich soll Bedenken tragen? das sey fein! der Teufelsstücke einer ist diese Scham. Ich werde mich also nicht schämen, sondern ich werde frey heraus reden, und mit stärkerem Tone, als selbst die Armen, werde ich reden, u. s. w. *) Dieß ist die Sprache eines der größten Kirchenväter, womit er sein unausgesetztes Almosenpredigen vor sich und vor der antiochener Welt rechtfertigte. Der trienter Katechismus, die Quintessenz von der Schrift- und Väterlehre, und das Normal-Buch eines Seelsorgers, nennet diesen Gegenstand eine Materie, die nicht oft, und nicht ausführlich genug kann abgehandelt werden.**) Sogar die Quellen, woraus dieser Gegenstand zu behandeln ist, sind dem Seelsorger daselbst angezeigt, und selbst die Worte werden ihm in den Mund gelegt. So getreu hält die Kirche über jenen Spruch des Apostels: Vor allem andern habet die Liebe! ***)

Wer wird endlich nicht diesen apostolischen Geist der Liebe vorderfamst jedem Seelsorger wünschen, nicht nur damit er genug Eifer, Klugheit, und ausharrende Geduld zur praktischen Ausübung der in dieser Abhandlung verzeichneten Mittel besitze, sondern hauptsächlich darum, damit auch in Rücksicht seines aufrichtigen Liebsgeistes der Gott der Liebe selbst seine Arbeiten segnen möge? Denn dieser Segen muß ohne Anstand einem

---
*) Ueber Korinth. Homil. XLIII.
**) III. Th. vom 7. Geb. G.
***) Koloss. III. 14.

einem Seelsorger das Hauptmittel zu allen übrigen Mitteln seyn, weil eine Pfarrgemeinde nicht der Menschenhände, sondern Gottes Bauwerk und Ackerfeld ist, worüber weder der da pflanzet, noch der begießt, Meister ist, sondern Gott, der das Wachsthum ertheilet. *) Von des Seelsorgers Bemühungen für das Armen-Institut müssen der Altar und seine Gebethzelle alle Mahl zuerst, und immer eben so viel wissen, als der Lehrstuhl und die übrigen Plätze, wo sich Feld für seine Arbeit eröffnet.

*) 1 Kor. III, 9. 7.

Sechste Frage.

Welches sind im Ganzen genommen die bewährt=
esten und erbaulichsten Werkmahle und Be=
weise, daß der Seelsorger von seinen Amts=
pflichten gegen seine armen Pfarrgenossen wohl
überzeugt und durchdrungen sey?

(§. I.) Obschon sich aus dem übeln Zustande des Armen=
wesens nicht sogleich ein sicherer Schluß auf die Nachläßigkeit
des Seelsorgers machen läßt; so gibt es doch gewisse Merk=
mahle, woran man erkennen kann, ob und in wie weit er
dießfalls seine Pflichten erfülle. (§. II.) Welches diese Merk=
mahle in oder außer dem Falle einer Armen=Polizey seyen,
1) an der Person des Seelsorgers, 2) an den Armen des
Ortes, 3) an der Pfarrgemeinde. (§. III.) Welches die Merk=
mahle in dem besondern Falle einer Armen=Polizey seyen:
1) an den Commissions=Gliedern: 2) an verschiedenen Punct=
en der Armen=Polizey: 3) an der thätigen Mitwirkung der
Pfarrgemeinde: 4) an dem unter der Armen=Polizey sich be=
findenden Armenstande: 5) am meisten aber an dem Fort=
gange und Wachsthume des Armen=Institutes.

§. I.

Aus dem übeln Zustande des Armenwesens läßt sich
nicht sogleich ein sicherer Schluß auf die Nachläßigkeit
des Seelsorgers machen: aber es gibt doch gewisse Merk=

mahle, woran man erkennen kann, ob und in wie weit er dießfalls seine Pflichten erfülle.

Mancher Geistliche und Seelsorger, der diese Blätter lieset, glaubet vielleicht, man fordere weit mehr von ihm, als er zu leisten im Stande sey. Diese Armenpflege, wird er denken, ist so weit umfassend, die vorgeschlagenen Mittel und Geschäfte zur Verminderung und Verhüthung der Armuth sind so mannigfaltig, daß ein Seelsorger weder Zeit noch Kräfte genug dazu haben kann. Allein man vergesse nur nicht, was ich schon oben Ein Mahl mit Wenigem zu verstehen gab, daß hier nämlich kein Statuten-Buch vorgelegt wird, voller Regeln und Satzungen, die auf Ein Mahl von der ersten bis zur letzten, auf alle Umstände des Ortes, der Zeit, der Personen, u. s. f., sollen angewendet werden; sondern man will nur dem Seelsorger ein Magazin eröffnen, woraus er die Materialien nehmen könne, so wie sie ihm nach Erforderniß der unterschiedlichen einzelnen Umstände brauchbar sind. Und in dieser Rücksicht, wird mir Jeder eingestehen, hätte ich noch viel Mehreres sagen können, ohne das Armengeschäft zu überladen. Gewiß werden manche Seelsorger, denen das Armenwesen eine wahre Herzensangelegenheit ist, durch die hier vorgelegten Puncte noch zur Entdeckung vieler anderer Mittel und Wege geführt werden, deren Anzeige man entweder ihrer ganz besondern und individuellen Umstände, oder ihrer Weitschichtigkeit wegen hier übergehen mußte. Indessen so wenig ich glaube, zu viel gesagt zu haben, so hoffe ich doch ganz sicher, das Gesagte sollte genug seyn, einen Seelsorger nicht nur von den Pflichten gegen seine armen Pfarrgenossen zu überzeugen, sondern ihm auch zur praktischen Ausübung solcher Pflichten den Weg zu bahnen. Denn die Ausübung ist doch

immer

immer seine Hauptsache, und nur durch diese beweiset er, in wie fern er von den Pflichten selbst überzeugt und durchdrungen sey.

Stehet es nun um das Armenwesen in einer Gemeinde nicht zum besten; so läßt sich nicht gleich der üble Schluß auf den Seelsorger machen, daß er es an der Erfüllung seiner Pflichten fehlen lasse; denn sein geistliches Amt ist für sich allein nicht im Stande, ein solches Werk, es mag nun in Polizey-Gesetze gefaßt seyn, oder nicht, in vollkommenen Gang zu bringen, und darin zu erhalten. Vieler Hindernisse zu geschweigen, die von Seiten der Armen und Reichen, und in dem Falle einer Armen-Polizey von Seiten der Deputations-Glieder selbst den guten Erfolg seiner Bemühungen hindern können; so hat hierbey auch das weltliche Vorsteheramt seine besonderen Verrichtungen, und dessen erforderliche Mitwirkung wird oft vermisset. Ja dem Seelsorger ist nicht selten der starke Arm desselben zum Betriebe seiner eigenen Armengeschäfte unentbehrlich. Gesetzt nun, daß er manches Mahl solchen vergebens anrufe; so ist das Bewußtseyn, die Pflicht erfüllt zu haben, die einzige Frucht seiner Arbeit: aber der mangelhafte Zustand des Armenwesens ist sodann kein Beweis, daß der Seelsorger in Verwaltung seines Armenamtes nachlässig gewesen sey.

Dessen ungeachtet würde sich ein saumseliger Hirt auf diese vortheilhafte Bemerkung nie etwas zu Gute thun können. Man weiß gar wohl, daß er, so mancher Hindernisse ungeachtet, dennoch sehr Vieles in der Armensache leisten kann. Es gibt also doch immer, sey eine Armen-Polizey, oder keine vorhanden, Merkmahle und Beweise genug, daß ein Seelsorger die Amtspflichten gegen seine armen Pfarrgenossen inne habe, und davon gerührt sey: Merkmahle an seiner Person, Merkmahle an den Armen, und Merkmahle an der übrigen **Pfarrgemeinde**: endlich noch besonbere Merkmahle an dem Zustande des etwa in seiner Gemeinde errichteten **Armen-Institutes**. Hier folget eine kurze Uebersicht derselben, und gleichsam ein kurz gefaßter Auszug der ganzen geistlichen Armenpflege, um uns selbst noch Ein Mahl daran zu erbauen.

§. II.

Welches die Merkmahle in oder außer dem Falle einer **Armen-Polizey** seyen, 1) an der **Person des Seelsorgers**, 2) an den **Armen des Ortes**, 3) an der **Pfarrgemeinde**.

Die Polizey mag Armenanstalten getroffen haben, oder nicht, so verräth es sich

1) an der **Person des Seelsorgers** gar leicht, wie er gegen die Armen in seiner Gemeinde gesinnet sey. Ein Feldherr von mehreren Legionen kann es nicht lange verbergen, welches sein Leib-Regiment sey. Das Leib-Regiment des Seelsorgers sind die Kinder im Pfarrspiele, und die Armen. Wie er sich aus den Erstern eine ganz abgesonderte Classe von Pfarrkindern machet; so thut er auch mit den Armen ein Gleiches. Dieß ist ein persönliches Merkmahl eines geistlichen Armenvaters. Er hält sie nicht nur in den kirchlichen Behandlungen, in seinem Lehr-und Vorsteheramte, im gemeinen Umgange, und auf dem Krankenbette den Reichen seiner Gemeinde gleich: sondern man sieht auch, daß er nebst der gewöhnlichen Seelsorge, die er für alle Pfarrverwandten ohne Unterschied hat, einen besondern Theil derselben den Armen widme. Gleichwie er sie auf einer besondern Liste führt, also behandelt er sie auch als eine unterschiedene Gattung von Pfarruntergebenen. Selbst an den Kindern der Armen, und sogar

sechste Frage.

sogar in der Schule und Christenlehre läßt sich dieser Unterschied nicht verkennen. Dieses Merkmahl hat Jesus Christus einiger Maßen als das charakteristische Kennzeichen seines Hirtenamtes bey den Jüngern des Johannes angegeben, indem er auf ihre Frage, ob er der Messias sey, weiter nichts zur Antwort gab, als daß er den Armen das Evangelium predige, und Wunderzeichen thue*) welche aber auch gemeiniglich an Armen und Elenden geschahen.

Der Seelsorger, den wir hier betrachten, hat die nämlichen Zeichen, so wohl überhaupt, wie ich erst erkläret habe, als auch insbesondere. Denn er hält ein vorzügliches Augenmerk auf die Sittlichkeit und durchgehends auf das Seelenheil seiner Armen. Und um dieses desto gewisser zu erzielen, so thut er an ihnen Wunder der Güte und Barmherzigkeit, wodurch er nicht nur seinen Worten gute Aufnahme verschaffet, sondern auch die zeitlichen Hindernisse ihres geistlichen Heils entfernet. Da er aber seinen ganzen Zweck ohne die Mitwirkung der Pfarrgemeinde nicht vollkommen erzielen kann; so sieht man ihn zuerst alles dasjenige persönlich und unmittelbar an den Armen thun, was er für sie von seinen Pfarrgenossen verlanget. Dem zu Folge weiß immer die Gemeinde sehr Vieles von seinem freygebigen Almosen zu erzählen. Sie merket auch öfters entweder die Armen bey ihm, oder ihn bey den Armen ein und ausgehen, um für geistliche und zeitliche Bedürfnisse Unterricht, Rath, Ermahnung von ihm zu empfangen, oder zu Lohnarbeiten und Handverdiensten bey ihm angestellt zu werden.

Man beobachtet aber auch, daß er sich auf sein gegebenes Beyspiel sehr Vieles bey seinen Untergebenen heraus nimmt. Denn sein Lehrstuhl ertönet oft von den Pflichten einer Gemeinde gegen ihre Armen, von

*) Matth. XI, 5.

der Zeit, Ordnung, Absicht, und von andern Grundsätzen, diese Pflichten der christlichen Liebe auf die beste Art auszuüben. Seine Kanzel fordert bey allen, besonders bey außerordentlichen Gelegenheiten die Zuhörer so freymüthig und zugleich so angelegentlich dazu auf, als wenn des Volkes zeitliches und ewiges Interesse beynahe von diesem Stücke allein abzuhangen schiene. Selbst im gemeinen Umgange beziehen sich seine Privatunterredungen mit den Bürgern nicht selten auf die mannigfaltigen Zweige einer Armenpflege, auf die Angelegenheiten und Verbesserungsmittel des Armenstandes, vorderſamſt ſeiner moraliſchen und geiſtlichen Wohlfahrt. An allem, was in dieſer Sache der Seelſorger redet und thut, ſieht jeder Untergebene deutlich, es ſey demſelben nicht um die bloße Verpflegung, ſondern hauptſächlich um die Verminderung und Verhütung der Armuth, und darum zu thun, daß die Armen vor Gott und der Welt zu beſſeren glückſeligeren Menſchen, zu nützlicheren Bürgern der Kirche und des Staates und des ewigen Erbreiches gemacht werden.

2) Es gibt daher dieser Armenstand selbst einen sehr deutlichen und noch mehr erbaulichen Wiederschein von dem Fleiße des Seelsorgers. Wenn, im Durchschnitte genommen, die Armen in einem Orte nicht mehr die Auswürflinge der Gemeinde sind, sondern als gut gesittete Menschen, nützliche Bürger, und auferbauliche Christen wandeln; so ist dieß ein redender Beweis für den Seelsorger. Denn bloß seinem Eifer muß man es zuschreiben, wenn nunmehr die Armen ihre sonst gewöhnlichen Laster nicht nur öffentlich, und nicht aus bloßem Zwange unterlassen, sondern wenn es sich verräth, daß sie aus inneren Beweggründen gut handeln? Welch ein lesbares Zeugniß für den Ortsgeistlichen, wenn sie sich von selbst des Mußigganges schämen, die Arbeit liebten, eine genügsame Miene, häusliche

Ord-

Ordnung und Sparsamkeit äußern! ... wenn sie einen ordentlichen Haus- und Kirchengottesdienst, eine gute Kinderzucht, eine Nacheiferung der Ehrbarkeit ihrer Mitbürger und der Tugendhaftigkeit ihrer Mitchristen von sich blicken lassen! ... wenn sie sich vielleicht gar durch gewisse Vorzüge auszeichnen, vermöge deren man sagen kann, die Armen seyen die frömmsten und demüthigsten, die gehorsamsten, treuesten, und fleißigsten Leute im Orte! Für wahr! ein landfremder Mensch, der eine so gute Moralität des Armenstandes in einer Ortschaft bemerkete, würde zunächst seinen Schluß auf eine vorzügliche Armenpflege des Ortsgeistlichen machen, und würde sich sehr daran erbauen, besonders wenn ihm eine gleiche Bildung an der armen Jugend zu Gesichte käme, die sich weder im Unterrichte, noch in dem Betragen, kurz, in keinem Stücke, als in dem Stande und Gewande von der übrigen Jugend unterschiede.

Uebrigens äußern auch die Armen eines solchen Orts allenthalben ihr Vertrauen auf ihren Seelsorger, und sehen bey jedem Vorfalle das Pfarrhaus für ihren sichern Zufluchtsort an. Wie sie von Thatsachen seiner Vorsorge nicht genug sprechen können, so weiß auch einer oder der andere Unhold unter ihnen wider seinen Seelsorger nichts weiter zu klagen, als daß ihn derselbe mit allzu vieler Aufsicht und Sorgfalt verfolge.

Noch auf mehreren Seiten trägt zwar der Armenstand den lebhaften Abdruck von dem Eifer des Seelsorgers an sich: z. B in Ansehung der ordentlichen Verpflegung, der Industrie, und der ihm von den Bürgern gegebenen Beschäftigung. Weil aber der Geistliche diese Versorgungsarten der Armen nicht sowohl unmittelbar, als vermittelst seiner Pfarrgenossen zu Stande bringt; so gebe ich sie als Merkmahle an der Pfarrgemeinde zu betrachten.

Also

3) Also auch an der **Pfarrgemeinde** kann man gewisser Maßen die Gesinnung des Seelsorgers gegen die Armen erkennen. Denn ohne vorgängige Armen-Polizey ist der vereinte Beystand einer Gemeinde für die Armen h ein desto sichtbareres Merkmahl von seinem Pflichteifer, als sich ein solcher Beystand durch die Freywilligkeit und ungezwungene Thätigkeit auszeichnet. Wer anders, als der Seelsorger, ist der Stifter von jenem eben so weisen als großmüthigen Almosengeben in einer Gemeinde, wo die Armen so verpfleget werden, daß sie auch ohne weitere Polizey-Anstalten keine Ursache haben, ihr Brod auswärts zu suchen? in einer Gemeinde, sage ich, wo man gelernet hat, nicht allein zwischen fremden und einheimischen Armen, sondern auch zwischen bloß einheimischen Armen einen wesentlichen Unterschied zu machen, die verstellten nur mit dem geistlichen Almosen einer brüderlichen Ermahnung abzuweisen, unter den wahren Armen einen dem andern der Noth und Würde gemäß vorzuziehen, und selbst unter dem Namen Almosen den Armenstand mit unterschiedlichen Gattungen von Hülfeleistung zu verbessern? — Aber auch beym Daseyn einer Armen-Polizey ist dieses Merkmahl unverkennbar. Denn wenn schon dieselbe dem Unterthane die Armensteuer nicht frey ließe, sondern eine gesetzkräftige Armen-Taxe auflegte; so besteht dennoch immer ein vorzüglicher Theil der Armenpflege in solchen Mitteln, wozu den Bürger eine politische Macht weder zwingen kann, noch will. Ist es also nicht der Seelsorger, der es dahin gebracht hat, wenn die Meisten oder wenigstens die Besten unter dem Pfarrvolke die Armen als ihre Mitbürger, Mitchristen, und durchgängig als einen so würdigen Gegenstand betrachten, daß man sich nun auch darum bekümmert, ihre Sittlichkeit durch Aufsicht, besonders über die Jugend, und durch brüderliches Mahnen,

ihre

sechste Frage.

ihre Industrie aber durch wirthschaftlichen Rath und Beystand zu verbessern, ihnen Arbeit und Verdienst zu verschaffen, und hiermit die Anzahl und Bedürfnisse der Armen zu verringern? Unstreitig sind diese willkührlichen Handlungen der Unterthanen, worüber ihnen die weltliche Obrigkeit keine regulirten Befehle zu ertheilen weiß, lauter Wirkungen desjenigen Mannes in der Gemeinde, welcher nicht bloß die Hand, sondern das Herz des Volkes mit seinem Worte und Beyspiele lenket; folglich lauter unläugbare Merkmahle, wie tief er als Seelsorger von den Amtspflichten seiner Armenpflege durchdrungen sey.

§. III.

Welches die Merkmahle in dem besonderen Falle einer Armen-Polizey seyen: 1) an den Commissions-Gliedern, 2) an verschiedenen Puncten der Armen-Polizey, 3) an der thätigen Mitwirkung der Pfarrgemeinde, 4) an dem unter der Armen-Polizey sich befindenden Armenstande, 5) am meisten aber an dem Fortgange und Wachsthume des Armen-Institutes.

Da die bisherigen Merkmahle so beschaffen sind, daß sie sich auch ohne alle Rücksicht auf eine Armen-Polizey in einem gewissen Grade äußern: so habe ich jetzt noch zu zeigen, wie vielmehr eine in der Gemeinde bestehende Armenanstalt die deutlichsten Merkmahle ihres Arme liebenden Seelenhirten unter die Augen stelle. Sie offenbaren sich, wenn

1) erstlich die Commissions-Glieder, insbesondere die Districts-Deputirten sammt dem Pfleger, eine vollständige Wissenschaft von der Armen-Polizey, und von ihrem dahin einschlagenden Amtsantheile, nebst der Wissenschaft aber auch die zur Verwaltung ihres

Arm-

Armenamtes so nöthigen Tugenden und Eigenschaften besitzen. Dieß ist, vorzüglich in Orten, wo kein Beamter wohnet, ein Werk des geistlichen Commissions-Vorstehers, und ein sicherer Beweis seines Eifers. Wenden sie aber auch solche Eigenschaften praktisch an, und zwar mehr aus innerem Antriebe, als durch auswärtige Bestimmung; so nenne ich dieses abermahls eine Folge von jener Bildung, welche sie durch den Seelsorger erhalten haben. Ihr Eifer, ihr gewissenhaftes, uneigennütziges, unpartheyisches Betragen, ihre Thätigkeit, Geduld, Beständigkeit, und selbst das Vertrauen, welches sich ihr rechtschaffener Charakter beym Publicum zum Besten des Armen-Institutes erworben hat, ... alles das sind Früchte von der Hand des geistlichen Vorstehers.

2) An der Armen=Polizey selbst gibt es verschiedene Puncte, wobey sich der Eifer des Seelsorgers nicht verbergen kann. Sein gutes Benehmen und nachgiebiges Betragen gegen das weltliche Amt, welches er sich zum Besten der Armen mit mancher Ueberwindung gefallen läßt, seine sorgfältige Erkundigung und Berathung mit den benachbarten Seelsorgern über angemessene Mittel und Wege fürs Armenwesen, beweisen schon voraus, wie innig er seine Pflichten gegen den Armenstand fühle. Den monathlichen Commissions-Versammlungen wohnet er nicht nur allezeit bey, sondern sie werden auch in Abwesenheit des weltlichen Vorstehers unter seinem Vorsitze pünctlich zusammen berufen, und immer mit einem guten Erfolge gehalten. Nichts von der genauesten Classification der Armen, und von der Regulirung ihres Almosens zu melden, so entspricht besonders das Pflegeamt dem Fleiße des Ortsgeistlichen, indem die Kranken, die Alten, die Kinder, und alle übrige Arme so verpfleget werden, daß sie keine gerechte Klage führen können, des

Armen-

Armen-Fond durch eine unnachtheilige Sparsamkeit vermehret, und alle Stücke ordentlich in Rechnung gebracht werden.

3) Ein Hauptmerkmahl aber ist das Benehmen der Pfarrgemeinde gegen die Armenanstalten. Denn konnte ich aus diesem Betragen gegen die Armen, auch wo keine Armen-Polizey ist, auf die Sorgfalt und Thätigkeit des Seelsorgers schließen: so gebühret ihm das Lob in doppeltem Maße, wenn die Gemeinde ihr Betragen nach den Gesetzen der Armenanstalt einrichtet. Er muß das Herz des Volkes durch unabläßige Vorstellungen von der Absicht und Nutzbarkeit des Institutes dahin gelenket haben. Er muß den Bürger im öffentlichen und Privatunterrichte die Arten einer thätigen Theilnehmung gelehret, die Lehre mit seinem Beyspiele befruchtet, und einige Früchte gleich selbst bey gewissen außerordentlichen Gelegenheiten zur Zeitigung beschleuniget haben. Er mußte es seyn, der sie zu einem zuversichtlichen Vertrauen, und sogar zur eigenen Einsicht der inneren Verfassung des Institutes herbey zu locken wußte, der endlich auch den Armen die erbaulichen Künste, die Neigung ihrer Mitbürger für sich und das Armenwesen zu gewinnen, einflößte. Wenn also jetzt die Gemeindeglieder überhaupt die mannigfaltigen Zweige ihrer Armenpflege nach den Grundsätzen des Armen-Institutes einrichten, das ist, wenn sie ihr gewöhnliches Almosen zum Pflegeamte geben, mit ihrem ungewöhnlichen aber sich in gewissen Angelegenheiten zu der Armenbüchse wie zu einem Opferstocke flüchten, und eben dieselbe Richtung auch ihren frommen Stiftungen oder Vermächtnissen geben: wenn wenigstens der beste Theil der Bürger zur Erziehung gewisser armen Kinder, zur Besserung der Moralität und Industrie, und überhaupt zur Verminderung und Verhütung der Armuth sich wechselweise bald der

Armen-

Armen=Polizey bedienet, bald von dieser Polizey sich dazu gebrauchen läßt; so wird Niemand mehr lange umfragen, wer von dieser glückseligen Verfassung in einer Gemeinde der Stifter sey, weil hier die Arbeiten des geistlichen Vorstehers auf allen Seiten sichtbar sind.

4) Eine gleiche Entscheidung für ihn gibt selbst der unter der Armen=Polizey befindliche Armenstand. Denn wie dessen bürgerliche und christliche Sittlichkeit, besonders in Rücksicht auf den innern Menschen, auch ohne vorgängige Armen=Polizey eine Frucht des seelenhirtlichen Fleißes ist: so ist sie es auch zur Zeit einer solchen Polizey, sie mag von des Seelsorgers unmittelbarem Unterrichte, oder bey der Jugend zum Theile vom Schullehrer entstehen; sie mag von der treuen Amtsverwaltung der Districts=Deputirten, oder von christlichen patriotischen Mitbürgern herrühren. Daß die Armen sich aus innerer Ueberzeugung den Absichten des Institutes nicht allein passiv überlassen, sondern auch mit eigener Activität dazu mitwirken, und sich aus ihrem Armenstande, so viel möglich zu erschwingen trachten, geschieht meistens aus Drang jener Standes= und Beziehungspflichten, die ihnen der Seelsorger gegen das Institut eingepräget hat.

5) Nichts desto weniger wären doch die bisherigen Merkmahle noch zweifelhaft, wenn sich ihre Unverfälschtheit nicht an einem eben so glücklichen Fortgange und Wachsthume des Armen=Institutes erprobete. Dieß ist es noch, was eigentlich den bestgegründeten Beweis der seelenhirtlichen Armenpflege liefert. Denn beym ersten Entstehen einer Armen=Polizey können den Seelsorger allerhand seichte Bewegungsgründe oder schiefe Absichten, allerhand Nebenumstände, die von seinem inneren Pflichteifer weit entfernt sind, zur Mitwirkung bestimmen, oder wenigstens veranlassen.

sechste Frage.

en. Daß aber Er in der Beförderung solcher Anstalten beharrlich, daß die Thätigkeit der Deputations-Glieder anhaltend, daß die gesegneten Wirkungen davon auf die Pfarrgemeinde, auf die Armen, auf das ganze Institut fortdauernd sind, ... dieß kann nur das Merkmahl eines solchen Seelsorgers seyn, der von den Amtspflichten gegen seine armen Pfarrgenossen überzeugt und durchdrungen ist.

Nichts ist für die Kirche und den Staat in der Sache der Armen erbaulicher, als solche Merkmahle eines Seelsorgers. Und dieses Einzige, wenn für ihn sonst keine Beweggründe vorhanden wären, müßte hinlänglich seyn, jedem Seelsorger zur unermüdeten Ausübung seiner Armenpflege einen unaufhaltbaren Schwung zu geben. Man lasse sich nicht dadurch abschrecken, weil man durch anderseitige Hindernisse die Merkmahle seines Fleißes oft verdunkelt sehen muß: denn leuchten sie auch nicht allezeit aus dem sichtbaren Erfolge und aus augenscheinlichen Wirkungen hervor; so stehet doch das Gepräge davon auf den persönlichen Thatsachen, die ein Seelsorger für das Armenwesen unternimmt. Uebrigens arbeitet er ja weiter nicht, als nur des Beyspiels wegen, für das Auge der Menschen.

Wie schön ließe sich nicht auf der Spitze dieser Abhandlung das erlauchte Beyspiel unsers gnädigsten Landesherrn und des Oberhirten unserer würzburgischen Geistlichkeit setzen, wenn man nicht besorgen müßte, es durch Beschreibungen nur zu verstümmeln! Genug, wenn ich sage, daß dermahl bey der errichteten Stadt- und Landarmen-Polizey dieses Beyspiel wirklich in seinem hellesten Lichte stehet, um von den Unterhirten nachgeahmet zu werden, und daß es in gewisser Rücksicht vielleicht das einzige Beyspiel in seiner Art ist, man mag die eigenen persön-

lichen

lichen Bemühungen des besten Fürsten, oder die Art des Institutes betrachten, welche dem echten Christengeiste so angemessen ist, daß es aus bloß freywilligen Hülfsmitteln bestehen soll. Fürwahr! ein solches Beyspiel kann nur aus der lebhaftesten Ueberzeugung und aus dem innigsten Drange landes- und kirchenväterlicher Pflichten gegen arme Unterthanen seinen edlen Ursprung haben. Doch konnte die Bescheidenheit nicht so viel über mich vermögen, von diesem erhabenen Beyspiele ganz zu schweigen, weil diese Schrift mit Seelenhirten redet, die sich allerdings an ihrem Oberhirten zu spiegeln haben, und die in ihrem kleinen Zirkel gewiß dasjenige nach ihrem Verhältnisse leisten können, was sie einen solchen Fürsten und Bischof in seiner großen Sphäre wirken sehen.

ENDE.

Druckfehler und Verbesserungen.

Seite 32 Zeile 2 von unten lies **ohne den besten Erfolg**.

S. 52 Zeile 22 lies **sämmtliche**.

S. 54 Zeile 22 lies **aus der Beobachtung dieser Pflichten**.

S. 86 Zeile 7 von unten lies **innige** für einige.

S. 92 Zeile 4 von unten lies **Allem** für allein.

S. 95 Zeile 1 lies **Hieraus**.

S. 96 Zeile 3 lies **Wenn**.

— — Zeile 2 und 3 von unten lies **aus dem einseitigen Vorschwätzen der Einen Partey** - - -

S. 151 Zeile 2 setze man vor **als** und nach **vorwendeten** ein Komma.

S. 274 Zeile 9 lies **vermindern** für verhindern.

Bey Franz Xaver Rienner Buchhändler in Wirzburg ist ganz neu zu haben

---

Burkard's (Caspar Heinrich) zweyte gekrönte Preisschrift auf Veranlassung der von Sr. Hochfürstl. Gnaden an Ihre Landgeistlichkeit gestellten Fragen: Ueber die Pflichten der Geistlichen und Seelsorger in Beziehung auf die zeitliche Wohlfahrt ihrer Untergebenen überhaupt und der Armen insbesondere gr. 8vo. Wirzburg 1790. Auf Befehl Sr. Hochfürstl. Gnaden herausgegeben.

Deppisch's (Johann Baptist) erste Accessit-Schrift auf Veranlassung obiger gestellten Preisfragen. gr. 8vo Wirzburg 1790. Auf Befehl Sr. Hochfürstl. Gnaden herausgegeben

Huberth's (Johann Adam) zweyte Accessit-Schrift auf Veranlassung obiger gestellten Preisfragen. gr. 8vo Wirzburg 1790. Auf Befehl Sr. Hochfürstl. Gnaden herausgegeben.

Klett's (Martin) erste gekrönte Preisschrift auf Veranlassung obiger gestellten Preisfragen. gr 8vo Wirzburg 1790. Auf Befehl Sr. Hochfürstl. Gnaden herausgegeben.

Andres (Bonaventura) Magazin für Prediger des 1ten Bandes 1tes 2tes 3tes 4tes Heft, des 2ten Bandes 1tes 2tes 3tes 4tes Heft. gr. 8vo Wirzburg 1789 & 1790.   fl. 3 24 Kr.

Desbillons (Francisci Josephi) Fabularum Æsopicarum Libri XV: oder 15 Bücher Aesopischer Fabeln mit einem Index Latinitatis, und der Lebensgeschichte des Verfassers. Herausgegeben von Bonaventura Andreß Professor an der Universität zu Wirzburg 2 Tomi 8vo 1789   fl. 1 48 Kr.

Exempla Stili latini e Poetis collecta. 2 Tomi 8vo cum speciali Privilegio Serenissimi Principis. Wirceburgi 1788 & 1789.   fl. — 48 Kr.

Epistolæ, ex Plinio, Cicerone & Seneca selectæ 8vo cum spec. Priv. sereniss. Principis. Wirceburgi 1789.   fl. — 40 Kr.

Exempla

Exempla historica selecta ex Authoribus classicis 8vo cum Priv. sereniss. Principis. Wirceburgi 1790.   Fl. — 36 Kr.

Feders (Michael Professors) Predigt auf das Rosenkranzfest. gr. 8vo 1790   Fl. — 5 Kr.

Kleinschrod (G. A. Professors) über Suggestivfragen des Richters. Ein Beytrag zum peinlichen Prozesse gr. 8vo 1787.   Fl. — 12 Kr.

— — Desselben über die Strafe der offentlichen Arbeiten. gr 8vo 1790.   Fl. — 8 Kr.

Orationes ex Authoribus classicis selectæ cum spe:. Priv. sereniss. Principis. 8vo Wirceburei 1788.   Fl — 40 Kr.

Reyss (Matern Professors) Soll man auf katholischen Universitäten Kants Philosophie erklären? gr. 8vo 1789.
   Fl — 15 Kr.

Schneidt (Joseph. Mariæ Consiliarii aulici & Professoris) Thesaurus juris franconici des 1ten Abschnitts 21, des 2ten Abschnitts 15 Hefte. gr. 8vo 1788 1789 und 1790.
   Fl. 23 12 Kr.

— — Desselben Thesauri 1ten Abschnitts 22tes 23tes 24tes Heft sammt vollständigen Register seynd unter der Presse.

— — Desselben Gedanken über die Bestimmung des Voraus bey Einkindschaften. gr 8vo 1789.   Fl. — 12 Kr.

— .— Ejusdem Schediasma juridico - Canonico - historicum de Emancipatione Canonicorum in genere & Diœcefeos wirceburgensis in specie 8vo maj. 1789   Fl. — 24 Kr.

— — Ejusdem Elementa juris wirceburgensis & Ducatus franconicæ. 8vo m j. 1790.   Fl. 2 24 Kr.

Seyffert (Professoris) de Damno par ferarum incursus in Agris & Operæ venatoriæ ad territoriales, quatenus referendæ sint. 8vo maj. 1790.   Fl. — 18 Kr.

Sinner (Johann Professors) Anfangsgründe der Rechenkunst für die akademischen Schulen zu Wirzburg. Mit Hochfürstlichen gnädigsten Privilegium. 8vo 1790.
   Fl — 30 Kr.

Schramm (Franz Andreas Hochfürstl. Fuld. geistlicher Rath) Vollständiges System der Pastorallehre. 1ter und 2ter Theil. gr. 8vo 1790.   Fl 1 45 Kr.